人

是选出来的

蒋青林 ————— 著

ZHEJIANG UNIVERSITY PRESS
浙江大学出版社
·杭州·

图书在版编目（CIP）数据

人是选出来的 / 蒋青林著. -- 杭州 ： 浙江大学
出版社，2022.11
ISBN 978-7-308-23045-2

Ⅰ．①人… Ⅱ．①蒋… Ⅲ．①人才学 Ⅳ．①C96

中国版本图书馆CIP数据核字（2022）第170432号

人是选出来的

蒋青林　著

责任编辑	谢　焕	
责任校对	陈　欣	
封面设计	云水文化	
出版发行	浙江大学出版社	
	（杭州市天目山路148号　　邮政编码　310007）	
	（网址：http://www.zjupress.com）	
排　　版	杭州林智广告有限公司	
印　　刷	杭州钱江彩色印务有限公司	
开　　本	880mm×1230mm　1/32	
印　　张	10.125	
字　　数	218千	
版 印 次	2022年11月第1版　2022年11月第1次印刷	
书　　号	ISBN 978-7-308-23045-2	
定　　价	68.00元	

文化自信：生生不息的力量

——《人是选出来的》序

辛丑岁末，又有几地疫情起伏。心下甚忧之际，蒋青林博士发来书稿《人是选出来的》，邀我作序。时值腊月，窗外，梅萼含冰，风递幽香。灯下，我在一个个意蕴深广、耐人寻味的典故当中思接千载，与古人先贤"对话"，几分愉悦、欣慰与快意油然而生。

阅毕书稿，掩卷深思，国人对于以国学为代表的优秀传统文化的坚守与传承，以及由此涵养出来的文化自信，对于推动中华民族"复兴号"巨轮行稳致远具有相当重要的价值与作用。古人云：文以载道。深思之，正如学者所言，推动历史前进者，大多时候并非滔天巨浪，而是润物细无声、于潜移默化间水滴石穿的文化涓涓细流。国民之魂，文以化之；国家之神，文以铸之。文化是一个国家、一个民族的灵魂。没有高度的文化自信，没有文化的繁荣兴盛，就没有中华民族伟大复兴。中华文化的风骨神韵及其在源远流长的演进过程中形成的独特价值体系、善美品质和思想内涵，是中华民族的精神命脉所在，也铸就了我们坚定文化自信的强大底气。放眼历史，足以印证：从老子的"道法自然"，到孟子的"仁者爱人";从周易的"阴阳相生",到孟子的"民贵君轻";从赵武灵王胡服骑射,到北魏孝文帝汉化改革;从李白诗歌浪漫主义的瑰丽奔放、豪迈出尘,到杜甫诗歌现实主义的悲怆忧思、深沉入世;从"先天下之忧而忧,后天下之乐而乐"的政治抱负,到"苟利国家生死以,岂因祸福避趋之"的报国情怀;从"登泰山而小天下"的宏阔视野,到"一蓑烟雨任平生"的豁达胸怀。这种自信,是中华民族乘风破浪、勇往直前的精神支撑与不竭动力。

奔涌向前的历史长河,总有一些沉淀能标记来路;时光雕刻的共同记忆,因为一份坚守而历久弥新。长期以来,作者在传统文化殿堂里孜孜以求,攻读并取得浙江大学文学博士学位后,致力于文史研究与传授。此书写作历时四年,殊为不易。在精研细读"二十四史"、《资治通鉴》等典籍的基础上,作者聚焦古代选人用人这一主题,甄选出数量颇丰且富有思想性、历史代表性和现实借鉴意义的典故进行解读。通过"知人论史""知人论世",尝试梳理、挖掘典故名篇的深层意蕴和思想主张。我们知道,古籍经典包罗万象,不会刻意搞"系列化",关于某一主题的典故或论撰,往往散落在浩如烟海的史籍当中。单从"二十四史"看,有关识才选才的文章就散见于本纪、世家、列传等记载当中。加之彼时,相应的理论阐释尚未建构成体系,从《周易》《论语》《六韬》到《贞观政要》《冰鉴》,大都为语录,并非系统论述,故收集与梳理的难度不小。全书从"赛马亦相马"开篇,到"历史深处的蜿蜒河流"收笔,穿越千年时空,分门别类地将人才选用育留的典故系统铺陈、解读。非须潜心笃志,参透国学义理,思悟先贤睿智，"口不绝吟于经典名文，手不停录于思绪心得"而不能成也！由此，甚感在网络无远弗届，须臾可观古今、一瞬能抚四海，"速成主义"盛行之当今，仍有如作者般如此挚爱翰墨书香且锲而不舍，在国学传承创新之路上跋涉求索的年轻人，确是让人欣慰不已。诚然，我们所处的时代变革激荡，但恰恰是那些不变的初心与情怀熔铸成的精神内核，弥足珍贵、最有力量！譬如"为天地立心，为生民立命，为往圣继绝学，为万世开太平"的信念之声，至今仍响彻云霄。我想，这就是杨绛先生所说的支撑她矢志不渝的"念想"吧！

如果说对传统的坚守是一种甘于寂寞中皓首穷经的决心和意志，那么，从《人是选出来的》当中，我还读到了一种超越"坐得十年冷板凳"功力的东西，那就是基于热忱热爱而涵养出的深厚文化自信。面对新时期如何聚英识才、选人用人这一时代之问，作者把目光投向了璀璨的历史星河。郁达夫有言："没有伟大人物出现的民族，是世界上最可怜的生物之群。"作者则以如数家珍的旁征博引，告诉世人：泱泱华夏，史悠久、文绵延、才辈出，足以让国人自豪，令世界艳羡。作者以严谨的治学态度力求还原历史，满怀信心地带领读者以史鉴今，寻求启迪。无论是择才不求备的"糊涂"智慧，还是用人不疑的信任之策，抑或是"黄袍加身""比干之心"的千古训诫，莫不使读者从读典故、知历史中明得失、鉴是非、辨善恶、知兴替，领悟和借鉴传统文化中的知人用人之道、管理为政之道以及修身处世之道。

对中华文化的坚定自信，不仅源自其本身的博大精深，还有赖于传承方式的与时俱进。经典国学根植于历史语境，如果只是原样呈现，大多数读者想要轻松"窥其堂奥"并不容易。本书以叙事加趣谈的形式，辅以生动平实、亦庄亦谐的语言，让国学放下了阳春白雪、曲高和寡的身段，平易近人地走进了社会实践与大众生活，让读者感受到国学不只是象牙塔里寻章摘句的高深"国故"，还可以成为经世致用的大众学问。由此看来，此书不失为一种让国学"活"在当下、贴近时代的积极探索。

不忘本来才能开辟未来，善于传承才能更好创新。"站立在五千年底蕴厚重的文化河床之上，扎根于九百六十多万平方公里广袤无垠的文化土层之中，从中汲取绵延不绝的伟力，我们就一定能走向更开阔的天地"，我想以此与读者共勉。

写罢搁笔，望向窗外，寒风依然萧瑟，但几树梅花却如此优雅抖擞，傲寒怒放！忽然发现，根植于这片土地的文灿史长所赋予我们的瑰奇伟力，原来也与这蓬勃向上的生命力量一样，生生不息，不可阻挡！

中国工商银行杭州金融研修学院党委书记、院长
蒋伟博士
2022 年元月于杭州

目　录

第一章

赛马亦相马

第一节　烈火之后，方见真金

最古老、最实用的选人用人之法，可能就是适岗锻炼。交给你一件事，特别是急难险重之类，是否可以搞定就看你的能力了。正如俗话所说，是骡子是马，拉出来遛遛就知道了。东汉班超与任尚的旧事，算得上经典案例，至今仍能给人深刻启迪。

与西汉相比，东汉的对外影响力已不如前。西域诸国属于典型的摇摆派，他们总是在汉朝与匈奴之间做选择，谁的实力强就倒向谁。东汉时期，西域诸国越来越表现出离心倾向。汉明帝认为应该要向西边"秀一下肌肉"，否则就难以控制这一片区域了。永平十六年（73 年），窦固率兵西进，在蒲类海等地与匈奴打了一仗，取得了胜利。然而，汉朝并不能做到一劳永逸，西域一些国家，如焉耆、龟兹等并不买账。永平十八年（75 年），汉明帝驾崩。焉耆竟然趁机攻陷西域都护府，杀死最高长官陈睦，也就是说，焉耆公然与东汉翻脸了。当时局势大致如此：东汉在西域设立都护府，但对三十六国的管理力不从心；匈奴还是比较强势，控制着龟兹等国；相当多的小国在夹缝中求生存，不敢与汉朝对抗，更怕得罪剽悍的匈奴。

时势造英雄。班超横空出世，谱写出一首壮丽的外交史诗。

班超出身于一个文化家庭，父亲班彪担任过徐县县令，哥哥班固因著《后汉书》而名垂青史，妹妹班昭后来也成为有名的才女。永平五年（62年），哥哥班固在京城雒阳谋到了校书郎的差事，班超同母亲一起跟了过去。家里穷，班超必须出去干活以补贴家用。他替官府抄写文书，辛苦又枯燥。时间长了，班超觉得自己在白白消耗生命，于是将笔一甩，不干了。他想效仿西汉时期的傅介子、张骞等前辈，在异国他乡建功封侯。后人据此造出一个成语，即"投笔从戎"。旁人了解到班超的想法后，觉得他异想天开，纷纷笑话他。班超就直接反驳道：你们这些小子，哪里知道壮士的志向呢？班超虽然说出了豪言壮语，但要将其变为现实还是任重道远。机会总会垂青那些有准备的人。永平十六年（73年），班超以代理司马的身份，跟随窦固出击匈奴，立下了战功，得胜回朝。窦固认识到了班超的才能，后来派他与郭恂一起出使西域。

　　班超带了三十来人来到鄯善国。该国国王名叫广，他见大汉使者来到，非常客气地接待了他们。但没过多久，广的态度有所转变，不愿接近班超等人，礼节也怠慢起来。班超立马感觉到了气氛异常，直觉告诉他，应该是北匈奴使者也来到了鄯善，所以国王开始变得犹豫不定了。很显然，情势变得危急起来。一旦发生变故，班超一行人只有依靠自身去解决问题，因为国都雒阳距离西域实在太远。危急时刻，方显英雄本色。班超决定凭借智慧与勇气去摆平一切。为摸清情况，他灵光一闪，决定从身边的胡人侍者入手。他装作已经掌握了内情，直截了当地问侍者：老实说，匈奴使者来了多久了？住在哪？胡人侍者的脑筋当然转得没有班超那么快，立即将匈奴使者相关情况和盘托出。为了防止

侍者走漏消息，班超就将他关了起来。之后，班超召集手下的
三十六位吏士一起喝酒。他知道，必须借助酒劲才能使大家的热
血沸腾起来，然后才能与敌决一死战。看到各位酒兴正酣，班
超就站起来做动员讲话：我们不远千里来到西域，是来追求大功
大贵的；现在匈奴使者才来几天，鄯善王就对我们不再恭敬礼貌
了，形势万分危急；如果鄯善王抓捕我们送给匈奴，我们的尸骨
很快就成为豺狼的口食了！班超话锋一转，直问属下：你们说，
现在该怎么办！大家异口同声地回答：不论死活，都跟着您干！
接着，班超说出了日后流传甚广的一个成语：不入虎穴，焉得虎
子。其实，班超早就想好了应对之策：趁着黑夜，神不知鬼不觉
地偷袭匈奴，打他个措手不及；采用火攻，才能以少胜多，以弱
胜强；一些人先放火，十人在营房后击鼓呐喊，其他人拿着兵器
弓箭埋伏在营口两边，伺机收拾敌人。有人提出了疑虑，认为此
事重大，应与从事郭恂商量之后再定。班超大声呵斥道：是吉是
凶，就在今日！从事只是一名平庸文官，他必定不敢参与本次行
动，还可能泄露消息，让我们死得不明不白！至此，大家没有了
异议，决定齐心协力，拼死一搏。结果，事情进展正如班超所
料。在消灭了匈奴使团一百来人之后，班超才将事情告知郭恂。
听完之后，郭恂惊讶不已，随后表情变得复杂起来。班超马上明
白对方的心思，随即表示：功劳嘛，每人都有份，自然少不了您
的啦。郭恂听后，才高兴起来。于是，班超一行人找到鄯善王，
向他出示了匈奴使者的头颅。鄯善国上上下下惊呆了，不知如何
是好。班超对他们晓之以理，动之以情，希望鄯善国背弃匈奴，
全心全意投靠大汉。鄯善王见事已至此，别无选择，最后同意臣

服东汉，并将儿子送去汉朝充当人质。班超首战告捷，奠定了其建功西域的良好基础。

班超返回朝廷，向窦固汇报胜绩。窦固高兴至极，向皇上呈报班超的功劳，并希望乘胜追击，另选使者再度出使西域。汉明帝也对班超赞赏不已，并表示可以让班超接着干，没有必要另选他人。朝廷提升班超为军司马，命令其再次出使西域。窦固想要给班超增加人马，班超婉拒了，他希望仍旧带领原有的三十余人，因为人多反而有可能成为累赘。

班超平定西域，创造了中国古代外交史上的神话。其中经过曲折而又神奇，可以讲一个长长的故事。班超率众制服鄯善，算得上其斗争艺术的缩影。后续之事不一一道来，择其要者可将班超的成功归结于以下几个方面。

首先是策略得当。班超在给汉章帝的上书中明确提出：以夷狄攻夷狄，计之善者也。该策略具有方向性和指导性意义，说明班超不但有浪漫主义情怀，更有现实主义理性。班超很清楚，朝廷很想建立稳固的西部屏障，但又不太可能投入过多的人力物力财力，最好是用较小的代价取得西域稳定。事实也是如此，朝廷后来只是象征性地向西域派出了一点兵力。建初五年，即公元80年，徐干以代理司马的身份带领了一千人援助班超，基本上都是些罪犯与志愿者。此外，代理司马和恭带来了八百士兵。与西域诸国动辄上万的兵力相比，汉朝的军队数量就显得微不足道了。班超手里最大的底牌，就是他身后的东汉朝廷。东汉的军队虽然颇有实力，但很难露面。除了时不时晃一晃手中的大牌，班超主要还是通过"争取和团结大部分朋友"，从而"降服和打倒小部分敌人"。班超率领业已归顺的鄯善、于阗等国，集中打击悖逆狂傲的龟兹、焉耆等国。在此基础上，班超对龟兹、焉耆等进一步细分，拉拢其中的大多数，削弱和消灭一小撮叛乱分子，也取得了良好成效。

其次是胆气过人。班超深谙入乡随俗的道理，在不太开化的西域，必须要按照当地的习俗行事。班超制服于阗的事迹，就是通过气势压服了对方。当时，班超一行人到达于阗，情形相当不利：于阗王广德不久前打败莎车，正趾高气扬；匈奴使者也在于阗，正密切监视；广德对汉朝使者相当冷淡，没把他们当回事。怎么办？班超必须表现出更为强势的一面，才能震慑住广德。于阗人非常信奉巫术，对巫师很崇拜。巫师信口胡诌：神发怒了，在问为什么要归附汉朝；汉使有一匹黑唇黄马，应取来给我做祭品。班超查清了原因，假装答应，但希望巫师亲自来取马。广德派出宰相私来比、巫师去班超处。班超他们迎接巫师后，直接一刀削下他的头，之后又将私来比痛打几百皮鞭。班超将巫师首级送回给广德，对其一顿批驳。广德以前就听说过班超在鄯善的勇猛事迹，至此心生恐慌。他立即派兵杀死匈奴使者，并向班超投降。班超收服疏勒的过程更为离奇。疏勒被反汉先锋龟兹打败，疏勒王被杀，接着，一个龟兹人来疏勒当国王，名叫兜题。班超派出田虑去招降兜题，兜题根本不搭理。田虑趁其不备，抓住并绑了兜题。班超一行迅速赶到疏勒，召开群臣大会批判龟兹，并立已故国王的侄子（名叫忠）为新国王。就这样，班超又平定了西域一国。

与中原比较，西域可谓蛮荒之地，当地人崇尚武力，看重财货，性情无常。班超充分发挥聪明才智，对敌对势力进行各个击破，让人叹为观止。上文提及的疏勒，本已平定，谁知后来又发生变故。班超收服于阗、疏勒之后，调集两国军队进攻反叛的莎车，准备继续扩大战果。莎车眼看打不过，就玩起了在西域诸国屡试不爽的外交手段，给疏勒国王忠送去很多奇珍异宝，引诱他"反水"。忠果然上钩，与莎车联合攻下乌即城。班超当机立断，拥立成大做疏勒国王，然后集合其他未叛之人进攻忠。双方在乌即城对峙了半年之久，形成了僵局。康居国突然掺和进来，派出精兵支援忠。眼看形势对己不利，班超也运用"珍宝外交"手段。他给月氏王送去大量锦帛，让他去劝说康居王退兵，因为两者之间刚刚联姻，关系很好。康居王见亲家出面说话了，就撤退了，将忠也带回康居。于是，乌即城不再抵抗，向班超投降。三年后，忠借了康居一支军队，杀回疏勒，并与龟兹合谋，假装向班超投降。班超是何等机灵之人，很快察觉了他们的阴谋。班超答应，摆酒接待忠。忠以为班超中计，欣然赴宴。结果，班超在宴席上抓住忠，干脆利落地斩下了他的脑袋。之后，班超消灭了忠的兵众，平息了这一股反叛势力。其他的敌对国家，如龟兹、焉耆等，也在班超的纵横捭阖之下，一个接一个向东汉臣服。

　　平定了西域，班超立得首功。朝廷论功行赏，任命班超为西域都护，封为定远侯。至此，班超实现了"到万里之外建功封侯"的远大理想。朝堂上下都认可了班超的才能，对其治理西域相当放心。班超就一直留在西域，直至年过七十，朝廷还是不同意让他回来。最后多亏了班超的妹妹班昭写了一封情真意切的信给汉和帝，皇帝读后非常感动，答应让班超回洛阳。班超在西域打拼三十一年后，于永元十四年（102 年）八月回到京城。一个月后他就死了，终年七十一岁。

朝廷在调回班超时，任命戊己校尉任尚去接任都护。任尚照例向班超请教治理西域的经验。班超简单地说了三层意思：塞外那些人不太好打交道，小官与士兵多半因为犯罪才迁徙过去，当地蛮夷之人如禽兽一般难以安抚却容易坏事；您应该调整一下严厉急躁的性情，水至清则无鱼，政治苛刻则百姓难以和睦；担任西域长官，应该洒脱简易一些，把握个大纲就差不多了。任尚客气一番，就告辞了。之后，任尚对亲信说出了心里话：我本以为班超会有什么奇计妙策，而他今天所说的计策也稀松平常，不过如此！任尚到西域没几年，那些国家再次叛乱，任尚也因此获罪。一切不出班超所料。

考察一个干部，最好让他去实岗锻炼。那些能力卓异之士，有条件会利用条件，没条件会创造条件，总是能创造性地开拓出一片新天地。而要比较干部之间的差异，轮岗不失为一种好的策略。同样一个岗位，有人做得风生水起，有人却搞得一塌糊涂，优劣高下立判。

第二节　古代选聘人才奇招趣谈

为了挑选到真正的人才，或是网罗天下之才，许多当权者想尽各种办法，甚至煞费苦心，奇招迭出，其中的一些奇思妙想让人暗暗称叹，而且它们历经历史的检验，至今仍能给我们某些启发。

　　先来看尧如何下大血本甄选接班人。尧在传位给舜之前，对舜进行了全面长期的考察，所用方法也比较奇特。尧本人勤勤恳恳，淡泊名利，一心为公，因此他想找个同他一样具有优秀品质之人，将位子传给他。在一次部落首领会议上，大家都一致推荐舜。舜的父亲叫瞽叟，意即瞎眼的老头，其实是讽刺他为人处事非常糊涂。舜没了生母，后母则心肠歹毒，还有后母所生的弟弟——名字叫象——相当傲慢，但瞽叟却偏袒象。舜的生活环境恶劣，但对家人都很好，是个品德高尚之人。尧决定对舜进行严格考察，看他究竟有没有大家所说的那么好。为此，尧真的是下了血本。他采用双管齐下的办法：一方面，尧帮助舜修筑了粮仓，分给他许多牛羊，看他面对富贵时的表现；另一方面，尧还将自己的两个女儿娥皇、女英都嫁给了舜，考验他和睦家庭的能力。

　　舜的后母和弟弟见舜遇到了贵人，一下子发达起来了，心里更是羡慕、嫉妒、恨，于是串通瞽叟设计暗害他。一次，当舜在修补粮仓的仓顶时，瞽叟在下面放了一把火，顺带还把楼梯抽走了。舜见大火烧上来了，梯子也不见了，于是用两顶笠帽绑住自己，像鸟儿一样安然降落到地上。另一次，舜下到井底去淘井，瞽叟和象就往下扔石头，将井埋得严严实实。不料舜早有防备，在井旁挖了通道，然后穿过通道若无其事地回到了家。瞽叟和象见状，吓得魂飞魄散，从此再也不敢对舜下毒手了。舜则一如既往，对他们和和气气。

　　舜原本是单身青年，现在一下子有了两个妻子，其实也是在面对一个巨大的难题。结婚成家的男人一般都知道，要同另一半处理好关系，可不那么简单，如果弄不好，吵吵闹闹也是常有的事。舜则是难上加难，他需要同时与两个妻子相处，倘无两把刷子，绝不可能轻易摆平。当时尧是依照修身、齐家、治国的思路来检验他的，而"齐家"则是重中之重。舜显然成功通过了考试，让两位妻子都相信自己找到了如意归宿。从湘妃竹的传说来看，娥皇、女英对丈夫的用情非常之深，舜死后，她们眼泪流个不停，洒在九嶷山的竹子上，结果竹上出现了点点泪斑，形成了著名的湘妃竹。

尧选的是接班人，所以将两个女儿都押上了，至于大量招人，就不能这么操作了。战国时期，燕昭王在燕国被齐国打败之后即位，面临的就是广招人才的难题。不过，精诚所至，金石为开，燕昭王以十足的诚意实现了人才破冰，之后更是招揽到大批顶尖的文武之士。燕昭王当时一门心思想要报齐国破燕杀父之仇，可要干这事没人不行啊。人才去哪儿找呢？燕昭王思前想后，觉得郭隗还不错，于是去见郭隗，向他谈了自己的想法。郭隗强调了尊重贤才的重要性，随后又以一个小故事来深化自己的观点：

古时候，有一位国君想用千金来求购千里马，可是花了三年也没买到。宫中一位近侍主动要求去办理此事，国君就让他去了。三个月后，近侍终于找到了千里马，但是晚了，千里马已经死了。可他仍然花了五百金，买下那匹马的脑袋，拿回来复命。国君一看就生气了，说我要的是活马，你弄个死马回来有啥用，还白白扔掉五百金，你脑子是不是进水了！那个近侍还真有一套，他不慌不忙、胸有成竹地说，买死马都肯花五百金，更何况是活马呢？这消息一传出去，天下人一定都认为您擅长买马，千里马很快就会有人送过来了。果然，不到一年时间，三匹千里马就到手了。

　　燕昭王听后，觉得蛮有道理，又问郭隗该怎么操作。郭隗见燕昭王动心了，就趁机主动推销了自己。郭隗说：如果大王真的想罗致人才，就先从我郭隗开始吧。我这种人才都得到了重用，何况那些超过我的贤人呢？他们难道还会嫌千里的路程太过遥远吗？燕昭王于是拜郭隗为师，专门为他建造房屋，落实了相关待遇。此举很快取得了示范效应，乐毅从魏国赶来，邹衍从齐国赶来，剧辛从赵国赶来，燕国聚集了一大批人才。后来，燕昭王用乐毅为上将军，同秦、楚以及赵、魏、韩联合攻齐，大败齐国。

　　楚庄王的想法更绝，他是以死相逼物色到了股肱之臣。公元前613年，楚国的一位年龄不到20岁的国君即位，也就是后来成为"春秋五霸"之一的楚庄王熊旅。他虽然坐了王位，但实际上是被架空的，真正的权力控制在他的两位老师手上，也就是斗克和公子燮。楚庄王当然非比寻常君主，他很有想法，同时城府颇深，内在的一切都被他外在的行为掩盖了起来，没有人知道他在想些什么。楚庄王当上君王之后，对朝政不管不顾，白天跑到外面去打猎，晚上则饮酒作乐，日日夜夜，没完没了。为了防止有人败兴，他还明确告知群臣，谁要是敢来劝谏，那只有死路一条。楚庄王就这样纵情玩乐了三年，政事败坏不堪。公子仪、公子燮看到有机可乘，发动了叛乱，所幸朝中还有一些忠臣，如庐戢、叔麇等，他们合力平定了叛乱。周边一些小的国家，如陈、郑、宋等，看到楚国不行了，也纷纷改变策略，依附了晋国。可以说，从内到外，楚国都已岌岌可危了。

大臣成公贾终于熬不住了，但他还是不想去触这个霉头，于是想个法子，准备绕着弯子去进谏。他去求见楚庄王，进了宫殿后，只见一切照旧，好酒佳肴，美人成群，舞姿翩翩。楚庄王看到成公贾，打了个招呼，说："你来这儿，是想喝酒呢，还是想看歌舞？"成公贾早就想好了应对之词，就不慌不忙地回答："有人出了个谜语让我猜，我怎么也猜不出来，所以特来向您请教。"楚庄王一边喝酒，一边饶有兴趣地问道："是吗，什么谜语？说来让我听听。"成公贾一字一顿地说："南山上有一只怪鸟，站在大树上已经三年了，不飞不动也不叫，这是只什么鸟？"楚庄王当然听出了成公贾话里有话，他略作沉思，回答道："这是只与众不同的鸟。三年不鸣，一鸣惊人；三年不飞，一飞冲天。你的意思我明白了，你下去吧。"

成公贾见进谏目的已达到，非常兴奋，将消息告诉了好朋友大臣苏从。他们认为楚庄王已幡然醒悟，朝政即将焕然一新，于是非常急切地等待新气象的到来。然而，等来等去，他们还是失望了：楚庄王仍然天天饮酒作乐，似乎将讲给成公贾的话完全忘记了。苏从见状，觉得自己应该站出来了，哪怕是拼上一死，也要劝阻君主的这种行为。他进了宫门，放声大哭。楚庄王问道："先生所哭何事，为何如此伤心？"苏从答道："我为自己就要死了感到伤心，也为楚国即将灭亡而伤心。"楚庄王吃了一惊，说："你怎么能死呢，楚国又怎么会灭亡呢？"苏从吃了秤砣铁了心，直截了当地指出："我打算要劝告您，您听不进去，肯定会杀了我；您成天游玩打猎，欣赏歌舞，不理朝政，楚国的灭亡难道还会远吗？"楚庄王顿时怒不可遏，拔出剑来，直指苏从的心窝，怒吼道："你难道不知道我的禁令吗？"苏从知道光荣的时刻就要到来了，他从容不迫地说："知道啊，但楚国搞成这个样子，我活着还有什么意思呢？倒不如来个痛快点儿的，请大王赐我一死！"说完之后，苏从大义凛然地怒视楚庄王，并主动将脖子伸上前去。楚庄王鼓出眼珠子，瞪了苏从好一会儿，知道终于碰上硬茬了。于是他将剑入鞘，快步上前，抱住苏从双肩，激动之情溢于言表，说道："你才是我一直在寻找的国之栋梁啊！"楚庄王立即停止歌舞，与苏从促膝谈心。楚庄王讲明了自己的意图：因为朝政复杂，权臣乱政，忠奸难辨，所以不得已才假装糊涂，等待奸臣自行暴露，同时也在等候忠肝义胆的贤臣挺身而出。不久，楚庄王就提拔伍举、苏从到关键职位，开启了楚国的复兴之路。

自古英雄出少年。楚庄王当时还只是一位二十出头的小年轻，能够如此沉得住气，耐心等候转机的出现，的确不是一般人所能做到的。在他得到人才之后，能够当机立断，告别宴乐歌舞生活，显示了非凡的毅力与魄力。由此也可以看出，当政者之所以能够得到真正的人才，离不开自身的超凡眼光与出众智慧。

当然，历史长河之中，还有许许多多的引才奇招，这里难以一一列举。作为组织管理者，我们可以从中领悟到一些主要精神实质：一方面，组织应对人才具有发自心底的渴望，就像周公"一沐三捉发，一饭三吐哺"，唯恐失去贤能之士；另一方面，网罗人才也需要技巧，尤其是关键人才，必须采用特别的方法才有可能引来和留住。

第三节　择才不求备："糊涂"的智慧

唐朝大诗人元稹在诗作《遣兴》（其七）中说道："择才不求备，任物不过涯。"意思是，选拔人才不要求全责备，使用人才不要超过限度。但凡是人，都会有这样那样的缺点，十全十美的人才其实是不存在的，因此领导者大可不必因为属下某一方面的不足而否定与舍弃他。用人应有大格局和大气量，胸中有丘壑，眼里存山河。

楚庄王是一位相当有魄力与胸襟的君王，庄王拔帽缨的故事就是一段历史佳话。楚庄王有一次平定了叛乱，事后想要有所表示，于是宴请群臣。美酒佳肴，觥筹交错，热闹异常，直至黄昏仍意犹未尽。庄王于是下令点烛夜宴，并叫上自己非常宠爱的美人许姬、麦姬，让她们轮流给大家敬酒。喝着喝着，突然不知哪来的一股妖风，将席上的蜡烛给吹灭了。一位官员估计有点喝高了，借着夜色掩护，居然拉扯了许姬，趁机揩了点油。许姬乃冰雪聪明之人，急忙挣脱，并顺手扯下那人帽上缨带。随后，许姬向庄王揭发，希望庄王点亮蜡烛查看帽缨，揪出这个色胆包天的狂妄之徒。庄王虽然喝得有点晕，但心里仍然清楚，他没有给美人面子，而是下了个让许姬摸不着头脑的命令，说："大家今晚一定要尽兴啊，不醉不归！来，各位都将帽缨给拔了，这样喝更来劲！"在座的都听从命令，拔去帽缨，继续喝酒。楚庄王之后再命人点亮蜡烛，一直喝到酣畅淋漓。三年后，晋国来犯，楚军一员大将主动请缨抗击，他拼死杀敌，率军大获全胜。班师回朝之后，该大将跪地禀报庄王，说："臣下就是三年前被许姬拔掉帽缨的罪人，自那以后就一直在等待机会以死报效大王的恩德！"

汉光武帝刘秀也是一位很有胸怀的皇帝。刘秀的哥哥刘縯被更始帝找个借口给杀了。刘秀知道自己一时半会还没法同更始帝"掰手腕"，便忍气吞声，立即赶过去向更始帝赔礼，结果弄得更始帝有点过意不去了。更始帝给了刘秀一个面子，封他为破虏大将军，但那只是个空名，并没有重用他。刘秀也不在意，静静等待机会。当时天下并不安定，各股势力都在做自己的打算，北方又出现了王郎政权，公开称帝并定都邯郸。有了敌对力量，就得去攻打啊，刘秀能打仗，就认领了这个艰巨的任务。刘秀率军攻破了邯郸，结果了王郎。在清理缴获的文书时，有人发现了一个重大秘密：汉军中为数众多的官吏私下勾结王郎，并肆意毁谤刘秀，信函多达数千件。真是知人知面不知心，居然有这么多人在背里地干了见不得人的勾当！属下立即报告刘秀，希望他将这些内奸全部揪出来，打倒批臭，乃至就地正法！谁知刘秀对那些堆积如山的投降信，连正眼都没瞅一下，而是召集众将，当着他们的面把那些信付之一炬。刘秀只是轻描淡写地说了一句："让那些辗转反侧的人安下心来吧。"

后来，曹操也仿效了刘秀的做法。袁绍率领大军进攻许都，虽然遭遇了一些败仗，但主体实力仍在，大军直逼官渡，与曹军形成对峙之势。此时的曹军其实处在相当不利的位置，这可以从两个方面来看：一是官渡距离许昌很近，只有不到两百里，而且是许昌的屏障，是连接南北的咽喉要道，一旦失守，后果不堪设想；二是曹军粮草缺乏，困守官渡月余，已经难以为继。不难想象，曹军上下人心惶惶，就差压死骆驼的最后一根稻草了。后来，曹操本人也撑不下去了，准备退守许昌。留守许昌的谋士荀彧知道了曹操的想法后，给他写了封信，希望他继续坚持，并说情况或许会有转机。事情的发展果然被荀彧言中，因为袁绍过于自大，不能容人，其手下智囊许攸改投了曹操，并建议曹操偷袭袁军粮草的所在地乌巢。曹操立即依计行事，终于扭转了战局。曹军进入袁军大本营时，发现大量还未来得及销毁的书信，其中就有许多是曹营军官写给袁绍的求降信。曹操得知后，并未细查深究，而是下令一把火全部给烧了。

水至清则无鱼，人至察则无徒。很多时候，对于某些事情睁一只眼闭一只眼，或许不失为一种明智的选择。也有些人可能会怀着本能的好奇，希望知道事情的真相，然后再加以理性的控制，那不也是很好吗？其实人性往往没有我们想象的那么强大，当你清楚地知道某人犯了错误，或是曾经背叛过你，心里自然会投下阴影，而且随着时间的推移，心里的阴暗面有可能会不断扩大，让你在某一节点最终选择反击和报复。因此，从一开始就选择视而不见，反而更容易让内心越过那个坎，而且没有后患。

当然，"糊涂"并不是没有底线。基于对人性弱点或缺点的理性认识，当事人通过换位思考之后，可能在一定范围内选择善意的宽容，但是超出了底线，那就必须旗帜鲜明地表明立场，采取行动。历史上曾有许多当权者出于各种原因，默许了一些相当严重的不法或叛逆行为，引发了不良后果。譬如乾隆长期包庇和纵容和珅贪赃枉法，直到成为太上皇之后，乾隆还是硬挺着充当和珅的保护伞。其实，乾隆对和珅的不法行为有所耳闻，也能够觉察出来，但他出于某些私念，如和珅能给他办理一些比较私密之事，可以为他找些乐子，让他在晚年之际不至于过分寂寞和无趣，对和珅进行了公开袒护。如此一来，乾隆就自觉自愿地选择了糊涂，败坏了朝纲，助长了贪腐风气。后来，嘉庆灭掉了和珅，追缴了赃款。因此，从经济损失上来说，可能并不是特别巨大，但乾隆糊涂的纵容，使得官场腐败风气根深蒂固地形成了。所以，清朝的衰败，正是从乾隆统治时期开始的，大清朝气数消长的转折点正出现于此。

　　无论如何，"糊涂"的智慧仅仅是特殊时期中的一种处事技巧，它应当符合大道要求。德鲁克说得好：管理的本质，其实就是激发和释放每一个人的善意。当权者并没有一般人想象的那么自由，能想怎么样就怎么样；恰恰相反，身处高位会受到更多的制约，当然也会遇到各种各样的力不从心的时候，因而适当的妥协与退让就不可或缺了。如前文所述，楚庄王、汉光武帝、曹操等人完全可以对当事人进行查办和处理，将自己的队伍整理得更加标准与纯洁一些。但是如此一来，自然会激起个别人甚至是一大群人的邪念和恶意，从而真的将梁子给结下了，非常不利于笼络人才。政治说简单也简单，引用电影《建党伟业》中毛主席的一句台词来说：政治就是把敌人的人搞得少少的，把自己的人搞得多多的。怎样才能将自己的人搞得多多的呢？就是德鲁克所说的"激发和释放每一个人的善意"，就是古人审时度势、该放手时就放手的智慧。

第四节　心有灵犀：捕捉眼前一亮的感觉

唐朝大诗人李商隐有一首流传很广的诗《无题》，前四句如下：

> 昨夜星辰昨夜风，画楼西畔桂堂东。
>
> 身无彩凤双飞翼，心有灵犀一点通。

很多时候，大家将这首诗引用于恋人之间那种"来电"的感觉。其实，除了情人之间会产生这种强烈的心理感应之外，在其他人际关系中也会出现类似情况，如英雄惜英雄，惺惺惜惺惺。中国传统文化非常强调感悟，渐悟也好，顿悟也好，都是要求用心去领悟。中国人在相人时，也十分重视直觉。经验老到之人，一眼望过去，就大致知道对方是不是自己要找的人，八九不离十。秦末著名隐士黄石公寻找和发现张良的历史旧事，就是当事人凭借"直觉"找到了事业传承人的典型案例。

明朝慎懋赏的《黄石公传》记载，黄石公并非姓"黄"名"石"，他究竟叫什么，已经无法考证了。黄石公之所以名垂青史，主要在于他做了两件事情：一是写了一本《素书》，二是将书传给了得意弟子张良。很显然，黄石公是沾了弟子的光而声名远播的。当然，现象的背后还有许多深刻原因值得我们探究，因为黄石公得到张良这位传人可不是偶然的，而是他老先生经过千难万难才找到，并巧妙布局从而说服张良的。

事情还得从秦朝开始说起。经过艰苦卓绝的战斗之后，秦始皇终于荡平六国，建立了空前强盛的大秦帝国。按常理，如此强大的秦朝应该国运长久。秦王嬴政当然比普通老百姓站得高，看得远，他认为皇位从他开始应该后传一万世，而自己则是开天辟地的第一代，故自命"秦始皇"。即使悲观一点，哪怕退后一万步，秦朝绵延百来年应该是板上钉钉的吧。上至秦始皇，下至所谓黔首，基本上都是这么想的，但也有少数异类除外。其中就有一老一少，老的就是黄石公，少的即张良。

黄石公以其卓越眼光穿透历史乱象，看到秦始皇依靠严酷法治达到了大一统的目的，百姓积怨日久，愤怒在平静的地表之下暗潮涌动，火山就要喷发了。《周易·文言·坤》有云：积善之家，必有余庆；积不善之家，必有余殃。秦始皇看似强大无比，但又怎能逃过历史循环的定律与冥冥之中的宿命呢？对于行将就木的腐朽势力，黄石公决定推上一把，以加快其倾倒速度。但他年纪大了，无法亲自去实践自己的想法，于是他转而将思想观念与行事方法诉诸文字，凝结成书，于是就创作出了《素书》。估计当时刻书实在是太费事，因为要在竹片上一刀一刀地刻写，黄石公不好长篇大论，只能惜墨如金：《素书》全书只有六章、一百三十二句、一千三百六十字。书既写好，他得找个能明白自己思想，并且有能力去践行的优秀弟子啊。到哪里去找呢？黄石公确实也很犯愁，但再难也得去做啊，于是，他带着些许不安上路了。

而当时还是愣头青的张良，也是不甘心秦始皇就这么千秋万代下去，因为他咽不下一口气。张良的祖辈世代做韩国宰相，没想到轮到他这一代没得做了，不是韩国不让他做，而是因为韩国没了，被秦国灭掉了！饭碗被人砸了当然得找对方拼命，更何况被打碎的还是"一人之下，万人之上"的钻石饭碗。张良就是这么想的，而且没怎么想清楚就立马动手去干了。年轻人嘛，一腔热血，想要报仇的第一反应就是直接找对方拼命。张良稍微好点，没有撸起袖子亲自上阵，可能还是因为出身太好，打架不是强项。于是他转而发挥钱多的个人优势，到处交游，聘请刺客去干掉秦始皇。年轻人的优点是有热情，行动快，缺点是欠考虑，失败也快。张良也不例外，他没想到秦始皇的护卫那么多，而且防卫还特别森严和隐秘。刺杀自然没有成功，他自己也遭到通缉，狼狈出逃。秦始皇龙颜震怒：居然还会有人对自己下黑手，那还了得，一定要抓捕此人，严加惩罚，以儆效尤！

张良搞暗杀不是很在行，逃窜倒是相当高明，毕竟是聪明人嘛。秦始皇布下天罗地网，大肆搜捕，居然还是让张良给溜掉了。张良从此明白，自己一时半会儿还斗不过秦始皇，但他心里不服软，嘴巴依然十分硬气，放出狠话：我早晚要割掉秦始皇颈上吃饭的家伙，挂到太白旗上，那才叫一个快活！话是说得爽快，可是人还得走啊，张良一路流亡来到下邳。

始皇二十九年（公元前218年），一老一少两位奇人终于在下邳的一座桥上偶遇了。虽然两人素昧平生，但黄石公此时的内心被一股强大气场深深地吸引。年轻的张良徘徊桥上，张目四顾，举手投足之间其内在气势直冲云霄，似乎要凌驾于宇宙之上。自古英雄出少年，年轻的张良把天下第一人秦始皇都不放在眼里，他的内心是何等的无所畏惧、无比的强大！就在一刹那，黄石公明白了眼前的年轻人正是自己苦苦寻觅的可以托付精神生命之人。

本身也曾是孤傲不羁之人，黄石公当然知道如何说服这个自负而狂浪的青年来继承衣钵。要想镇服心高气傲之人，就要比他更为傲慢张狂，黄石公使用的就是这一招。黄石公端坐在桥栏上，在张良经过他的身边之时，假装不小心将鞋子掉到桥底下去了。一抬头，正好看到张良，黄石公就对他说："年轻人，你看我的鞋掉到桥下去了，帮我捡上来吧。"张良很惊讶，看了看老头，发现他是认真的。作为读书人，张良当然懂得尊老爱幼的基本道理，于是他到桥下将老人的鞋取了上来。张良跪着将鞋递了上去，没想到那老头并没伸手来接，而是伸出一只散发着汗臭味的脚，生硬地说："给我穿上！"张良心中的火气滋滋地往外冒，但他的文化修养阻止了他采取不礼貌的行为，他又恭恭敬敬地给老人穿好了鞋。黄石公笑眯眯地走了，留下张良站在桥上，一脸惊愕。张良伫立许久，思绪有点乱，心情也逐渐低落下来。那边黄石公走了一里多地，估摸鱼儿已经上钩了，于是又折返回来。他见到张良后，拍拍他的肩膀，一脸严肃地说："年轻人，我看你是块料子，值得调教。五天后的早晨，你来这里等我，怎么样？"张良又惊又奇，再加上自己正感迷茫，亟需高人指点，也就不加思考地答应了。

　　时间不快不慢地过去了，第五天早晨，张良将信将疑地来到桥上，发现老人已经在那里了。张良正想说"不好意思"时，老人已抢先开口了，一脸怒气："同老人约会，你居然还来晚了，我看你诚心不够。回去吧，五天之后再来！"老人扬扬手，不容张良分辨，径自离开了。张良被噎得够呛，灰溜溜地回去了。又过了五天，张良不敢怠慢，鸡一叫就去了。可是，他怎么也没想到，那老人早已站在桥上了，银发随晨风飘扬，一派仙风道骨模样。张良心里直嘀咕：这老头难道晚上不睡觉？那老人又吼开了："怎么回事？又来晚了！你走吧，五天后再来！"五天之后，张良这回长记性了，也不等鸡叫，半夜就起来，直奔桥上而去。到了目的地，看看没见人影，张良悬着的一颗心终于放安稳了。过了一会儿，老人来了，显得很高兴，说："小伙子，这就对了嘛！"他拿出一本书，郑重其事地叮嘱张良："这本书是我一辈子的心血，你好好去读，读通了就能够为帝王之师！"说罢，老人转身走了。张良惊喜之余，急忙问老人："以后我到哪里去找您啊？"老人头也不回，丢下一句话："十三年后，济北谷城山下。"话毕，老人的背影就消失在逐渐发亮的晨曦中。

张良所得的老人赠送的书就是中国历史上的著名奇书《素书》。他如获至宝，从此潜心读书养性十年。学成之后，张良出山，辅佐刘邦同项羽争霸。张良真正将《素书》读通了，他熟练运用法则计谋，屡次帮助刘邦化险为夷，遇难呈祥，最后辅佐刘邦成功打败项羽，平定天下。汉高祖刘邦后来发出一句很有名的感慨："夫运筹策帷帐之中，决胜于千里之外，吾不如子房。"（《史记·高祖本纪》）刘邦将张良排在韩信、萧何之前，对他作出了高度评价。

张良与老人的十三年约期到了，他满怀希望同时又思绪纷飞地到了谷城山。张良找来找去始终不见老人的影子，他对着谷城山大声呼喊："老爷爷，您在哪儿？我是张良，我赴约来了！"山风阵阵吹过，除了空谷折返过来的回音，他没有听到任何应答。张良感到一丝沮丧，没有办法，他只好一步一回头地离开了。就在即将离开谷城山时，他突然发现路边有一块黄灿灿的石头，就像十三年前矗立在桥上微笑着，充满慈爱和希望瞅着他的那位老人。张良的心像是被一股强烈的电流击中一般，他久久地凝视着这块石头，仿佛再度见到了老人的音容笑貌。张良突然明白了：老人并没有爽约，他一直在路边默默等候呢。张良的眼眶禁不住湿润了，他用衣服小心翼翼地将黄石包起来，捧到家中供奉，常年香火不断。

黄石公与张良的邂逅，成就了中国历史上的一段佳话，千年之后依然为人们所津津乐道。类似事例还有不少，在此不一一赘述。选人用人当然是一门博大精深的学问，但其关键之点还是将对方当作血肉丰盈的"人"来看待，而不是一堆抽象和冰冷的数据与模型。由此来说，那种让人怦然心动的"直觉"，时至今日依然不应该被忽视。

第二章

江山代有才人出

第一节　信任与听任：用人不疑历史案例回顾

明朝吕坤在《呻吟语·治道》中说了一段很有意思的话："官之所居曰任，此意最可玩。不惟取责任负荷之义，任者，任也，听其便宜信任而责成也。若牵制束缚，非任矣。"运用现代白话文，可以做如下翻译："官所在的位置叫任，其中的含义最耐人寻味。不仅含有责任、负荷的意思，任，还有听任、信任之意，即听任你按照适当的方法去做、信任你责成你来完成。如果对所任者一味地牵制、束缚，就不叫任了。"毋庸置疑，吕坤这段话应该是有感而发的：面对当时君猜臣疑、互不信任的现状，当事之人想要有所作为却又力不从心；回顾历史上曾经出现过的君主充分信任臣下，而臣下也拼死尽忠回报朝廷的和谐时期，令人唏嘘与怀念。人与人之间的关系十分复杂与微妙，单单依靠法令规章去规范约束其实是远远不够的，更何况制度往往带有滞后性。尤其是在事业草创期，或是兵荒马乱的战争年代，担负重大责任的股肱大臣更须根据君主意图，再结合实际情况进行灵活行事，否则很容易缩手缩脚，乃至将事情彻底搞砸。从理论上进行阐释，君仁臣义似乎并不存在多少问题，而在真实历史当中，君臣彼此信任、相得益彰的情况其实非常少见，能善始善终的就更为罕见了。举例来说，刘邦与萧何算得上一对配合默契的老搭档了，但两者在相处过程中，刘邦曾多次怀疑过萧何，而后者也屡屡耍小聪明以求自保。当然，他们还是保全了交情，最终画上了一个较为圆满的句号。理想案例虽少，但总归还是存在的，也正因为少之又少，所以更显珍贵。

最为典型也最为有名的，可能算得上刘备与诸葛亮这对君臣了。三国时期人才辈出，确实是一个很有意思的现象。在众多人才当中，诸葛亮算得上是杰出代表之一。诸葛亮年轻时博览群书，但从身份上来讲，应该算是地地道道的农民。他耕田种地，农活之余喜欢朗读《梁父吟》。尽管诸葛亮身材高大，相貌堂堂，心气也是高得要命，常自比管仲和乐毅，但基本上也没人把他当回事。不过凡事皆有例外，他有两位好友崔州平与徐庶，他们认为诸葛亮确实才华卓异。

后来，徐庶投奔刘备，得到重用，被拜为军师。徐庶趁机向刘备推荐诸葛亮。为引起主人重视，他特意渲染了一番："在距襄阳城外二十来里的隆中，有一位奇士叫诸葛亮，别人都称他为卧龙先生，其才可经天纬地，您何不请他来辅助您呢？"刘备一听，大为高兴，赶快要求徐庶去将他叫过来，面试成功就录取。徐庶却说："此人可去拜访，不可屈其志节叫他前来。您应该诚心诚意，亲自去邀请他。"刘备求才心切，第二天就动身了，还将二弟关羽、三弟张飞带上，以示隆重。结果不巧，那几间茅草房是找到了，但主人却出门去了，刘备三人只得空手而还。过了几天，刘备得到消息，说诸葛亮回来了，他带上两位兄弟再次赶过去。当时正值隆冬季节，雪寒风紧，三人吃了不少苦头才到达卧龙岗。但人算不如天算，诸葛亮竟然又同朋友外出了。刘备想想不能又白跑一趟，于是留下一封情真意切的信，才不无遗憾地离去了。后来，刘备回到新野，但时常惦记诸葛亮一事，不时派人去隆中打听。第三次时，刘备更加尊敬，在距离茅草房还有半里地处就下马步行。诚心终于感动天地，这回他算是遇上了诸葛亮。但出现了一个小插曲，他们来时，诸葛先生在家中睡得正香。刘备心想都来了三回了，还差这么点时间吗？于是毕恭毕敬地站在草堂台阶下面静等，让关、张二人在柴门外候着。诸葛亮见到刘备之后，也深受感动，于是毫无保留地畅谈了自己的政治见解与战略方针，由此诞生了著名的"隆中对"。听完诸葛亮对时事的分析以及夺取荆州、益州的战略建议后，刘备感觉茅塞顿开，力邀诸葛亮出山。诸葛亮见遇明君，也不再推辞，跟随刘备开启了称霸一方的事业。其实，当时诸葛亮不过二十七岁，是一位半耕半读的居士，在此之前也从未有过实实在在的业绩。只是通过一次谈话，他就获得了刘备的重用。而且，刘备与诸葛亮的关系一天比一天亲密，将关羽、张飞都摆到次席了。这二位自然相当不高兴，免不了或明或暗地进行了情绪表达。刘备的态度倒是很坚决，说："自从我有了孔明，就好像鱼儿得到了水一样。两位兄弟，希望今后不要再这样啦！"关羽与张飞听后，也就不再说什么了。

刘备与诸葛亮合作得确实很好，刘备对诸葛亮可谓言听计从，诸葛亮也是鞠躬尽瘁，死而后已地加以回报。建安二十六年（221 年），臣下都劝刘备即皇帝位，而刘备心有顾虑，不肯答应。诸葛亮前去劝谏，说该当皇帝时就要当啊，不然大家看不到希望，就各自散啦！刘备听后，就不再坚持，登基为皇帝。此类事例，不胜枚举。一直到死，刘备对诸葛亮的信任都没有改变过。章武三年（223 年）春天，刘备在永安病危，赶紧将诸葛亮从成都召来，将后事托付给他。刘备最为放心不下的，当然还是自己那个不争气的儿子刘禅。他坦诚地对诸葛亮说道："如果我这个儿子可以辅佐，就请您辅佐他；如果他没啥才能，您完全可以取而代之。"诸葛亮不由得触景生情，泪流满面，说："我愿意全力辅佐，忠贞不贰，一直到死。"刘禅即位后，也完全按照刘备的要求，像侍奉父亲一样对待诸葛亮，大小政事，全由诸葛亮决定。事实上，刘备之后的蜀国，诸葛亮才是真正意义上的当家人。当初，诸葛亮在一份奏章当中向刘备表露过心迹："我在成都有一些家产，大约有八百棵桑树，十五顷薄田，也足以供我的后代吃穿了。至于我本人，长年随军在外，开销都由官府供给，也没有别的开支。我也不会经营其他产业，以增加自己的家财。我将一直保持下去，直到死时也不会让我家中有多余之物与多余之财。"诸葛亮享年五十四岁，死后家里的情况与其当年的承诺并无二致。

　　宇文泰与苏绰的合作旧事，也相当让人动容。南北朝时期的周太祖宇文泰很有才能，雄心勃勃，在得到苏绰的全力帮助之后，事业越做越大。一开始，宇文泰想要干一番大事，非常注重网罗天下人才。当时苏让即将到汾州当刺史，宇文泰摆下酒席，隆重欢送。临别之时，宇文泰还不忘咨询苏让：您家子弟中有没有比较突出的人才，可以让他们出来做官啊？苏让想了想，将自己的堂弟苏绰推荐给了他。宇文泰马上召来苏绰，让他担任了行台郎中。事情进展得并没有那么顺利，一年过后，宇文泰并没有对苏绰产生多少特别的印象。苏绰确实是一块金子，只是还需要时间才能光芒四射。在行台内部，大家对苏绰非常认可，凡是遇上疑难之事都找他商量，各种公文的格式也是由他来制定的。再往后，时机终于成熟了。宇文泰找行台尚书仆射周惠达议事，周惠达一时回答不上来，说出去找人商量一下再说。没多久，周仆射回来了，干脆利索地给出了答案。宇文泰颇感惊讶，说：您刚才找了谁呀，这么厉害？周仆射老老实实地说，此人就是苏绰，他确实是辅佐帝王之才。宇文泰本来就认识苏绰，在周仆射大力肯定之后，立马将苏绰任用为著作佐郎。

　　宇文泰前往昆明池看捕鱼，来到长安西边一个地方，该地在汉朝叫仓池。他问随从：谁知道仓池啊？没人能回答。有人提议，苏绰很博学，让他来回答吧。苏绰来了，立刻一五一十详细陈述。宇文泰很高兴，于是与苏绰海阔天空地聊起来：天地是怎样开辟的，万物是如何初生的，历朝历代为何兴起又缘何衰落，等等。苏绰口才非常之好，对每个问题都做了很好的回答。宇文泰越发高兴，同苏绰信马由缰，一路交谈。到了昆明池，竟然捕鱼也不看了，调转马头往回走，继续交谈。晚上，宇文泰特地将苏绰留下来与他谈话。宇文泰累了，就躺下来听讲。苏绰谈到帝王之术，陈述了申不害、韩非等法学家的观点。宇文泰忍不住坐起来，整理好衣衫，越发端正，听着听着，双膝不时向前移动。天不知不觉亮了，但两人的谈话还没有结束。第二天早上，宇文泰向周惠达表明态度：苏绰确实是当世奇才，我将让他执掌大政。苏绰随后担任了大行台左丞，开启了辅助明主的政治生涯。

　　苏绰果然没有辜负宇文泰的期望，毫无保留地发挥了他的智慧和才华，在军事、政治、经济等各个方面都做出了成绩。他撰写的《六条诏书》颇有见地。宇文泰极为重视，将之置于座位右边，随时翻阅，同时命令官员们学习背诵，刺史、太守与县令等倘不通晓《六条诏书》，则不能做官。苏绰以天下为己任，广泛搜求人才，与他们一起探讨治国理政的方法。遇到心仪之人，苏绰就积极向宇文泰推荐。宇文泰也是来者不拒，真心实意地任用苏绰引荐的人才，从来没有向苏绰表达不满。宇文泰有时去都城之外游玩，担心自己不在会影响苏绰工作，经常会提前给他预留一些空白纸，上面签好名字。如果苏绰需要处理一些事情，可以根据实际情况进行裁决，事后告诉宇文泰就可以了。苏绰为人朴素节俭，视金钱为浮云，家中无余财。他一门心思扑在政事上，与公卿们谈论公事，常常披星戴月。所以无论事情大小，苏绰都了然于胸。他长期操劳，身体透支得厉害，患了支气管炎。同时用脑过度，精神也日益损耗。后来，苏绰49岁死于任上，差不多就是累死的。对于苏绰之死，宇文泰深感惋惜，悲痛至极。

　　还有，明成祖朱棣与三保太监郑和之间也是互相深信不疑的关系。郑和年轻时就一直跟随朱棣，时间长了，朱棣对他也是相当信任。在靖难起兵之后，郑和更是表现突出，立下战功，被提拔重用。朱棣成功升级为明成祖之后，准备继续追查明惠帝的下落，包括去海外查找。与此同时，成祖也想向外炫耀武力，显示国家富强。如此秘密且重大的事情该派谁去呢？必须是最信得过且能力高超的亲信，成祖最后选择了郑和。看一看当时船队的规模，就会知道此事非同小可。单看大船吧，长44丈（约147米）、宽 18 丈（160 米）的就有 62 艘。人数也是相当惊人，士卒足有 27800 多人。随船所带的黄金、丝织品等，更是难以计数。而在当时的技术条件下，如此庞大的一支船队出去之后，基本上是没法监督和遥控的。明成祖所能做的，就是无条件地信任郑和。当然，他没有看走眼，郑和非常出色地履行了自己的职责。三保太监七下西洋，成为明初最为盛大之事。

回顾上述几例君臣互相信任的历史事例，可以给我们深刻启发。上下级之间的互信是开展好工作的重要基础，尤其是在面临急难险重任务之时，上级更要充分授权，下级则要承担责任，排除万难，取得胜利。当然，信任不能代替监督，该有的检查、视察与考核等都是管理科学当中必不可少的环节。刘备对诸葛亮，宇文泰对苏绰，朱棣对郑和，并不是监督缺失，而是基于长期考察结果而给予他们特殊待遇，相当于罕见的"免检"特例。而这些股肱大臣之所以能够取得君主的完全信任，也是他们鞠躬尽瘁，死而后已的忠贞态度与卓越能力使然。苏绰就强调过，要像父母对待子女一样善待百姓，要像教师对待学生一样严管子民。对于苏绰这类言行一致的君子，上级当然要充分信任，也可以在某种程度上听任。

第二节　历史天平的诡异倾斜：得一人得天下，失一人失天下

一个看似不太起眼的人，有时会倾斜力量对比的天平，从而改变历史的走向。在某些特定时期，历史进程显得波诡云谲，是非成败在转念之间就发生了天翻地覆的变化。"得一人得天下，

失一人失天下"的情况真真切切发生过，并非史学家的夸大之词。

　　让我们将目光聚焦到一千八百多年前的官渡。在这里发生过著名的官渡之战，曹操以少胜多，大败袁绍，奠定了统一北方的基础。但当初事情的进展远远没有结果描绘的那么简单，因为双方力量对比实在是悬殊。说个整数吧，袁绍足足有十万精兵，而曹操的兵力就有点少了，三四万而已。袁绍来势汹汹，恨不得一口就将曹操给吞了。曹操当然不敢硬扛，只有采用打游击的办法，绞尽脑汁，千般算计，不时占点小便宜。虽然在几场小规模的战斗中曹操都取得了胜利，但并没有从根本上削弱袁军的力量。

　　袁绍有点恼羞成怒，准备霸王硬上弓，同曹操决一死战。袁绍军中当然也有人才，监军沮授就相当有眼光。他对形势做了细致而全面的分析：袁军吃了败仗，士气低落，不宜急于决战；曹军虽然赢了一些小仗，但兵力就那么点，粮食也十分缺乏，要不了多久曹操就会撑不下去。因此沮授提出建议：那就跟曹操耗呗！但是袁绍不太喜欢他的意见，可能觉得搞持久战不痛快，而且会给人留下"胜之不武"的口实，就拒绝了他的建议。袁绍大军确实有气势，黑压压地逼近官渡。曹军凭借地理优势，再加上作战勇猛，打退了袁军几次进攻。但在总体形势上，袁军还是占了绝对优势。还有更多令曹操头疼的事情，其中最突出的有两点：一是官渡位于南北交通的咽喉，距离许昌相当之近，不到两百里，一旦官渡被破，后果不堪设想；二是军队的粮食十分匮乏，官渡被围月余，粮草供应难以为继。曹操死熬硬撑，找不到有效的解决方法，万般无奈之下决定向许都撤退。留守许都的荀或知情后，立刻写了一封信，让曹操继续坚守，认为事情可能会有转机。但啥时候会转，荀彧也说不清楚。不过曹操收阅之后，还是改变了主意，继续死守官渡。

后来，形势的发展还真让荀彧给猜中了。转折点在于一个人，此人就是许攸。他其实只是个读书人，是袁绍的谋士，但对战况的分析却切中肯綮。他向袁绍建议派一支精锐骑兵去突袭许都，一定可以占据先机。为什么呢？因为曹操就那么点兵力，此刻大部分集中于官渡，那么后方自然就没有多少人了。出其不意去攻击许都，应该可以攻下，活捉汉献帝，再杀个回马枪，说不定也可以擒住曹操。退一步讲，即使许都不能攻下，曹操也会顾此失彼，战败就是早晚的事了。很可惜，计谋虽好，袁绍却听不进去。

许攸在袁绍手下不被重视，自然没有崭露头角的机会。再次受挫后，许攸认为有必要改变一下了。看到对面的曹营，想起曹操是自己的老朋友，心想何不干脆投靠曹军算了。于是一不做二不休，他连夜跑到曹营去了。曹操正在烦恼不已，头都大了，仍然没有头绪，于是脱鞋睡觉。听说许攸来了，可把他高兴坏了，光着脚板，一路小跑出来迎接。

许攸也不拐弯抹角，直接将袁绍的核心机密告诉了曹操。原来袁军的后勤基地在乌巢，里面存放着一万多车粮食以及大量军械。乌巢的守将是淳于琼，防备相当松懈。如果曹军派出一支轻骑去偷袭，一把火烧光乌巢的粮草，那么袁军估计撑不了三天。曹操可不比袁绍，他立刻嗅出了这条军情的极端重要性。于是，曹操当机立断，布置好军营防守，亲自带领骑兵五千，一刻也不耽搁，连夜奔向乌巢。曹操不仅懂得兵贵神速，也明白兵不厌诈的道理。他们顶着袁军旗号，大模大样地快速行军，碰上对方检查的岗哨，就说是袁绍命令去增援乌巢的。五千骑兵就这样神不知鬼不觉地顺利到达乌巢，到了就放火烧粮，可惜了那一万车军粮，顿时化为一堆灰烬。乌巢守将淳于琼不明白怎么突然就发生火灾了，等他发现是曹军偷袭时，赶紧招呼应战。可哪里还来得及，守军被打得大败，淳于琼也在慌乱中被杀死。

袁绍当然不是等闲之辈，他得知粮草被烧后，并未自乱阵脚。他决定再狂赌一把，袁军弃下乌巢，转而进攻官渡大营，切断曹操的归路。大将张郃、高览在接到这项艰巨任务之后，深感不妥。张郃本着自己的责任心，劝袁绍不要意气用事，现在赶紧撤兵还来得及，保存实力要紧。奈何袁绍还是不听。当然，顽固不化、刚愎自用的袁绍自此失去了最后的机会，败局已定。张郃、高览率领几万大军，硬着头皮往曹营里冲。人家早有准备，当然冲不进去，很快背后又受到从乌巢返回的曹军的攻击。张郃对袁绍失望透顶，于是同高览一起率军向曹操投降。受此打击，袁军军心大乱，丧失了战斗力，七万多人被杀。

从上述官渡之战的大致经过可以看出，曹操积小胜为大胜，尤其是得到许攸这一关键人物之后，战局发生了根本性扭转。得一人得天下，这句话用在官渡之战的曹军一方，应该是比较恰当的。

再将眼光转移到1644年的明朝末年。李自成由于种种原因，失去了吴三桂的支持，导致战局的急转直下。结果，历史的天平几乎是以一种令人惊讶的方式倾斜了。

　　李自成本来有机会拉拢吴三桂，从而牢牢把控住局势的，但他搞砸了。关于这一段历史，有很多研究和反思，将其前因后果梳理起来，形成一本专著应该没什么问题。本文择其要者概述一下，力求弄清其来龙去脉。

　　导致吴三桂翻脸最为直接的原因，应当是起义军抄了他在北京的家，抓了他的老父亲，夺了他的爱妾陈圆圆。李自成攻下北京之后，让刘宗敏、李过等人主持追赃工作。从史料上来看，刘、李对于工作是相当卖力的。明朝的官员，除了那些已经被大顺政权录用者外，都被要求交出金银财宝。如果交出的数量不够，那么就会享受棍棒待遇。周皇后的父亲周奎，交出了五十万两银子，仍然没能保住一条老命，被活活夹死。吴三桂的父亲吴襄自然也逃不掉，但命还是暂时保住了，因为有人了解到他的儿子是明宁远总兵，还守着山海关，手握重兵呢。而吴三桂的爱妾陈圆圆却没能被保护起来。大约确实是长得漂亮，她被刘宗敏看上了，被他热烈追求。

　　吴襄按照义军的授意，写了一封信给儿子，希望吴三桂尽早向大顺军投降。吴三桂收到信后，担心老爹被撕票，就先答应了下来。李自成得知后，心里自然高兴，但接着，他就犯下了一个不大不小的错误。他派了一个级别不太够的将领去与吴三桂接洽，而且还是位降将，名叫唐通。另外，唐通带的见面礼也不是那么阔绰，只有白银四万两。唐通带了两万人，兴高采烈地向山海关出发了。那边吴三桂也带领兵民向北京方向行进，到了滦州，他碰到一些从北京逃出来的人，找了几个来打听消息。当他得知家里情况后，十分懊恼，尤其是知道心爱的小老婆圆圆被抢，其男人自尊心受到了伤害。他勃然大怒，决心与义军对抗，"冲冠一怒为红颜"确有历史依据。吴三桂迅速改变主意，返回山海关。当唐通带着部队来到关前时，还没弄明白是怎么回事，就被吴三桂的人马打得晕头转向，只得灰溜溜地败退。

　　李自成知道吴三桂反悔之后，就决定来硬的，准备亲自带兵灭掉他。但李自成再次对形势做出了错误的判断，他认为吴三桂一直与清军作战，应该不会与他们联手。1644 年 4 月 21 日，李自成大军到达山海关，立即围攻吴三桂军队，吴军眼看就快要撑不住了。当天夜里，清军赶到了山海关外。清军怎么会出现得这么及时呢？多尔衮原计划领军突破蓟州和密云两处，然后攻占北京。但途中他遇上了吴三桂的使者，多尔衮了解其来意后喜出望外，立即改变行军路线，马不停蹄地奔向山海关。如果清军晚到一天，山海关估计就被李自成攻下了，历史很有可能被改写。但事实就是那样，清军非常及时地赶到了，于是吴三桂剃掉头发，投向了清军怀抱。第二天，即 4 月 22 日，改变历史的一天终于来临。起义军大败，李自成匆匆退回北京。在皇宫里当了一天皇帝，第二天清早他就带军向西安退去。

　　李自成起义大业功败垂成，背后当然有许许多多的原因。例如军队进入北京城之后，尽管李自成也想制止部下无休止地追索钱财的行为，但没有成功。有些将士还扬言：皇帝让你做，金银财宝和女人总该让我们得一些吧！法不责众的后果，就是大顺将士上上下下都狠捞了一笔，人人都想富足还乡，而玩命打仗的勇气则慢慢消退了。此外，在追赃过程中犯了扩大化的错误。不仅是官员，还有大商人乃至当铺、饭馆等小老板，都在追缴之列。

单是徽商这一群体，被拷掠者就多达千人。1644 年的北京城，
哀嚎不断，恐怖至极。上述做法，在某种程度上反映出大顺军的
一些局限，体现了其从成功走向失败的必然性。然而，局势的发
展本来还是有挽回的余地的。而吴三桂反戈投清，实实在在地促
使了战局的根本转向。因此，说李自成"失一人，失天下"，虽
然有些夸张，但也不无道理。

第三节　天降大任：能受天磨真铁汉

　　《孟子·告子下》中的一段名言，千百年来一直广为传诵："故
天将降大任于是人也，必先苦其心志，劳其筋骨，饿其体肤，空
乏其身，行拂乱其所为。所以动心忍性，曾益其所不能。"苍天
有眼，不会平白无故地启用某个人。什么样的人才可能得到重用
呢？往往都是那些是吃尽苦头、经历磨难、挺过一连串不如意之
人。他们内心更加强大，性格更加坚毅，能力也更为卓越。为了
佐证上述观点，孟子列举了一长串名单：舜从田野耕作之中被起
用，傅说从筑墙的劳作之中被起用，胶鬲从贩鱼卖盐中被起用，
管夷吾被从狱官手里救出来并受到任用，孙叔敖从海滨隐居的地
方被起用，百里奚被从奴隶市场里赎回来并被起用。孟子论述得
深刻而犀利，让人深为叹服。文化精神具有极强的生命力，思想
观念一旦被认识和接受，就会长久流传，并产生深远影响。

　　孟子所举事例无须考证，知其大略即可。再来看看后世汉
朝张骞的事迹。汉武帝时期，重用儒士、积极进取的风气逐步形
成。张骞年轻时只是个小小的郎中，虽然官位颇低，但他志存高

远，希望将来能有机会干一番大事。对于有心人而言，机会只是早晚的事。汉武帝苦于匈奴侵犯，当得知月氏国被匈奴打败并迁至西域之后，他产生了一个大胆的想法：派人越过匈奴地区，到达月氏国并与之联合，这样不就形成了对匈奴的合围之势了吗？在当时这可是异想天开，必须找到具有激情的浪漫主义者才有可能施行。张骞愿意去，还有一百来人也愿同去，其中包括一个叫堂邑父的匈奴人。公元前 138 年，张骞带领这支小分队出发了。进入匈奴地界后，他们小心翼翼地行进，但是百来人的队伍还是比较容易暴露的，结果没走几天这群人就被逮住了，一个不落地成了俘虏。然后呢，就是吃牢饭，一吃就吃了十来年。后来，匈奴人对这些人都产生了"审美疲劳"，懒得盯着他们了。于是，张骞与堂邑父捡了个漏子，逃了出来。他们骑了两匹快马，拼了命地逃跑，接连跑了几十天。往哪个方向跑呢？向西行进。因为当年他们认领的任务没完成，还得继续。后来，他们得到大宛王帮助，到达了月氏。目的地是到达了，可是他们没法说服月氏国与汉朝结盟。匈奴就在近旁，狼环虎伺，而汉朝只是传说中遥远的东方大国，月氏国当然不愿得罪匈奴。张骞不死心，软磨硬泡，折腾了一年多时间，依然没有效果。张骞虽然心有不甘，也只得打道回府。回去还得经过匈奴地盘，没有意外，他再次被捕，又被扣留了一年。直到公元前 126 年，张骞等人才回到长安。汉武帝确是雄才大略之人，不以一时成败论英雄，他认为张骞花费十三年，能够从月氏国活着回来，本身就是莫大的功劳。于是，汉武帝封张骞为太中大夫，以表彰其功绩。再往后，形势发生了变动，卫青、霍去病大败匈奴，迫使匈奴北逃，从汉朝通往西边的道路打通了。张骞再次出使西域，并成功与西域诸国结交。

　　张骞是受"挫"，但越挫越勇；而韩信则是受"辱"，却因之胸怀更加开阔。韩信命苦，小时候就父母双亡，家里自然穷得叮当响。实在活不下去了，韩信不得不寄住在远房哥嫂家，蹭些剩饭剩菜勉强度日。吃人家的饭，就得干活啊，韩信倒也不懒，帮助哥哥干些农活。到了晚上，韩信不像普通庄稼人那样早早歇了，而是躲在屋里拼命读书。于是问题就来了，读书要点灯，点灯得费油。嫂子心疼那油啊，嘴上自然就没什么好话了：你一个小穷鬼老是读书，成天整那玩意儿有啥用！俗话说得好，恶语伤人六月寒。韩信终于忍不住了，就离开了哥嫂家，在淮阴街头成了一名流浪汉。韩信过着到处乞食的生活，吃了上一顿，不知下一顿。有时也会遇到好人，附近一位老婆婆，以当佣人为生，自己仅能勉强糊口，却很同情韩信这个无家可归的少年，经常给他一些吃的。看到韩信能在如此艰苦的环境下坚持读书，老婆婆还不时鼓励他，韩信也深为感动。白食吃多了，韩信觉得过意不去，但确实无以为报，韩信只得对老婆婆说些便宜话，譬如等自己长大之后，一定要重重报答她老人家之类的。老婆婆倒是很大度，说：我一个孤老婆子，图你个啥呀！韩信发达后，果然兑现了诺言，此乃后话。

　　韩信依靠一些底层好心人接济，只是保证不饿死而已，日子过得相当煎熬。慢慢地，韩信长大了。虽然韩信很有才智，长得高大魁梧，但是作为一个穷光蛋，淮阴城里没有多少人看得起他。韩信还有一个特点，就是走到哪里都佩带着一把宝剑，就连出去要饭时也不例外。大家觉得他虚张声势，其实是个懦弱胆小的家伙。实际上这把宝剑是父亲留给他的唯一遗物，韩信只是非常珍惜而已。人的印象一旦形成就很难改变，而且还给韩信带来了麻烦。一天，韩信在街上游走，遇到了一位在路边耍枪弄棒的泼皮无赖，那人正在卖劲地表演，虽是些花拳绣腿，但围观人群也在瞎起哄，拼命叫好。韩信看到此番情景，觉得好笑，于是不加理会，继续前行。那无赖透过人群看到了大高个韩信，生出了一个馊主意，决定戏弄他一番，借此炫耀武艺。无赖拦住韩信，轻蔑地说："你天天带着把剑，吓唬谁呀？今天你让大伙儿见识一下，你是不是个胆小鬼！如果你是个有血性的男人，就拔剑刺我；如果你是懦夫，那就不好意思，乖乖地从我裤裆下钻过去啦！"韩信哪里受过此等恶气，火气滋滋往上冒，恨不得一刀捅死这不要脸的。但他迅速恢复了平静，心想：如果一时冲动，杀了这无赖，那也得吃官司啊，弄不好自己小命也没了，不能掉进对方的陷阱。围观群众自然不肯放过这不用花钱的精彩演出，都暗暗地给韩信使劲：上啊，上啊，弄死那泼皮！但结果让所有人大跌眼镜，只见韩信略一迟疑，竟默默地从那无赖的裆下钻过去了。传言被坐实了，韩信虽为七尺男子，但确是不折不扣的天下第一胆小鬼！围观人群哄然狂笑，有的连眼泪都笑出来了，于是大家拍拍手，心满意足地散去了。韩信面无表情地收下胯下之辱，回去之后却更加发愤自强。他深研兵书，勤习武艺，成为能文善武的不世之才。后来，他帮助刘邦打下江山，成为汉高祖推崇备至的"汉初三杰"之一。

　　还有一位铁汉，那就是唐朝的玄奘。玄奘的特点是能"受苦"。玄奘13岁开始出家当和尚，研习佛学，后来又到各处拜师。玄奘应该天生就是个当和尚的料，相当有天赋，他很快就精通了佛教经典，并且发现佛经在翻译中存在许多错误。怎么办呢？要想解决这一难题，就得去佛教发源地天竺，读原著，学原文，悟原理，之后再翻译，就有可能达到"信、达、雅"的标准了。天竺远在万里，谁能去完成这一使命？玄奘想来想去，觉得只有靠自己了。当时唐朝还没统一，边境经常面临突厥侵扰，政府规定不能出国。玄奘不死心，上书朝廷，希望得到特批，但他的面子不够大，没有获准。玄奘没有办法，只好静待机会。没多久，形势发生了变化。公元629年秋天，长安发生了饥荒，和尚也没饭吃了，朝廷同意僧侣外出化缘。玄奘背着行囊就上路了，一路向西，来到边塞重镇凉州。镇守凉州的都督严格按照制度办事，哪怕玄奘说破嘴皮，就是不放行，还严令玄奘即刻返回长安。此路不通，只有另寻他路，玄奘找到当地高僧，取得了信任和帮助。逃离凉州后，玄奘还得躲避搜捕，只得天黑之后再赶路。他东躲西藏，潜行至瓜州，与他同时到达的是来自朝廷的通缉令。瓜州州吏倒是个理想主义者，听了玄奘一番陈述后，深为感动，就直接放他过境了。玄奘一路走，一路游说，一位西域人被他打动了，愿意给他做向导。他们走啊走啊，过了玉门关。玄奘当然还要往西，可那西域人心理崩溃了，找个机会跑掉了。玄奘只得直面死神的考验，独自一人进入戈壁沙漠。八百里漫漫黄沙一望无垠，连飞鸟都要绕道而行，玄奘就是靠自己两条腿，一步一步丈量那遥不可知的距离。他走着走着，头也被晒昏了，也不知自己到了哪里，迷路了。玄奘心想，糟了，可能要死在这里了。心里一阵慌乱中，他打翻了水袋。没有水，前景就更加糟了，只剩死路一条。玄奘想起自己曾经立下的誓言：宁可西行而死，决不东归而生。他决绝而喜悦地继续西行，向着心中的圣地坚毅地行进。全凭信念和意志，玄奘又走了几天，终于体力不支，昏死过去。不知过了多久，他被阵阵凉风吹醒过来，空气中似乎散发着淡淡的水汽。啊，前面有水！玄奘艰难地爬起来，咬紧牙关往前走。不久他看到了一片绿洲，以及比绿宝石还耀眼的水源。

终于，玄奘走出了沙漠，经过伊吾国，进入高昌。在高昌国，玄奘遇到了幸福的烦恼：国王笃信佛教，对玄奘这位大唐来的高僧非常敬重，除了请他讲经，还十分诚心地请求他长留高昌。玄奘当然不肯，执意西行，高昌国王不能强留，只好全力帮助他前往天竺。玄奘带着高昌国配备的一行人马，说尽千言万语，想尽千方百计，吃尽千辛万苦，走尽千山万水，最终成功到达天竺。

玄奘在天竺研究佛法引发轰动，后来他以成功人士的身份返回长安，朝野僧侣倾城而出，到西郊迎接他。朝廷不仅没有追究他"私自外出"之责，相反，唐太宗亲自接见了玄奘，又下令由玄奘主持大规模的译经活动。玄奘西去天竺，取回佛经600多部，负责译经19年，翻译佛经74部、1335卷。玄奘受苦受难，不仅在佛学上取得了巨大成就，也极大地促进了东西方文化的交流，他至今仍被人们视为中印友好的象征。

《韩非子·显学》指出："明主之吏，宰相必起于州部，猛将必发于卒伍。"英明的君主，非常重视官员的选拔，要求他们经历各层级的锻炼，要想做宰相，得先从地方小吏干起，要想当大将，一定要先当士兵。一个人，能像张骞那样"受挫"，能像韩信那样"受辱"，能像玄奘那样"受苦"，还有什么事情不能承受呢？

艰难困苦，玉汝于成。

第四节　相煎太急：不遭人妒是庸才

木秀于林，风必摧之；堆出于岸，流必湍之；行高于人，众必非之。无论是自然界，还是人类社会，高异突出者总会受到更多的冲击。人类社会，与其也有相似一面。一个人如果特别优秀，同样也会招致羡慕、嫉妒，甚至是憎恨。在中国历史进程中，就有着许多因眼红而生阴谋，并进而导致对才能卓越之士伤残乃至杀害的案例，让人唏嘘悲叹。此外，还有心术不正之人本想加害比自己更为优秀之人，不料害人不成反害己的闹剧。

春秋战国时期著名医学家扁鹊（本名秦越人，中医祖师爷，因医术高明而被人们比作传说中的神医扁鹊），就是因为医术太高明而被小人谋害的。扁鹊到底有多厉害呢？江湖中传言，他连死人都可以救活。传闻确有依据，只不过与真相之间还有些差异。扁鹊在北方行医，在路过虢国时听闻该国公子突然倒地而亡。到底得了啥病呢？听说是血液不畅。天下竟有这等怪事？扁鹊找到知情人仔细询问，比较全面地了解了病情，并由此判断公子可能并没有真死。扁鹊马上求见虢国国君，说明来意。国君当然求之不得，愿让扁鹊一试。结果，扁鹊运用针石药剂，真的将公子医活了。扁医生顿时声名鹊起，红极一时。但扁鹊为人低调谦逊，只是说：我没那么厉害，公子本来就没有死，我只是用医术使他恢复过来而已。扁鹊越是谦虚，人们对他越是尊敬和景仰。但也有少数人例外，秦国太医令李醯就是其中之一。同样是医生，为何差别如此之大？李醯对扁鹊妒忌得要命。随着妒火越烧越旺，李醯竟然一不做二不休，直接派人将扁鹊杀掉了！好在扁鹊的一些医术流传了下来，如"望闻问切"的诊疗法，还有他的医学理论也被整理为《难经》，算是一定程度上保存了扁鹊的精神生命。

韩非也是因为太有才华，而被同学李斯害了性命。韩非本来是韩国贵族，日子过得很滋润。可他很有想法，看到秦国日益强大，而自己所在的韩国却逐渐衰落，心里干着急。他坐不住了，给韩王上书，希望韩国能像秦国一样变法强国。很不幸，韩非的热脸贴在了冷屁股上，韩王对他的意见不予理睬。韩非心有不甘，于是将自己的见解写成系列文章，《孤愤》《五蠹》《内外储》《说林》《说难》等等，一发不可收。俗语说得好，墙内开花墙外香。文章很快流传到其他国家，而且引起了强烈反响。秦王嬴政也成了他的"粉丝"，他越读越佩服，不由得深为感叹：如果能够见到作者，同其畅谈，此生死而无憾！李斯知道此事后，马上向秦王汇报：那些文章是韩非写的，他曾与我一起在荀子那里学习，我们是同学！嬴政知道后，马上要会见韩非。毕竟是强大秦国的当家人，他吵着要见偶像，那架势也是相当吓人。秦王直接发动大军去攻打韩国，韩国则被打蒙了，当弄清楚嬴政的真正意图后，韩王赶紧将韩非这块烫手山芋扔了出去，美其名曰让他"出使秦国"。嬴政终于见到了仰慕之人，便与韩非促膝长谈。韩非妙手著文章，却不善表达，口才相当差劲，说话结结巴巴的。嬴政费了老大劲，才听明白韩非的意思：您别急着攻打韩国，应首先把赵国消灭掉。嬴政有点不太高兴了，韩非你这明明是替自己的国家在说话嘛，私心怎么如此之重！秦王于是对韩非不太信任了，没有起用他。

　　旁边的李斯正在懊恼呢，担心秦王一旦重用了韩非，自己可能就得坐冷板凳了。更何况，李斯很清楚韩非的才能并自愧不如。见到秦王对韩非起了疑心，李斯赶紧进言：没想到韩非是这么个人，只会替韩国打算！秦王听了之后更加郁闷，就问该咋办。李斯见时机成熟，就顺着杆子往上爬：如果放他回去，将来肯定会给您兼并天下带来麻烦；不如给他弄个罪名，杀掉算了！嬴政心中不舍，好歹还是自己的偶像嘛，于是下令先将韩非关起来再说。因为老同学一席话，韩非从座上宾变成吃牢饭的了。在坐牢期间，韩非回想起自己与秦王的谈话，也觉得有些不妥，想再去解释，但苦于没有机会。李斯倒是表现得很关心，隔三岔五过来慰问，送上一些好吃的。韩非心里当然感激李斯，认为老同学就是老同学，自己落难时还不离不弃。但不久，韩非就看清了李斯的蛇蝎心肠，因为他吃了老同学的饭菜之后就腹如刀绞，最终明白了事情的真相。战国法家之集大成者，就这样不明不白地被毒死了。过了一段时间，嬴政有些反悔，觉得亏待了韩非，就去过问自己的偶像在牢中过得如何，得到的回答是韩非已经服毒自杀了。嬴政悔恨交加，却也无可奈何。

曹植因为才情卓越，才被自己亲哥哥曹丕苦苦相逼，最后郁郁而死。曹植从小就聪明过人，博览群书，文采过人。曹操也是文学发烧友，因此很喜爱曹植，多次想将太子之位给他，无奈反对声过大，只好作罢。平心而论，曹丕的文才也不差，但与弟弟相比，还有差距。虽然在文章方面比不过曹植，但论政治手腕，曹丕则要高明不少，再加上长子的天然优势，曹丕最终赢得了权位之争。坐上魏王之位后，曹丕取得了主动权，准备找个机会好好同弟弟玩玩，吐口恶气。找碴当然不是难事，不久就有人报告，说临淄侯曹植好喝酒，常骂人，还扣押了其派去的使者。此等机会，岂可放过？曹丕马上派人去临淄，将曹植押回邺城，严加审问，之后就以死罪论处。此时，一个重要人物出场了，那就是曹丕、曹植的共同母亲卞后。俗话说，手心手背都是肉，现在大儿子要杀二儿子，卞后岂不心急如焚！她一把眼泪一把鼻涕地向曹丕求情，请无论如何也要从宽处理曹植。母亲的面子不能不给，再说这事传出去也不太好听，曹丕作了让步，将曹植从临淄侯降到较低的爵位。此外，还有一个附加条件，就是要求曹植在七步之内写出一首诗，如能成诗则免一死。于是，曹植最为有名的一首诗就这样被催逼出来了：

　　　　煮豆持作羹，漉豉以为汁。

　　　　萁在釜下燃，豆在釜中泣。

　　　　本是同根生，相煎何太急。

曹丕听后，暗暗赞叹，也略感羞愧，便饶了弟弟一命，将其遣返封地。当然，曹丕也不会因一时感动而真正改变对曹植的态度。作为一代文学奇才的曹植，只得寂寞度日，最后在一个远离都城的偏远小郡落寞地死去。

　　妒火会烧伤他人，有时也会毁灭自己。庞涓嫉恨孙膑的才华，设计陷害孙膑，虽然计谋一时得逞，但庞涓最终害人害己，惨死在孙膑手下。

　　据说庞涓与孙膑都在鬼谷子门下学习兵法，当然就是同学了。庞涓出山早一些，得到魏惠王的赏识，当上了魏国的大将。魏惠王的胃口很大，希望得到更多的人才。他听说孙膑很有才华，就希望庞涓能动用关系将孙膑召来。庞涓只得照办，将孙膑请了过来，两人于是从同学变成了同事。同一个锅里吃饭嘛，彼此就会比来比去。庞涓不久就认清了一个事实，那就是自己真的不如孙膑。怎么办？得先下手为强。庞涓处心积虑地搜集了一些证据，然后告发孙膑，说孙膑虽然在魏国做事，但同时也与齐国私通。魏惠王听后，非常愤怒：好你个孙膑，吃着碗里的，看着锅里的，看我怎么治你的罪！于是，托老同学的福，孙膑被剜掉了两块膝盖骨，脸上也被刺上了显眼的字样。最穷莫过要饭，不死总会出头。孙膑虽然成了残疾人，但小命还在，他在等待一个机会。后来，孙膑会见了一位前来魏国的齐国使臣，并通过他的帮助偷偷去了齐国。齐威王接见了孙膑，对之青睐有加。后来，就是两位老同学之间的斗智斗勇了。桂陵之战，孙膑大败庞涓；马陵之战，孙膑结果了庞涓的性命。

　　俗话说得很到位，同行是冤家。上述扁鹊、韩非、曹植和孙膑都是遭到同行的妒忌与陷害，无一例外。估计也只有同行，才会真正了解对手的优秀与厉害，才会切实感到来自对方的挤压与遮蔽，才会冒天下之大不韪，甚至赌上自己的性命与前途去压制、消灭对手。

　　换个角度来说，如果没有人嫉妒你，只能说明你还不够出色，你还无法对他人形成影响和威胁。其实，对杰出同行的羡慕，以及由此产生些许的醋意，都是正常的心理反应。但如果超出合理范围，如阴损、诽谤、伤害，甚至毁灭对方，那么就成了病态。倾听来自历史深处的玉碎之声，让人徒生伤逝之情。人啊，请用理性之水浇灭忌妒之火吧。放眼时间长河，我们坚信"成人之美"才是中华历史的正道。

第三章

有高山者必有深谷

第一节　特殊人士，特殊对待

　　一些与众不同、特立独行、标新立异之人，常被冠以某些名号：奇才、怪才、天才等等。一般来说，他们具有较为明显的特点：在某些方面确实有才，甚至是才华卓著；但他们性格似乎总不太合群，有时会我行我素。面对这些特殊人才，其实非常考验组织的管理艺术。

　　在比较特别的朝代，如魏晋南北朝，政权更替，礼教败坏，比较集中地出现了一批特殊人才，他们以某些特殊的方式表达了自身立场。魏晋时期，一些奇才异士夹杂着难以明说的复杂情绪，不约而同地选择了迥异于常人的生活方式。当时非常流行的特异行为有两种：一是吃药，二是喝酒。吃药主要是"五石散"，吃后会全身发热。喝酒就五花八门了，关于酒的旧事可以多说几句。谈起酒，就不得不提"竹林七贤"中的"酒仙"刘伶。在中国北方，至今仍有"刘伶醉"的酒类品牌，可见刘伶的名气是何等之大。刘伶嗜酒如命，差不多是天天泡在酒坛里。酒醉之后，自然会有各种怪诞行为。有一次他喝醉后，将自己脱得一丝不挂，在屋里发呆。有人见后就笑话他，刘伶不仅没觉得难为情，反而呵呵一笑说："我以天地为房，以房为裤，你为啥进到我裤子里来了？"刘伶无疑是一位高人，常人难以理解其思想境界。

　　关于刘伶与酒的故事还有很多，再来看一例。酒喝多了自然伤身体，刘伶也不例外，终于喝出问题来了。有一回他感到口渴，他不是想到去喝水，而是叫妻子上酒。妻子生气了，将酒洒掉，还将杯子砸得稀巴烂，边哭边闹，要求刘伶将酒戒掉。刘伶拗不过妻子，答应戒酒。同时提出一个要求，说自己想戒酒，但自控力不行，得向鬼神祷告，发誓戒酒。妻子一听喜出望外，对刘伶的态度顿时来了个一百八十度的大转弯。刘伶接着说：赶快去拿酒肉啊，我好去祷告。妻子高高兴兴去准备，并恭恭敬敬摆好。刘伶示意妻子走开，他好安心祈祷。妻子便顺从地离开了。刘伶跪下来，嘴里念念有词："天生我刘伶，酒是我的命。一次喝一斛，五斗消酒病。妇人之言语，千万不能听。"念完之后，刘伶叹了口气，说酒肉终于到手了，于是开始喝酒吃肉，不一会儿，便又醉倒在地。

　　"竹林七贤"中多好酒之人，那时的文人不喝点酒估计也写不出像样的文章。阮咸也好酒，虽然酒名不及刘伶。有一次，阮咸的同族人聚会，估计用小杯喝感觉不过瘾，于是直接用大盆来喝。喝着喝着，一群猪路过，见到旁边有吃喝，于是也凑到大盆里喝起来。阮咸他们也不见外，人和猪热热闹闹地一起喝酒。

　　"七贤"之中另一位姓阮的，即阮籍，也嗜酒如命。阮籍隔壁家有一名妇女，长得很漂亮，在一家店里卖酒。阮籍与王戎常常相约到那妇女店里去喝酒，醉了之后，阮籍就躺在妇女身边呼呼大睡。那妇女的丈夫就非常恼火了，但又不便发作：他们毕竟是顾客，也就是上帝嘛，不能随便得罪。那男人左思右想，想出一个折中的办法，就是天天暗中盯梢。可看来看去，他始终没发现阮籍对自己老婆做出什么过分的亲昵动作，于是只能作罢了。

阮籍天天喝酒，倘遇紧急之事，该怎么办呢？高人自有过人之处，不可以常人之心去忖度。魏朝惧怕司马昭，用各种方法去笼络他。朝廷封其为晋公，司马昭则照例要推脱一番。推来推去，事情僵持住了。文武百官想好了，准备去司马昭府中劝导。该怎么说服司马大人呢？其实每个人心里都没底。遇到急难之事，大家不约而同地想起了那个醉醺醺的阮籍。于是由司空郑冲拍板，派信使骑快马赶到阮籍家，求其迅速写一篇劝进文章。信使找来找去，终于在袁准家找到了阮籍，可他前一晚又喝高了，正在床上昏睡呢。没办法，只有强行唤醒他，扶正身子，让他动笔。阮籍也不打草稿，直接就在木札上挥毫，一会儿就写好了，一字未改就交给来使。天赋就是天赋，才情就是才情，时人对阮籍钦佩不已。

喝酒应当也是魏晋时期高人们用于自保的方法，尤其是需要表态的时候。魏国后期，臣强君弱，司马氏掌控着实权，密切关注着各方的一举一动。司马懿想与阮籍结亲，意在拉拢一批名士。阮籍听闻后，就天天杯不离口，竟然一连醉了两个月。司马懿找不到开口的机会，只好作罢。其实，无论是阮籍、阮咸还是刘伶，喝酒或是吃药只是在表明自己洁身自好的处世态度罢了。实质上，可能那些醉酒者，反而是魏晋时期主流价值秩序的清醒维护者。

对比一下嵇康，就知道阮籍的过人之处了。嵇康喜欢打铁，该项活动也可以转移注意力，但人还是比较清醒的，就不太容易掩盖内心的真实想法。钟会是嵇康的粉丝，一天他邀请几位有头有脸的人士去拜访嵇康。嵇康在大树下打铁，正是起劲的时候，还有一位贤人向秀在"吭哧吭哧"地帮忙拉风箱。嵇康一锤接一锤地敲打，好像根本没有注意到旁边还站着一群达人显贵。过了很久，钟会知道闭门羹吃定了，于是准备转身离去。嵇康不在醉酒状态，憋不住问了句："何所闻而来？何所见而去？"钟会悻悻地回答："闻所闻而来，见所见而去。"从中很明显看出，梁子肯定是结下了。后来，嵇康果然被杀。嵇康死后，名曲《广陵散》就与其一同远去了。

　　文学、音乐等方面人才的损失不太好量化，只能以"巨大""极大""较大"等词语来形容。而技术人才的损失，则能看到实实在在的负面影响，下以三国时期的华佗为例。

　　《三国志·华佗传》记载：华佗本来是个读书人，一门心思想弄个一官半职，也好耀祖光宗，无奈时运不济，无处施展个人抱负。应是命运捉弄人，华佗没当上官，却在医学上名声大噪，成了远近闻名的医师。曹操犯了头风病，专门来请华佗，由他负责治疗。经过华佗治疗虽有好转，但难以治愈，时间一长，华佗心中郁闷，思乡之情渐长，于是找了个借口回家一趟。到家之后，他不想再回去，就说自己妻子有病，一再拖延。曹操多次去信询问，又让当地官员催促他上路。华佗厌烦了为一口饭食被人呼来唤去的生活，同时他也相当自负地认为自己医术高明，曹操不会把他怎么样。但曹操可不这么想，他更倾向于"顺我者生，逆我者亡"。曹操被不懂事的书生惹毛了，直接派人去查验真相。曹操吩咐说：如果华佗的妻子真的病了，那么就安慰一下，送点小豆什么的，让他晚点回来；假如华佗在撒谎，啥都不用说，抓起来，押到京城。事情并不复杂，一查就明，华佗被抓往许都，关进监狱。一经刑讯，华佗就一五一十全招了。曹操当然生气，下令将华佗处死。谋士荀彧也是读书人，见同道中人因为要点小脾气，居然要丢性命，实在是于心不忍。于是，荀彧向曹操求情，说华佗虽然犯了错，但罪不至死，更何况华佗医术盖世，是难得的医学奇才，留他一条命，将来可以救人性命。曹操呵呵一笑说：先生过虑了，像华佗这种鼠辈天下有的是。曹操坚持要将华佗处死，以吐心中那股恶气。华佗听到消息后，知道自己做过头了。临死前，华佗还想着要将自己的医术流传下去，日后可以救更多的人。他叫来守牢人，递给他一卷书，嘱咐他好好保存。守牢人不想与这将死之人扯上关系，直接回绝了。华佗一不做，二不休，向守牢人要来一把火，把书烧了。

华佗死后，曹操心里舒坦了。但好景不长，曹操的头风病又犯了，痛得厉害。让其他医师来治疗，毫无效果。曹操心里有些后悔，嘴上却不肯服软，他对别人说："华佗这个小人啊，真是个小人！他本来可以将我这个头风病完全治好的，他却故意留一手，不将我的病根去掉，好让我时不时要请他。"

更糟糕的事情还有后头。曹操最喜爱的小儿子曹冲生了病，到处寻请医生，但病情不见好转，反而日渐沉重。曹操惊讶地发现：天下之大，除了华佗，居然真的找不到第二个神医了。曹冲马上要死了，曹操终于悔悟了。他双眼布满泪水，长叹一声说："真后悔啊，我不该杀了华佗！我儿子白白丢了性命，真是报应啊！"

　　对于特殊人才该怎么看待，时至今日，我们仍要深入思考和认真处理。有高山者必有深谷，有奇才者必有怪癖。据现代医学研究发现：很多天赋禀异之人，常常伴随其他能力的贫乏。说得再通俗些，就是有些人在某些方面特别优秀，而在其他方面却显得非常愚笨。大约老天也是公平的：一些地方给你很多，就要在其他地方克扣一些回来。我们都知道世界上公认的最聪明的人——至少是之一吧——爱因斯坦，他的大脑肯定非常人可比，可他晚上到大街上转一圈，结果连回家的路都找不到了，只有给自己家里打电话。

　　另外，特殊人才大多有点脾气，在外人看来就是恃才傲物。从深层分析，有可能是某种病态，并不是刻意如此，特别是在病情发作时，他们根本控制不住自己，结果就表现成那样了。当然，也不能将所有的才能之士都作如是观，因为很多人才在各方面都表现得很好，既才华横溢，又举止得体。

　　回顾历史，我们可以明白一个道理，那就是特殊人才应该特殊对待：一方面，我们应该理解他们，优待他们，尊重他们，让他们人尽其才，才尽其用；另一方面，对于他们某些不足、缺点，甚至是怪癖，要有同情心、包容心，并对他们进行及时提醒和必要帮助。如果管理者在方方面面都尽心尽力，是可以安抚好特殊人才的。

　　最后来看一则历史趣事。三国时期，名士王粲有个癖好：非常喜欢驴的叫声。王粲死后，曹丕同一些朋友去给他送行。千言万语无从说起，于是曹丕一行都学了一次驴叫，祝他一路走好。

第二节　名人雅士：惺惺相惜抑或相忘江湖

在不同历史时期，都会有一些品行高洁或才能卓著之人，他们的名声经过口口相传，不胫而走。对于这些名人雅士，当政者往往也会有所表示，有时推崇备至，有时恰当利用，有时也会认为他们不合时宜。其实，如何对待名人雅士，一直是领导者面对的比较棘手的问题，安排妥帖会令在位者声誉日隆，处理不当也会弄得进退维谷。

有史可查的最早名士可能是许由老先生了。传说许由的名气很大，以致当时最高管理者尧准备将天下让给他。谁知许由不干，还认为这是一种耻辱，后来跑到山中隐居去了。到了夏朝，又有一位叫务光的著名人物重复了许由的故事，让后人着实惊叹不已。其实，许由、务光更像是中国传统文化当中名人雅士的代名词，但他们的事迹基本上无从考据了。

关于伯夷、叔齐的史料则要丰富和翔实一些，也更能看出古代名士的某些特征与风采。从《史记·伯夷列传第一》中的记载来看，伯夷、叔齐至少在两个方面表现得十分明显：一是注重品德修养；二是坚持价值信条。伯夷、叔齐出身高贵，是孤竹君的两个儿子，也就是世俗意义上的王子。孤竹君更喜欢小儿子叔齐，准备传位给他。等到孤竹君去世后，叔齐认为王位应该是大哥的，就提议还是伯夷来继承。伯夷一听急了，说这是父亲的遗命，怎么可以违反呢？伯夷担心弟弟再次为难他，直接卷铺盖逃走了。叔齐知道后，心想：大哥您怎么能这样，不打招呼就跑呢？他就追了上去，于是两人一起逃跑。结果，本来没啥机会的老二没有办法，只好当了国王。伯夷、叔齐也不是瞎逃的，他们听说西伯（即后来的周文王）敬养老人，就去投奔西伯。等他们到达时，西伯已经死了。路上遇到西伯的儿子姬发（即后来的周武王）正带领大军去进攻商纣。两人心想：我俩摆着现成的王位都不要，姬发作为臣子怎么能去抢君主的位子呢？而且父亲死了，不去好好安葬，却大动干戈，还有没有一点孝心？两位高人二话不说，上去就死死拉住姬发的马，给他上了一堂道德课。姬发身边的人火了，立马要拿刀砍了他们。姜太公见状，知道不能杀仁人义士，于是将二人扶走了。周朝建立后，伯夷、叔齐还是想不通，于是不吃周朝的粮食，躲进首阳山，经常采食薇菜充饥，最终饿死在山中。

榜样的力量是无穷的，伯夷、叔齐的所作所为基本上奠定了中国历史上名人雅士的基调。他们对于自身的德行要求高得出奇，与此同时，对世俗与权贵也不肯苟同，哪怕是面临压力和危险。

《后汉书》里有一篇记述了井丹的特立独行之事。井丹因为学问做得好，所以很有名气。沛王刘辅等五位王爷轮番去邀请井丹，但都没请到。光烈皇后的弟弟，即信阳侯阴就，因为是外戚而身份显贵。阴就对王爷们吹嘘说，给我一千万钱，我保证将井丹请来！后来，井丹果然来了——当然不是看在钱的分上，而是被阴就派人威胁和劫持而来的。阴就瞧不起名士，想羞辱井丹一番，就安排了粗劣的饭食（麦屑做的饭和葱叶做的菜），让客人就餐；井丹直接拒绝了，说这些饭菜与主人的身份不符合吧。阴就只好再换上美味佳肴，井丹才开始下筷。在送客之际，阴就故意让人拉一辆车去送井丹。井丹见状，笑着说了一句：听说夏桀坐的是人拉的车，莫非就是这一辆？在场之人听后都忍俊不禁。阴就知道斗不过井丹，就让人将车子拉走了。

后汉时期还有一位名士叫樊英，其名声与架势更在井丹之上。樊英的神奇之处在于他会预测，而且相当准确，乃至人们都传说他懂得法术。州郡与朝廷都多次推荐樊英做官，他都没去。永建二年，汉顺帝亲自去请，樊英扛不住了，只好去了京都。到了之后，他又借口有病不肯上朝。皇帝见软的不行，就来硬的，派人用轿子强行把他抬到皇宫。可见到了皇帝，樊英仍然无动于衷，也没行个礼。汉顺帝被彻底激怒了，大吼道："我能让你生或者死，使你高贵或者低贱，让你富有或者贫困！"谁知樊英根本不搭理皇帝的狮子吼，只是淡定地陈述了三条理由：本人受命于天，生死皆为天意，您又怎么能让我生或让我死呢？若遇暴君，本人誓死不为官，愿做安逸自在的百姓，丝毫不艳羡天子之位，您又如何使我高贵或是低贱呢？倘若未得礼遇，本人不会接受哪怕是万钟俸禄的高官，若能实现志向，则对于粗茶淡饭也心满意足，您又怎能使我富有或贫困呢？汉顺帝听完之后，也只有独自苦笑了，他派人送樊英出宫，吩咐太医给他治病，每月赠送羊和酒等礼品。

从上述案例中不难看出，对于这些软硬不吃的"顽固派"，王公大臣乃至于皇帝似乎都没有太好的应对办法。原因何在？估计还是名人雅士们背后那些"隐形的力量"，虽然它看不见摸不着，却绝对不容小觑。

后汉的袁闳，是一位独立遁世的高洁之士。他出身于官宦之家，却不肯接受征召，只是忙于耕读之事。延熹末年，袁闳看到党锢之祸即将发生，他披头散发，与世人断绝交往。他本想独入深林隐居，无奈家有老母，还得养老送终。于是他突发奇想，建了一座土屋，四周用围墙包起来，也没有门口，只留下窗户可以接收从外面投递进来的食物。袁闳把自己关在屋里，闭上窗户，除了服侍母亲之外，连兄弟、妻子与儿女都不相见。母亲去世后，他也一直在土屋里"闭关修炼"，长达十八年之久。尽管袁闳过着与世隔绝的生活，但时势与其预料的一样，慢慢陷入混乱，黄巾起义终于爆发了。老百姓四散逃命，而袁闳不为所动，每天诵经不辍。义军首领们约定：不论是谁的军队，都不得进入袁闳所住的地方。百姓得知消息之后，纷纷到袁闳那儿避难，许多人由此保住了性命。袁闳此后一直如此生活，直到五十七岁时死于土屋之中。

无独有偶，后汉另一位名士逢萌也有类似经历。他预感王莽将要失败，就逃到琅玡劳山，专心涵养心志、锤炼品德。北海太守慕名派人去劳山致礼，逢萌却不予理会。太守心里直冒火，想去捕捉逢萌，便派了人马去劳山，但没想到，当地的老百姓得知消息后，纷纷拿起武器和弓箭抵抗，誓死保卫大贤人逢萌。结果，官兵打不过当地百姓，灰溜溜地逃回去了。

袁闳与逢萌的例子有些极端，相对而言，梁鸿的典故更具普遍性与代表性。梁鸿生活于东汉时期，因品德高尚而名传后世。梁鸿也是饱学之士，但一直未以此去求取功名。他结束学业后，在上林苑中以放猪为业。因一时疏忽，引发了森林火灾，烧到了人家的房屋。梁鸿很实诚，找到房主，主动要求赔偿，最后将自己放的猪全给了他。但那人还嫌少，梁鸿就提出给他干活，因为他再没有别的财产了。得到同意后，梁鸿就没早没晚地卖力做事。隔壁邻居有一位老人得知后，认为梁鸿不是一般人，就谴责那位房主。于是房主开始对梁鸿敬重起来，并提出将猪悉数归还。梁鸿没有同意，而是回老家去了。

青年时期的这一事例，基本上就是梁鸿一生的缩影。他一辈子没干什么轰轰烈烈的大事，但始终洁身自好，让世人景仰。后人了解梁鸿的事迹，多与一则成语有关。梁鸿后来娶了又胖又黑又丑，但心地纯洁的孟光，两人志趣相投，硬是将贫贱的夫妻生活过得其乐融融。梁鸿后来去了吴国，投奔到一位大户人家，即皋伯通家，寄住在其家的廊房之下，又找到一份工作，替别人舂米。后来，皋伯通发现了梁鸿的一个大秘密：他干完活回家，他的妻子立即将备好的饭菜恭敬地呈上，将盘子一直举到眼眉的高度。今天我们熟悉的成语"举案齐眉"，即来源于此。皋伯通感觉到梁鸿并非凡人，于是请他住到家里。梁鸿去世后，皋伯通等人找了块好地，将他安葬在吴国义士要离之墓的旁边。世人都认为，高尚的梁鸿与行侠仗义的要离葬在一起，当然再合适不过了。

了解了名人雅士的基本特征，以及民众对其的敬仰之情，估计不少人会想：如果能将这些人请出山，许以适当的官位，那岂不是天下大治？产生这种想法一点也不奇怪，因为历史上不少地位显赫之人乃至最高统治者都对此认同，并按照他们的理解付诸实践。前文提及的樊英，在汉顺帝层层加码的高规格待遇下，只得答应出来做官，担任了五官中郎将。听说樊英终于接受了诏命，大家都表现出了极大的关注与极高的兴趣，同时也普遍认为大名士樊英接下来必将奉献才华，大展宏图。然而，让人们惊掉下巴的是：面对皇帝的询问，樊英居然压根儿就没有说出什么锦囊妙计！樊英当官后几个月，又说自己病情加重了。皇帝再次加封他为光禄大夫，并恩准其还乡。说得实际点，汉顺帝对樊英一系列的苦心运作，仅仅博得一个敬重名士的声誉。

那该如何认识和对待名人雅士呢？这个问题至今仍让管理层苦恼。对于伯夷和叔齐，司马迁在总体上给予了肯定，认为他们行善积仁、修养品行，值得称颂。将伯夷排在"列传"第一，也很能说明司马迁的内在道德指向。进一步讲，名人雅士之所以能在历史记载中据有一席之地，也是因为史官的思想认同以及他们权力的体现。史官基本上属于知识分子范畴，由于其所受教育以及自身工作等原因，他们天然倾向于名人雅士的价值与原则。按照传统文化"立德""立功""立言"的排序，他们当然会给伯夷、叔齐这个群体记上一笔，留下一抹人性的光亮于历史长河之中。至于他们能不能与世俗接轨，乃至为国家和社会直接发挥出经世致用的价值，那就因人而异了。南朝时的"山中宰相"陶弘景，虽然没有担任要职，但还是隔三岔五为梁武帝出谋划策，也算是尽到了对社会的一份责任。前面提及的大名士樊英，为官时间较短，但他回乡之后，朝廷每遇自然现象反常时，常常派人去咨询他的意见与对策，而樊英的回答也相当专业和准确。由此看来，樊英也为国家做出了一些实际贡献。

对名人雅士的敬重，本质上是对文化传统和价值坚守的尊敬。他们多作为世俗的另一个参照系而存在，两者似乎是两条永不相交的轨道，一般人难以走进他们的内心世界。然而，名人雅士像谜一样的存在，并不妨碍普通老百姓对其发自内心地敬仰与爱护。从某种意义上来说，留给名人雅士另一个江湖，让其按照内在愿望在精神世界里畅游，并尽量不去惊扰他们，或许正是凡夫俗子与其相处的最佳方式。

第三节　比干之心：可听而不可观

　　组织该如何对待忠心直言之士？不同的一把手可能会有不同的态度与取舍。有些会从谏如流，如唐太宗将敢言直谏的魏徵视为一面明镜；有些领导有时能听进意见，有时则对那些说话直来直去的下属感到很头疼，三国时的孙权基本上属于此类；还有一些则对刚直硬谏之人不胜其烦，甚至痛下杀手，纣王将比干剖心就是臭名昭著的史例。管理者应该要能听得进不同的声音，有则改之，无则加勉，但真正能做到这个份上的少之又少。相反，打击甚至杀害那些忠谏之士的例子，在历史上倒时有发生。这里选取典型案例进行分析，让我们可以看清文明之河是怎么艰难而曲折地向前流淌的，同时也警醒世人应该倾听和尊重那些不同的声音。

　　每当谈到死谏这个话题，人们很容易想到一个典型人物：比干。王子比干应该相当器重自己的一位侄子，也就是后来的纣王，他大力劝说自己的兄弟帝乙将皇位传与这位侄儿，后来事情终于成功了。但纣王即位之后，没有将"文能善辩，武能搏虎"

的一身本事用于治理国家上面，而是日夜沉醉于另外两样东西：酒和女人。纣王由着性子折腾，祖宗积攒下来的那点家底眼看就要败光了。

《史记·宋微子世家第八》记载，当时，能以大局为重、积极劝谏的臣子其实不在少数，比较有名的就有微子、箕子、比干等人。微子启，与纣王关系非同一般，他是帝乙的长子，也是纣王的庶兄。如果他老爸将位子传给大儿子，皇位就是他的了。虽然没有当上皇帝，但微子的责任心还在，眼看着弟弟成天瞎胡闹，他内心焦虑不已。仗着自己是兄长的身份，微子多次劝说，但纣王就是不听。后来，微子用比较严重的语气，想要警醒纣王，说西伯姬昌日益强大，可能会灭掉殷朝。纣王也实在太过自信，说自己有命在天，西伯又能拿他怎么样。微子知道再劝也无济于事，想想就这么死了也对不起列祖列宗，于是抬腿跑路，逃了。

另一位皇亲，也就是箕子，也极富担当精神。他看到纣王准备制作象牙筷子，知道局势将一天天坏下去，因为做了象牙筷子，下一步就会制作玉杯，再接下去就会想到远方的珍奇之物。箕子向纣王进谏，也是碰了一鼻子灰。有人劝他也逃跑算了，箕子不同意，认为出逃是在宣扬君主的过失。箕子想出了另一招，那就是装疯。他披头散发，疯疯癫癫，当了奴隶。

事情至此，大臣们应该清楚劝说之路已经堵死了，再进谏很可能招来杀身之祸。比干可能是带着一种忏悔与殉道的心情，从容走上了死亡之路。他看到箕子的遭遇之后，认为他还是没有尽到责任。在比干看来，君主有过失，就要直言规劝，否则百姓就会遭殃。于是，他义无反顾地走向了那条早已注定的不归路。比干不再选择策略，因为技巧已经被证明失效，他直率地表达了自己的意见。纣王变得怒不可遏，说：您是想当圣人吧，听说圣人之心不同凡人，有七个孔，那么就掏出来看看吧。比干最终还是如愿了，将自己的心留了下来，任由那具空荡荡的血肉之躯回归尘土。

与微子、箕子比较，我们不难发现比干可能并不那么明智，其结局也不美满。但比干自有其内在价值，他为后人留下了忠贞不屈的精神财富，以或隐或显的形式流传下来。试想一下，在一个已经发病的组织里，如果每个人都是聪明人，全是精致的利己主义者，小心翼翼地保护自己那点利益，没有人站出来仗义执言，那么形势必将一天天败坏下去，最终也只能落得玉石俱焚的大败局。因此，比干以己之死完成了精神升华，化成中华民族的忠贞图腾，激励着后世忠勇用鲜血和生命去阻止历史之轮偏离仁义正道。

到了三国时期，吴国出了个"举邦惮之"的人物张昭，也就是说，全国人民都怕他，包括国君孙权。《三国志·吴书·张顾诸葛步传第七》记载，张昭忠诚耿直，外表矜持庄重，言行正直刚硬，对外对内都是如此。魏黄初二年，一位叫邢贞的使者来到吴国，宣布孙权为吴王的任命。邢贞仗着自己特殊身份，进入宫门时不肯下车。张昭直白地对邢贞说：您如此狂妄自大，是因为觉得江南人少势弱以至连一把小刀都没有吗？邢贞一听，吓得立马下车。同时，在吴国内部，张昭也以硬朗著称。有一次，孙权在武昌与大臣们一起喝酒，面对钓台，兴致很高，一杯接一杯，结果就喝高了。孙权乘着酒兴，玩得有点过头，他让人向群臣泼水，并且宣布：一定要痛痛快快地喝，一醉方休。张昭见状，脸色拉了下来，一句话都不说就出去了，呆坐在车里。孙权酒醉心里明，就派人去请他，说："也就是玩玩，您干吗要发脾气呢？"张昭生硬地反驳了回去："以前纣王彻夜痛饮，也认为只是玩乐，并不是在干坏事。"孙权无言以对，感到羞愧，立即罢宴。

　　类似上述事例出现过多次，孙权常常在张昭的慷慨陈词面前败下阵来，感到没面子，但事后想想，觉得还是张昭在理，于是又解释认错。多次铺垫，终于迎来了碰撞高潮。公孙渊背叛了魏国，向吴称藩。孙权自然高兴，准备派使者张弥和许晏去辽东任命公孙渊为燕王。张昭极力反对，说公孙渊只是权宜之计，一旦反悔，两位使者就有可能回不来了。孙权不同意张昭的看法，两人各执己见。张昭虽是下属，但言辞激切，一点不落下风。孙权情绪大爆发，以手按刀，怒气冲冲地说："吴国官员，进宫时向我跪拜，出宫后向您跪拜。我对您的敬重，也是到了极点。而您一而再，再而三当众折辱我，我真担心哪一天会失手杀了您。"张昭听后确是吃了一惊，死死地盯住孙权，却仍然不肯让步，说："我知道我的话不会被采用，但我仍然要竭尽愚忠。太后驾崩之前，叫我到床前并留下遗书，她的话至今还在我耳畔回响啊！"说着说着，张昭泪流满面。孙权将刀扔在地上，与张昭面对面一起哭。但哭归哭，完了之后，孙权还是派出了使者。张昭心生怨恨，就托病不上朝。孙权恨得牙根痒痒，派人挑了一大堆土，将张昭的门堵死。张昭一不做，二不休，也用土从里面将门堵上。你堵我也堵，算是扯平了。谁是谁非呢？还得用事实说话。孙权派出的两位使者，真的被公孙渊给杀了。孙权自知理亏，就多次去慰问张昭，表示赔罪。谁知老同志不给面子，无论如何都不起床。孙权又被惹恼了，派人放火去烧他家的门。张昭更牛，干脆将卧室的门也关上，相当于放出狠话——烧死算了。孙权看着还是拿他没辙，只得让人将火给灭了，自己久久地站在门外。张昭的儿子们出来打圆场，强行将老父亲搀扶起来，出去跟孙权见面。孙权将张昭载上车，回到宫里，再次做深刻检讨。张昭见状，也没法再犟下去，又继续上朝参拜了。

将张昭与比干作个对比，可以发现两人的硬直难分高下；而孙权与纣王相比，则判若云泥了。张昭以八十一岁高龄去世，得以善终，孙权穿上素白丧服亲自给他吊唁。可以说张昭是幸运的，生于乱世却又遇上明君，得以善终。

到明世宗时期，官场上再次出现了一位比干式的人物，那就是海瑞。《明史·列传第一百十四》记载，海瑞一门心思为天下、为百姓着想，性格刚直，贪官豪绅都纷纷回避他。海瑞乡试中举之后，到了北京，立马就跪在皇宫前上了一道《平黎策》，希望在他的家乡海南设置道县，以便长治久安。年轻的海瑞凭着赤忱之心和一腔热血在行事，从出场的那一刻起就显示出与众不同。海瑞的出现，给明朝的官场吹进了一股正气，一些有识之士对他这一举动给予了支持。海瑞之后的一些行为，表明他的价值观念是一以贯之的。海瑞去南平代理管理教谕，上级前来视察，其他小官纷纷下跪，只有海瑞深深地作了一个揖，说："学堂是师长教诲学生的地方，按礼不应该下跪。"很显然，海瑞将义理置于官阶之上，无论官位多高，都得认同和服从通行之理。接下来，海瑞的动作更大。在淳安任知县时，他自己穿着布袍碾谷，老仆人种菜以自给。外来官员路过淳安，也别想大吃大喝。总督胡宗宪的儿子路过淳安，没有得到高规格接待，十分恼火，将负责接待的驿官倒吊起来。海瑞听闻后，立即去处理，没有加菜倒酒，而是将闹事之人随身所带的几千两银子没收，送入库房。随即向总督大人报告："胡大人对下属要求严格，命令所经之处地方接待不能铺张。来到淳安的这个人衣着华丽，肯定不是胡大人的儿子。"胡宗宪闻讯之后，没法反驳和责怪他。都御史鄢懋卿一行路过淳安，县里供给很微薄。接待方说，淳安是小县城，没有容纳车马的能力。鄢懋卿心里极度不快，本想当场大发雷霆，但心里畏惧海瑞的清廉名声，咬咬牙就走了。后来，鄢懋卿背后给海瑞下绊子，但终究也没能将他怎么样。

　　真正让海瑞成为"明朝比干"的，还是因为他那道著名的奏疏。当时嘉靖皇帝虽然罢免了宰相严嵩，杀了其子严世蕃，但朝政并没有焕然一新。嘉靖皇帝成天斋戒打醮，既不上朝，也不理政事。杨最、杨爵等犯颜直谏获罪之后，无人再敢议论朝政。海瑞思虑再三，以天下为己任的使命感和责任感逐渐占据了上风，于是便将自己对时局的见解清楚而尖锐地写了下来。他遣散了家童仆人，与妻子诀别，事先将棺材买好，静静等待注定死亡的结局。嘉靖四十五年二月，海瑞向皇帝上书。奏疏的中心思想，可用其中一句话来概括："盖天下之人不直陛下久矣。"够直白吧：天下的人，很久以来都认为陛下您是不圣明的！疏中列举了很多事例，包括官吏贪婪、民不聊生、盗贼四起，以及皇帝斋醮，等等。嘉靖看了之后，顿时狂怒。当了解到海瑞正在朝中等候处理时，皇帝不吭声了，他拿起奏疏一看再看，竟然被海瑞的忠贞感动得连声叹息。嘉靖皇帝说:"海瑞可以比得上比干，但朕不是纣王。"总的来看，皇帝的这句话奠定了本次劝谏的处理基调。后来海瑞被关进监牢，再被刑部判了死刑，审判结果上报之后，被留在宫里，迟迟不见批复。两个月之后，皇帝驾崩，此事就不了了之了。海瑞被释放，官复原职。

相比而言，海瑞能够保全性命，表明了历史还是在艰难地进步的。三国时的张昭之所以能够忠直进谏，主要基于他与当政者孙权之间比较牢固的信任。海瑞只是出于公心而忠耿劝谏，他与嘉靖之间并未建立有效连接，其行为更像是一场政治赌博，当然他是愿赌服输的。皇帝也不愿图一时痛快而失了道德制高点，就在半推半就之中保全了君臣大义。当然，在封建专制社会中，向上进言谈不上有多少制度保障。海瑞逃过一劫，其自身广为传播的憨痴名声也起到了相当关键的作用，就连皇帝在一定程度上也有所忌惮。

在良好的组织生态中应该容得下不同的声音，高明的决策也往往是综合不同意见之后作出的。组织中有那么一两个比干式人物，应该是集体之幸。良药苦口利于病，忠言逆耳利于行。尤其重要的，是要看到其慷慨言辞背后的赤子之心。就算他们说的并不完全正确，又有什么要紧呢? 伏尔泰说:"我不同意你说的话，但我誓死捍卫你说话的权利。"我们要多听忠贞之声，平心静气地深度倾听。

第四节 "拔刺"的艺术：喉咙越响越实诚

无论何时，组织都不会是铁板一块，思想冲突与观念交锋永远存在。从历史实际来看，组织也是在矛盾与争斗中曲折艰难向前发展的。分歧就在那里，关键在于当事人如何巧妙地处理。如果听之任之，组织就有陷入分裂的危险；倘若抓住主要问题与关键人物，以宽阔胸怀去包容不同观点，以过人智慧去争取处于对立方的核心人物，那么情况就有可能朝着良性方向发展。在中国的历史长河中，出现了许许多多成功案例，领导者或是通过封官许爵，或是通过思想说服，或是通过情感笼络，将一些站反对立场或是摇摆不定的人才争取过来，并激励他们为组织发展做出贡献。

作为组织管理者，要想施行自己的想法并不容易，并不是想干就能干的，尤其是在面对一帮持不同意见的人的时候。要想破局，管理者必须想方设法稳住为首之人。反对派首领有些时候并不是对最高管理者有意见，只是考虑问题的角度不一样。还有一个重要问题需要认识清楚：喉咙越响的人，看似反对最激烈，实际上心里最为实诚。因为人都不是傻子，每个人都会意识到拼命反对最高管理者可能会带来的危害，弄不好是要掉脑袋的。既然他冒着生命危险一再发表意见，应是认定自己理由是正当的，他将之表达出来也是勇于担当的表现。

北魏孝文帝拓跋宏之所以能够取得改革成功，其中很关键的一步就是说服了反对派代表人物拓跋澄。北魏自道武帝拓跋珪建国伊始，就致力于向中原文化学习，迫切希望通过改变现状来达到强国的目的。但拓跋跬操之过急，事情没有成功，反而因此丢了性命。孝文帝继位后，更加坚定不移地推进改革。孝文帝非常仰慕汉文化，希望向华夏风俗靠拢。另一方面，他认为只有向先进的汉文化学习，才能提升北魏国力，巩固拓跋氏的统治地位。要想促使北魏上下都研习汉文化，最为直接有效的办法就是将首都迁往汉人占主导的地区，因此孝文帝萌生了将都城从平城迁往洛阳的想法。如此之大的举动，当然不是孝文帝一个人说了就算的，尤其是背井离乡往往会触发众怒，弄不好会下不了台。孝文帝绞尽脑汁，想出一计。他假称要派发大军进攻南朝，以此来试探群臣的反应。孝文帝此话一出，各位大臣纷纷提出反对意见，尤其是任城王拓跋澄声音最响，态度最为激烈。孝文帝再向前紧逼了一步，对拓跋澄吼道："你要搞清楚，这个国家是我的国家，你任城王竟敢阻挠我用兵！"拓跋澄也是寸步不让，他说道："国家当然是你的国家，但我也是国家的大臣；明明知道向南朝用兵存在危险，我怎能坐视不顾！"孝文帝一看这架势，明白了任城王既是反对派首领，也是真心实意为国家着想的股肱之臣。

退朝后，孝文帝专门邀请拓跋澄到宫中深谈。孝文帝不再拐弯抹角，推心置腹地表明了自己的观点："您看啊，我们鲜卑人从北方起家，迁徙定都在平城，建立了自己的国家。我们虽然在马上打下了天下，但不能在马上治理天下啊。平城是个用武的好地方，但不能作为文治的中心。如果要建立稳定的政治中心，我们就必须迁都中原。因此我想假借用兵的名义向南挺进，然后停兵洛阳，再在洛阳建立新都。您看这想法如何？"

拓跋澄听后茅塞顿开，对孝文帝的眼光与胆识深为佩服，态度顿时转变，表示坚决拥护孝文帝的英明决策。孝文帝成功"拔刺"，然后率领二十万人南下，实现了北魏政治中心的大迁移，为后续改革奠定了坚定基础。

与汉高祖、北魏孝文帝相比，唐太宗李世民的格局更大，胸怀更为开阔，因而唐太宗的"拔刺"艺术也更为高明。唐太宗即位后，担心唐朝重蹈隋朝覆辙，因此希望经常有人大胆直言，让自己明白不足与过失。正是在这种特殊政治背景中，出现了唐太宗与魏徵这一对有着奇特关系的君臣。

魏徵曾是唐太宗的哥哥，也是最大政敌李建成的谋臣，玄武门之变后，唐太宗本想不放过魏徵，要杀掉他。魏徵是聪明人，知道求饶绝对难逃一死，于是剑走偏锋，使出险招，看看能否博得一丝生机。他心一横，摆出"死猪不怕开水烫"架势。唐太宗问他：你挑拨我们兄弟关系，如今死到临头，还有什么好说的？魏徵回答：你哥如果早听我的话，情况就不是现在这个样子了。唐太宗一听，觉得魏徵有两把刷子，是个光明磊落之人，于是将他放了，并任命为谏臣。

估计魏徵从这次死里逃生的经历中悟到了自身存在的价值，那就是"实话实说"。后来，魏徵基本上就采用该策略，唐太宗对他的正直忠贞和道德学问也颇为赞赏。当然，魏徵充当"刺头"也有玩过火的时候，有一次还差点酿出大祸。唐太宗确是千古一帝，十八岁就带头起事，二十四岁平定天下，二十九岁坐上皇位。同时，他也是个好动贪玩之人。他喜欢一只鹞鹰，一天他正在逗鸟，玩得非常来劲时，魏徵来找唐太宗说事了。他远远地看见主子正在玩鸟，但却装作没看见。唐太宗一看魏徵来了，怕他逮住这事就碎碎念，赶紧将鸟藏进怀里。魏徵坐下来就开始同唐太宗畅谈国家大事，口若悬河，没完没了。唐太宗心里那个急啊，但又不好直说，就僵硬地笑着，细听魏徵的教诲。魏徵估计时间差不多了，就轻松愉快地离开了。唐太宗见他走远了，马上掏出怀里的小鸟，细细一瞅，小鸟已经两腿笔直，魂归西天了。唐太宗伤心不已，回到后宫，直作狮子吼："乡巴佬啊，乡巴佬啊，我非杀了你不可！"长孙皇后听到吼声，吓了一大跳，小跑过来问明原因。长孙皇后毕竟不是普通女人，她听后微微一笑，还特意送上礼物，郑重其事地向唐太宗道贺。唐太宗一脸迷茫地问她：有啥好贺的？长孙皇后说：朝廷有魏徵这样的忠直敢言之臣，又有您这样豁达开明的皇帝；自古以来就没有这样君臣和谐的现象，唐朝兴盛发达指日可待，难道不值得专门庆贺吗？唐太宗听后，若有所思，怒气慢慢消了，也就不再提及此事。

从历史旧事中，我们可以看出，要想从谏如流可真不容易，像唐太宗这样的器量宽宏之君有时都把控不住自己，若不是长孙皇后暗中拉上一把，唐太宗可能就会做下糊涂之事了。

从表面看，持反对意见之人就是"刺头"；但从本质上分析，真正的"刺"在管理者自己心里。如果决意做个"独夫"，凡事"顺我者昌，逆我者亡"，那么不时会遇到"刺头"，这刺怎么努力也拔不完。如果某一天"刺头"不见了，那么独夫的末日也就快到来了。兼听则明，偏信则暗。那些不太中听的话，刺到了你的痛处，可能恰恰就是治病的良药。真理越辩越明，不要害怕不同的、反对的意见。镜子照出的只是自身真实的模样。我们要经常照一照，然后整理一下自己的衣冠。

第五节　爱"廉"杂说

宋朝周敦颐在其名篇《爱莲说》当中，对莲花做了由衷赞美："出淤泥而不染，濯清涟而不妖，中通外直，不蔓不枝，香远益清，亭亭净植，可远观而不可亵玩焉。"改用现代白话文，大意如下：（莲花）从积存的淤泥中长出却不被污染，经过清水的洗涤却不显娇艳。（它的茎）中间贯通外形挺直，不生蔓，也不长枝。香气远播显得更加清香，笔直洁净地竖立在水中。（人们）可以远远地观赏，而不可轻易地玩弄它啊。因为"莲"与"廉"谐音，所以在传统文化当中，莲花常常被寓意为清廉之士。很显然，周敦颐将自己的人生感悟渗透到了文章的字里行间，让人感觉到作者既在描绘莲花，又在塑造高洁之士特立独行的形象。毕竟是一代大儒，周敦颐对莲花的外形描绘与精神诠释都十分到位，让人回味无穷。联系到历史中当权者对廉洁人士的态度与做法，或许我们会有更为深层的感悟与思考。

考察历史，我们不难发现：社会越是发展，财富越是丰裕，为官清廉也越是不易。倘若经济不发达，可以获取的东西较少，处于优势地位之人稍微多拿一些，分给其他人的就很少或几乎没有了。在这种情况下，当事之人即使动了歪心思，也不敢随意伸手，因为后果很严重，不值得。随着剩余财富逐渐增多，可供支配的部分也相应增加，情况就慢慢发生了变化。一些心术不正之人揩点油，好像不那么容易被人发现；即使被坐实了，惩处的力度也不像从前那么大。在中国古代，贪腐之风的形成与发展，总体上是与经济发展成正相关性。清朝有"三年清知府，十万雪花银"的说法，可见腐败之风于此达到了一个高潮。

清廷处心积虑树立廉洁从政的典范，借此抑制贪腐的用意是非常明显的。康熙帝评定于成龙为"天下廉吏第一"，也就是当朝第一清官，希望官员都能以于成龙为标准。于成龙为官清廉，确实做得比较彻底。他到广西罗县担任知县，条件之苦，可能超出了今天的想象。到县衙时，他发现连个门框都没有。进了院子，里面杂草丛生。还好院里还有三间草房，但房内也残破不堪。既然来了，那就开始办公呗。没有桌子，于成龙就挖土垒成一个土台，将就着在上面处理公事。床倒是有一张，他就拿些稻草铺上去，好歹睡得舒服些。于成龙究竟过得多清苦，还得通过与他人对比才能看得更清楚。与其同来的仆人，有的生病死了，大约因为水土不服；有的吃不了这个苦，偷偷逃走了。到后来，没有仆人了，于成龙只得亲自做饭，自个儿洗衣。有时趁着下乡考察的机会，还与耕田的农夫在田间地头一块吃饭，他倒也乐在其中。

于成龙对于饮食确实不太讲究，每次吃饭有些青菜就够了。老百姓见他天天吃蔬菜，心里既感动又觉得亲切，时间长了，大家就给他起了个"于青菜"的外号。于成龙对素食的爱好确是一以贯之，不管居家还是外出都是如此。1677 年，于成龙赴福建任按察史。他事先买了好几百斤萝卜，堆放在船上。有人不解，就问他：萝卜这东西又不值钱，您买这么多干吗？于成龙笑着回答：路上吃啊，萝卜加上一些米糠、野菜，熬成粥，一路上就可以应付过去了，不用烦扰沿路来供应饭菜了。于成龙说到做到，沿途有客人来访，他就用萝卜粥来招待。于成龙也有个嗜好，那就是喝茶。而在用茶这事上，他也有些抠门。他虽喜茶，但又觉得太贵，于是想出了以槐树叶来作替代品。因为在他办公室后面，就有一棵槐树，可以让人每天捋几片回来。由于摘得过多，那棵树也几乎被采秃了。

有关于成龙最为有名的典故，当数"半鸭知县"了。于成龙在罗城当知县时，他儿子从家乡山西千里迢迢赶到广西来探望，并稍带了一只家乡的腊鸭。儿子特来告知祖母病重的消息，并希望他尽快回家一趟。当时正值中秋，父子俩吃了半只腊鸭，草草应付了事。之后，两人上路，考虑到路上吃喝费用不菲，于是又带上剩下的一半腊鸭，风尘仆仆赶回老家。事情传回广西，老百姓非常感动，给他起了个绰号"半鸭知县"。后来，有人赋诗一首："半鸭知县古来殊，为政清廉举世无。倘使官员皆若是，黎民安泰乐斯乎！"终其一生，于成龙都保持了清正廉洁的美好品质。他病逝于两江总督任上，死后只有极少遗物，两只旧箱子里只有一件袍子与一双靴子。可以说，于成龙像一朵清白的莲花，始终未被官场腐败之风玷污。

于成龙还是比较幸运的，他活成了自己想要的模样，得以善终，而且身后美名久扬。当然，在历史长河中，居官清正之人，有很多都在生前与死后都保持了美誉。民间流传较广的，如北宋包拯，很多"演义"类作品都称之为"包青天"。包拯为官清正，铁面无私，在任时敢向皇亲国戚开刀，他的人生结局也是美满的，身后清名更是久传不衰。此外，在传统文化当中，还有"二十四廉"之说，像大禹、伊尹、杨震、诸葛亮等都名列其中。但是，并不是保持自身清白，就可以万事大吉。《爱莲说》也特别强调过：莲花"可远观而不可亵玩焉"。在远处观赏没有问题，但是靠得太近，甚至下手去玩弄，那么就不太美妙了。其实，清廉官员是不太容易接近的，而要想让他们去办理一些私隐之事，基本上难以如愿。那么，后续的不快乃至冲突就常常不可避免。

东汉名臣杨震，既因廉洁自律而声名远播，也因刚正不阿而遭人打压。后世了解杨震，多因其"四知"之名。杨震青年时有志于学问，全副心思都用在学习和钻研儒学典籍上，他的名气鹊起首先是因为其是东汉名儒。杨震不仅学问做得好，而且对儒家倡导的价值理念深信不疑，算是做到了言行一致。对于做官，他并没有刻意为之。直到五十岁，才由大将军邓骘的推荐，而开始步入仕途。因为其基础厚实，后来升迁也快，达到了太尉的高位。因为工作缘故，杨震赏识和提拔了一批人才，其中就包括王密。他在荆州任刺史时，发现王密颇有才华，就向朝廷推荐他担任昌邑县令。后来，杨震调任东莱太守，赴任途经昌邑。县令听闻，赶到郊外迎接恩师。晚上，王密兴致勃勃陪同杨震聊天，直到深夜。准备告辞时，王密从怀里摸出点小礼物，也就是十斤黄金，向老师兼贵人表达谢意。杨震不肯接受，王密就劝说道：这么晚啦，没人知道这件事。杨震立刻对学生进行了严肃批评：天知、地知、你知、我知，怎么能说没人知道呢！王密见老师真生气了，赶紧收起礼物，溜之大吉。后人称杨震为"四知先生"，就是出自这一典故。

杨震这种耿直刚烈的性格，在当时官场很难为他人所容。担任太尉之后，杨震自然是位高权重。汉安帝的舅舅耿宝，按照皇帝授意，向杨震推荐中常侍李闰的哥哥。杨震不同意，说不符合相关制度规定，哪怕是皇帝的意见也行不通。皇后的哥哥阎显，也向杨震推荐了一位亲友，结果也被拒绝了。杨震不愿意"违规"，但其同僚却很乐意借机巴结这些大红大紫的权贵。司空刘授听闻之后，立马行动，迅速举荐上述二人，并在十天之内对他们进行了职位升迁。

类似事情还有很多，杨震坚持原则，弄得皇帝越来越不高兴。汉安帝想为其乳母建造豪宅，杨震再三表达不同意见，而其他人则"坚决执行"，不顾国家财力与百姓死活。后来，又有一名来自河间郡名叫赵腾的人，上书对朝政提出批评意见。安帝阅后很生气，准备严惩该人。杨震又引经据典，为赵腾辩解，希望朝廷能够广开言路。皇帝未接纳，最后将赵腾斩首了。

不难想象，杨震这种洁身自好、唯理独尊的行为，必然会得罪与激怒一批奸邪小人。后来，杨震受到樊丰等人的陷害。汉安帝听信诬告，责令杨震回老家去。其实，杨震做官的心思本来就淡，但他觉得自己身居高位却不能清扫污秽，心中过意不去。走出洛阳城之后，他就服毒自尽了。可见，洁身自好并非易事，有时可能会付出生命的代价。

寻找与树立廉洁典型不易，而要保护与弘扬廉洁力量更需要智慧和魄力。前文提及的康熙，在识别与重用清廉之臣上，算得上较为突出的明君。被康熙钦定为"江南第一清官"的张伯行，正因康熙帝的信任与支持，才得以淌过浑浊的河流，干干净净地上岸。与杨震一样，张伯行也无法与身边的贪官污吏和谐相处。张伯行调任江苏按察史后，无视当时官场"潜规则"，不肯向总督与巡抚送礼。对于张伯行"一毛不拔"的行为，总督怒了，巡抚也怒了，于是两人联合起来压制他。康熙帝南巡到达江苏，希望地方荐举贤能官员。督抚二人递交了一批名单，心照不宣地抹去了张伯行的名字。谁知康熙早就心中有数，开口就问：我听说张伯行清白做官，是个难得的人才，你们意见如何啊？听到皇帝训话，众人只得连连称是。就这样，在皇帝的直接干涉下，张伯行才得到升迁，被提拔为福建巡抚。后来，张伯行又回到江苏任巡抚。

重回江苏后，张伯行发现行贿舞弊依旧盛行。他深感痛心，怎么办呢？张伯行决定从自身做起，以此来纠正不正之风。他写了封"公开信"，也就是那份很有名的《禁止馈送檄》："一丝一粒，我之名节；一厘一毫，民之脂膏。宽一分，民受赐不止一分；取一分，我为人不值一文。谁云交际之常，廉耻实伤；倘非不义之财，此物何来？"张伯行说得很直白，也很决绝：干干净净做官，一分钱也不能贪占；正常来往可以，不能以不义之财相送。张伯行说到做到，给江苏官场吹进了一股清新空气。

要想改变大清的贪腐之风谈何容易，张伯行很快就遇到了大难题。康熙五十年，江苏发生了科场舞弊案。一批官员收受贿赂，谁送得多就录取谁。发榜之后，江苏士子愤怒异常，一千多人抬着财神像上街游行，最后将塑像放在文庙孔子牌位的对面，以此讽刺江苏乡试唯"财"是举。此事一经传出，朝廷震动，很快派出"专家组"进行调查，主办官员包括户部尚书、江苏总督噶礼、巡抚张伯行以及安徽巡抚梁世勋等。事情并不复杂，受贿人员浮出水面，而且最大的贪腐分子就是总督噶礼，收贿约五十万两。问题随之而来，调查报告怎么写？不敢写啊。案件拖了一个多月，定不下来。张伯行看不下去了，决心赌上身家性命，一定要将事情弄个水落石出。报告打上去了，噶礼得到消息，花了一大笔钱，将张伯行的报告买了回来，然后再倒打一耙，反诬张伯行受贿。康熙眼看案情无法进展，于是另派大臣去查办，将噶礼与张伯行解职，听候下一步处理。扬州百姓听闻张伯行被解职，罢市痛哭。有人送来一些蔬菜瓜果，以示支持。张伯行接受了一束青菜与一块豆腐，表明自己"一清二白"。三个月之后，案审结果揭晓，并附上了处理建议：将张伯行革职治罪，噶礼免议。还好，最后还需康熙帝的御批。老皇帝倒不糊涂，他将两人的名字互换了一下：张伯行留任，噶礼免职。

后来，张伯行一直受到朝廷重用，担任过南书房行走、户部右侍郎等职。他也多次遭受同僚的攻击与诬陷，都因康熙的全力保护才未出意外。张伯行于雍正三年（1725 年）逝世，雍正帝赠他谥号"清恪"，意思是"为官清正，恪勤供职"。应该说，张伯行是幸运的，他生于盛世，恰遇明君，故而得以善终。当然，仅仅依靠皇帝个人的英明，终究很难靠得住。毕竟，制度的形成、执行的到位，以及政治生态的完善，才是为官清廉的根本保障。

第 四 章

穿越时空品冰火

第一节　莫欺少年穷，他日龙穿凤

有句广东俗语说得很在理："莫欺少年穷，终须有日龙穿凤。"意思是说，不要因为年轻人贫穷而轻视甚至欺侮他，说不定哪一天他就飞黄腾达了。诸如此类的例子很多，汉朝刘病已的案例非常典型，值得我们细致了解和深切感悟。

刘病已的出身相当特殊：他的父亲叫刘进，刘进的父亲叫刘据，刘据的父亲叫刘彻，刘彻就是大名鼎鼎的汉武帝。刘病已出生时，当朝皇帝正是他的曾祖父刘彻，因此说刘病已是含着金钥匙出生的也毫不为过。此外，刘病已的祖父刘据，乃汉武帝的嫡长子，是当时名正言顺的太子。可是好景不长，就在刘病已出生几个月的时候，宫廷中发生了一件大案。因为这件案子，刘病已的人生从云端掉进了深渊。

案件的来龙去脉比较复杂，本文择其要者简述一下。事情还得从刘病已的曾祖父与祖父之间的瓜葛说起，该段历史波诡云谲的表象皆源自这对父子关系的变化。汉武帝二十九岁时才生下刘据，在那时可算是相当之晚了，因此对自己第一个儿子喜爱有加。成年后的刘据性格温和，为人宽厚，言行谨慎。很显然，刘据的个性不像其父亲刘彻，汉武大帝那可是雄才大略，精明强干，雷厉风行。汉武帝认为自己以武定国，太子将来以文安邦，其实也挺不错，所以也没有打算废弃太子。

但是，形势还是在不知不觉地发生变化。公元前94年，汉武帝生下最后一个儿子刘弗陵。这个小子有点特别，他在娘胎里待了十四个月才出来。汉武帝觉得这个小儿子不同一般，因为据说尧也是十四个月才出生的。汉武帝一高兴，就将小儿子母亲所住的钩弋宫大门改了个名字，叫尧母门。汉武帝这一举动，立刻引起下属浮想联翩，许多人不约而同地想到了皇上可能想要让小儿子当接班人。群臣态度也开始出现新的态势，那些严苛刻薄的大臣本来就不喜欢太子，此后就加紧进行攻击，诋毁刘据。此时，大将军卫青去世，太子少了卫家这座靠山，形势更加动荡起来。

当时，长安城里居住着许多方士和神巫，他们传授各种歪门邪道。一些女巫进宫传教，告诉宫中美女：在屋里埋上木头人，可以祈福避灾，也可诅咒仇人。风气慢慢形成之后，宫女们借此相互诬告陷害。汉武帝知晓后，异常愤怒，处死了好几百人。某日，汉武帝梦见几千木头人拿着棍棒，气势汹汹地打将过来，顿时吓醒了。之后就龙体欠安，恍恍惚惚，记忆严重衰退。皇帝身边有一宠臣，叫江充，以告发皇亲与大臣为能事，曾经检举过太子的过失，与太子结下梁子。江充得知皇上情况后，知道其来日无多，担心太子即位后报复自己，决定借机除掉他。江充向皇帝汇报，说是宫中有人在实施巫术，导致了圣上犯病。汉武帝深信不疑，授权江充严查。江充一步步实施其阴谋，不断扩大打击人数，导致了数万人死亡。最后，江充将目标对准皇后与太子，将他们居住的房间翻了个底朝天，弄得皇后、太子放床的地方都没了。功夫不负有心人，江充在太子宫中找出了木头人，还有一些丝帛，上面写着大逆不道的诅咒之词。至于这些木头人与丝帛究竟从何而来，谁也说不清楚。太子急了，想去皇上那里申诉，却又被江充苦苦逼问。走投无路的太子听从了自己老师石德的建议，决定反戈一击。太子假冒圣旨，逮捕江充等人，并将他们烧死于上林苑中。

事已至此，太子准备一鼓作气，提前上位。汉武帝闻言，组织力量进行反击。结果很快揭晓，儿子根本不是老子的对手。太子带领家人逃到湖县，后又遭到搜捕，绝望的刘据上吊自杀，太子的两个儿子也一同被害。事情平息之后，汉武帝反思了这场父子相残的悲剧，并认为太子是无辜的。为表达悔恨与哀思，汉武帝专门修建了一座"思子宫"，又在太子遇害之地湖县建造了"归来望思"之台。上述案件，就是西汉著名的"巫术案"。其影响相当之大，史称"巫蛊之祸"。

因受"巫术案"牵连，太子刘据及其三子一女，加上大小妻妾，被一锅端了。前文提及的刘病已，就是太子的孙子，出生没多久就变成了孤儿。当然，刘病已也没能逃过惩罚，被关进隶属于大鸿胪的郡邸狱。案件发生了，就必须审理，责任落到了原廷尉监丙吉的身上。案情查清之后，丙吉认为刘据并无犯罪动机，太子是被迫无奈才铤而走险的，于是丙吉对太子遗留下来的唯一血脉深感同情。丙吉精心挑选了两个忠厚细心的女犯人，一个叫胡组，一个叫郭徵卿，由她们负责照料哺养刘病已。丙吉安排他们住在比较宽敞且干爽的牢中，自己每天去探望两次。此外，丙吉还从俸禄里分出一部分米与肉，专门供应刘病已。刘病已好几次病得差不多快死了，都因丙吉及时搭救，才让他艰难地挺了过来。

日子就这么一天天过着，虽不容易，但也能过下去。然而，突然又发生了一件大事。巫术案迟迟不能结案，而方士又出来作乱。有人观云望气之后，断定在长安某监狱的上空呈现出天子之气。汉武帝又相信了，派人传达命令，将京中各监狱在押犯人一律处死。郭穰负责通知郡邸狱，让他们立马开工杀人。等郭穰走到监狱大门口，却吃了个闭门羹。丙吉压根儿就不开门，任凭郭穰如何叫嚷，丙吉只是强硬反驳："皇上的曾孙在这里！就算是普通人犯了罪，也不能随便处死啊！更何况是皇曾孙呢！"郭穰在门外等了一晚上，还是没能进去，于是气鼓鼓地回去报告皇帝，希望处理丙吉。谁知汉武帝睡了一觉，第二天又醒悟了，告诫郭穰："天意啊，是老天教导丙吉这么做的。"皇帝再次下诏，大赦天下。长安城中，唯有郡邸狱逃过一劫，刘病已捡回一条小命。

虽然幸免于难，但刘病已什么时候能脱下牢衣，一直没有明确说法。丙吉想了个办法，让狱丞官给京兆尹写信，理由是皇帝的曾孙住在监狱里，总归不太好吧。然后，丙吉专程将刘病已送到京兆尹处。谁知京兆尹觉得这是个烫手山芋，不肯接收，又将刘病已退了回来，仍旧住在大牢里，继续由女犯胡组、郭徵卿照料。日子过得很快，胡组服刑到期，该回家了。而孩子对她分外依恋，时间长了当然有感情嘛。怎么办呢？丙吉自己掏钱雇下胡组，让她继续当保姆，又拖了几个月，才让胡组回去。丙吉到处打听，得知刘病已奶奶的母亲还健在。于是，丙吉将孩子带了过去。老太太岁数很大了，见到孩子如此命苦，心生酸楚，就答应亲自抚养。

太阳穿过层层乌云，在刘病已阴暗忧愁的世界里投进了一抹微弱的光亮。汉武帝下诏：将刘病已登记进入皇族属籍，由掖庭负责其生活起居。至此，刘病已总算脱离了囚犯的身份，成为皇室的普通一员。掖庭令张贺，以前做过太子刘据的宾客，也希望回报旧主的恩德，于是悉心照料刘病已。不仅自己出钱帮助其改善生活，还专门安排刘病已入学读书。刘病已非常聪明，勤奋好学。在皇室中，刘病已因为出身不好，身份相当卑微。他经常周游京城及周边地区，与三教九流交往，因此非常熟悉底层社会的善恶好丑，以及官吏的优劣得失。

成年之后，刘病已面临结婚成家的大事。掖庭令张贺是亲眼看着刘病已长大的，觉得这个年轻人虽然孤苦伶仃，但人品挺好，学习成绩优秀，想把自己的孙女嫁给他。但是其弟张安世不同意，张安世当时正任右将军，位高权重，所以张贺不敢违背弟弟意见。张贺并不死心，又找到一位叫许广汉的小官，请他喝酒，并做他的思想工作，建议他将女儿许配给刘病已。许广汉倒是想得通，自己就是个芝麻大的小头目，将女儿嫁给皇帝的近亲，说不定女婿将来也会封侯呢，于是就答应下来。许文汉回到家里，同妻子商量，谁知她相当生气，说怎么能将女儿嫁给这么一个背景不好的无名小辈呢。许文汉也不肯让步，说我都同意了，不能反悔。事情就这么生拽硬拖往前推进了：许广汉将女儿嫁给刘病已，张贺出钱替刘病已办理酒席。刘病已好歹算是成了个家，将就着过日子。

四季仍在变化，人事也须更替。汉武大帝终究无法与岁月抗衡，撒手西去了。小儿子刘弗陵即位，是为汉昭帝。按理说，刘弗陵不到十岁就登基，应该要在皇位上坐上很长时间吧。谁知，刘弗陵二十一岁就驾崩了，没有留下后嗣。大臣们经过讨论，决定由汉昭帝的大侄子刘贺接班。可刘贺在位上还没怎么坐热，霍光、张安世等就觉得刘贺荒淫无度，心里没有社稷，就决定废其为庶人。结果，刘贺当了不到一个月的皇帝就被废掉了，史称"汉废帝"。皇位又空了出来，还得继续找人啊。此时，丙吉给霍光写了封信，大力推荐了刘病已，称赞刘病已通晓经术，才能突出，举止有度，性格平和，应对其进行重点考察。其他大臣，如杜延年，了解刘病已品行端正，也力劝霍光与张安世将刘病已立为继承人。霍光主持会议，召集丞相、大臣讨论，确定了刘病已接任皇位，是为汉宣帝。

汉宣帝不仅政治业绩显著，其为人也重情重义，是位富有人情味的皇帝。"糠糟之妻"许氏，在刘病已继皇帝位后，被封为婕妤。后来，汉宣帝又娶了霍光的小女儿。紧接着，谁该立为皇后的问题凸显出来了。君臣大多认为，理所当然要立霍氏，其中利害得失不辩自明。汉宣帝却有自己的想法，他下了一道命令，要求找回微贱之时用过的宝剑。一些大臣立刻明白了皇帝的心思，于是上奏，请求封立许婕妤为皇后。皇帝听奏后，准许。之后，汉宣帝拟封赏老丈人许广汉。另一位老丈人霍光则持反对意见，说许广汉曾经受过刑，不宜有封国。汉宣帝采取拖延策略，经过一年多，还是封了许广汉做昌成君。

此外，还要说说丙吉这个人。丙吉前前后后为刘病已做过的工作不计其数。可以说，没有丙吉就没有后来的汉宣帝。而汉宣帝即位之后，丙吉闭口不提对皇帝的恩惠。后来，掖庭中一位宫婢想从皇帝那里捞点好处，就让自己丈夫上书，说自己曾经照顾过年幼时的皇上，可以由丙吉大人作证。至此，皇帝才想起丙吉的恩德，对其施恩不图报的贤德感动不已。皇帝封丙吉为博阳侯，当时丙吉正患病在床。皇帝担心丙吉还未受封就死去，赶紧派人将博阳侯印信送到他家里去。太子太傅夏侯胜安慰皇帝说："丙吉积善行德，定能在生前接受回报，所以他不会因该病而死。"结果，正如夏侯胜所言，丙吉又痊愈了。

　　汉宣帝最终成为西汉有名的贤君。在其治理下，西汉国力蒸蒸日上，史称"孝宣中兴"。汉宣帝与汉高祖、汉文帝、汉武帝一起，成为西汉最为出色的"四大名帝"。

第二节　黄袍加身：螳螂捕蝉，黄雀在后

　　通过"黄袍加身"的方式来谋取权位，比较简单、直接和粗暴，后周的创立者郭威、宋朝开国皇帝赵匡胤等，都干过这事。事成之后，他们心里并不踏实，总是担心龙椅还没坐热，又被别人给拽了下去，于是绞尽脑汁想方设法防止他人模仿。没奈何，螳螂捕蝉，黄雀在后，这样的循环似乎并没那么容易逃脱。

　　建立后周的郭威，确实算得上一个很不错的皇帝，他被"黄袍加身"还真是源于下属拥戴。回看这段历史，真有点儿让人五味杂陈。五代之际，人心混乱，尤其是那些武夫，一旦觉得有机会，就想自己做皇上。为了实现上位，什么事情都干得出来，投降、割地、称"儿皇帝"，丑剧层出不穷。若论武夫的蛮横，在

梁、唐、晋、汉、周当中，后汉可以拔得头筹。后汉高祖刘知远是个性情残暴之人，同时他也重用与自己性格类似的大臣，如苏逢吉、史弘肇等都是些穷凶极恶之徒。可以想象一下当时后汉的氛围，基本上就是"谁的拳头大，谁就是老大"。

后汉高祖死后，隐帝接任。朝廷的绝大部分权力还是被那些勋旧之臣把持，如苏逢吉任宰相，杨邠任枢密使（分管机政），郭威任枢密使（负责作战），史弘肇任侍卫亲军都指挥使（统率禁兵），王章任三司使（专管财政）。上述大臣，只有郭威有点知识、尊重读书人，其他人都只有武夫式的粗俗与蛮横。杨邠非常讨厌文化人，他直截了当地指出：钱多兵强才是国家急务，文章礼乐算得了什么！史弘肇与王章有一次在酒席上，因为读书人的话题吵了起来。史弘肇借着酒劲，大声嚷嚷：安定国家在长枪大剑，用什么毛锥（指文官）！王章有点听不下去了，反问了一句：没有毛锥，财赋从哪里来？其实王章对文官也极其憎恶，他之所以反驳史弘肇，是因为他觉得文官在搜刮民财上还是会起一些作用，至少还需要他们来写字和记账嘛！武夫们平时粗鲁惯了，说话就经常不分场合，有时连自己的上司也没放在眼里。杨邠与史弘肇在朝廷上议事，你一句我一句地讨论。隐帝忍不住插了一句：你们再细细想想，免得别人说闲话。杨邠竟然直接向隐帝反驳了一句：您老不用开口，有我们在！好在汉隐帝还年轻，没有被这句话给活活噎死。但隐帝身体里流淌着高祖残暴的血液，岂是一盏省油的灯。他与亲信密谋，上演了一出杀人好戏，将杨邠、史弘肇、王章全部干掉了！

隐帝大约是杀红了眼，想起还有一个在魏州镇守的老臣郭威，于是他一不做，二不休，又派使者去魏州杀郭威。郭威在当时武将中算是"另类"。他虽成长于行伍，但喜欢招纳才华出众的文士，也能够体恤百姓疾苦。经过几年经营，郭威除了继续任枢密使一职外，还当上了天雄节度使，镇守魏州，节制河北各镇。因此，兵权在握的郭威面对隐帝如此冲动的行为，当然要反戈一击。为了充分调动士兵的积极性，郭威还是动了点歪心思，他许诺：攻进京城，可以抢掠十天！郭威没费多大劲就打进了开封城，但是没能向隐帝报仇，因为皇帝早已被乱兵砍死了。郭威军队在城内到处放火，疯狂抢劫。到了第三天，有人劝郭威说：您再不下禁令，开封马上要成为一座空城啦。郭威于是收回自己的承诺，要求马上停止抢掠，事态才逐渐得以制止。

郭威出此下策，在当时实属无奈和自保之举，但其影响相当深远：当兵的尝到了甜头，热衷于搞变乱，因为乱一次就会大捞一笔啊。到澶州兵变时，士兵们的狂热达到了顶峰。几千人突然大噪，极力劝说郭威，希望他一不做，二不休，干脆自己当皇帝得了。之后，有人撕开黄旗，披到郭威身上，"黄袍加身"的好戏成功上演。郭威于951年正式即皇帝位，建立后周，郭威就是周太祖。

非常事件总是耐人寻味。郭威华丽转身成为周太祖，给后人树立了现实的典型案例，尤其是给那些兵权在握的武夫们开启了无限的想象空间。"皇帝轮流做，明年到我家"这样的观念是不是由此形成无从考证，但从接下来的历史事实来看，产生这种想法的人确实不在少数。

赵匡胤肯定算得上一个，而且基本上是对照郭威现学现做。

赵匡胤二十一岁时就投奔了郭威，一直在其军营中效力。澶州兵变给赵匡胤上了生动一课，一颗蠢蠢欲动的种子，可能在他自己都没有意识到的地方悄悄地种下了，只是静静等待着阳光雨露的降临。赵匡胤出生于河南洛阳，是将门之后，武艺高超，胆识过人。在战乱不断的年代，赵匡胤很快就等来了出头之日。郭威病逝后，皇位传给了其养子柴荣（周世宗）。没过多久，北汉就勾结辽国大举进犯，世宗亲自出征，双方在高平展开激战。世宗也是个狠角儿，冒着矢石亲自督战，形势异常危急。赵匡胤当时担任禁军将领，拼死保护世宗，从而深得世宗赏识。高平大捷后，赵匡胤再次得到提拔，成为禁军高级将领。由赵匡胤负责的殿前诸班，逐渐发展成为后周最为出色的劲旅，屡立汗马功劳。

　　虽然赵匡胤军功很大，但并未担任禁军一把手，因为他跟皇帝之间的关系似乎还没那么铁。后来，他能够如愿以偿当上禁军最高管理人员，还得感谢周世宗的"助攻"。事情的过程有那么一点诡异，背后的真相则很难穷究。话说世宗在征辽途中，捡到一块木牌，上面写着一行字：点检做天子。世宗顿时犯疑了，一阵阴影笼上心头。当时的"点检"是谁呢？就是张永德，一位颇有来头的重要人物。他既是禁军最高领导即殿前都点检，又是周太祖郭威的女婿。尽管周世宗是一代明君，雄才大略，但在那个年代，谁敢相信权高位重的军队统帅呢？周世宗在疑心的驱动下，匆匆拿掉了张永德，换上了他认为比较可靠的赵匡胤。由此，赵匡胤掌控了后周的兵权。

　　如果周世宗活得再久一点，赵匡胤有可能会给后人留下"忠臣"的形象。可是天妒英才，世宗英年早逝，他那"十年平定天下"的雄伟计划才刚刚开了个头。赵匡胤是协助年幼的皇帝继续推进周世宗既定的方针呢，还是杀个回马枪自己弄个皇帝来当当？赵匡胤还是坚定地选择了后者。陈桥驿兵变势在必行，应该说，郭威当年在澶州就已经给武夫们上过这一课了。

估计是对周世宗的悉心栽培心存感激，也有可能对抢了孤儿寡母的天下感到不好意思，赵匡胤对世宗的家人还算客气的，他将周朝小皇帝与符太后安顿在西宫，还给了小家伙一个"郑王"的封号。

尽管模仿郭威的做法成功了，赵匡胤并没有完全意识到这种"复制"行为所存在的危险性。陈桥驿兵变之后，赵匡胤照例论功行赏，提拔和重用了一批自认为"靠得住的兄弟"，包括石守信、王审琦、慕容延钊、韩令坤等。宰相赵普劝说赵匡胤不能过分相信所谓的"兄弟"，认为有朝一日被有野心的部下黄袍加身时，他们也会身不由己的。赵普进一步劝告：当年柴荣不也是对您恩重如山吗，您在部属的鼓动下，还是取代了后周。一语点醒梦中人，赵匡胤开始逐步剥夺武将权力，并自导自演了"杯酒释兵权"的经典桥段。

宋朝重用文人，当属不得已而为之，因为武夫们拥兵自重的陋习根深蒂固，加上士兵们也心术不正，动不动就想来一次哗变，并趁机浑水摸鱼狠赚一笔。"杯酒释兵权"之后，各地武官的权力大大缩小，军阀割据的问题解决了。可赵匡胤千算万算，结果还是百密一疏，最终栽在了自己亲弟弟手里。当了十来年皇帝，赵匡胤一颗悬着的心慢慢地放下了，以为再也没有哪个武夫能对皇位构成威胁了。公元 976 年，十月份，皇帝兴起，想找个人喝酒。于是找到了赵匡义（后改名为赵光义），兄弟俩在柔和的烛光映照下，频频举杯，一阵痛饮。皇帝十有八九是喝高了，就直接在宫里住下了。第二天，朝廷传出爆炸性消息，说是皇帝驾崩了，改由其弟即位，是为宋太宗。赵匡胤当时五十岁，武将出身，身体底子应该很好的啊，怎么说没就没了呢？没有人知道到底发生了什么，后世史家将之称为"烛影斧声，千古之谜"。有史学家怀疑是宋太宗蓄意谋害了宋太祖，并篡了他的位。怀疑归怀疑，仅此而已。

　　但无论如何，赵光义本人是想当皇帝的，而且压根儿就没打算将位子交出去。宋太祖死后，还留有两个儿子德昭、德芳。哪怕太祖的确是喝酒出了意外，应该将皇位传给他的儿子才对啊。赵光义将他母后搬了出来，说杜太后曾有遗诏，要将皇位传弟。赵光义好歹算是自圆其说了，但后续行为彻底暴露了其真实意图。德昭后来跟随赵光义征伐北汉，打了败仗。德昭不知哪根神经错乱了，请求赏赐太原作战的军士。宋太宗勃然大怒，骂道："等你自己做了皇帝，再赏不迟！"德昭哪里受得了这般呵斥，随后畏罪自杀。又过了不到两年，宋太祖的最后一个儿子德芳，莫名其妙突然病死，死时二十三岁。接下来，赵光义又开始对付其弟廷美。有人诬告廷美，说他想要谋位，赵光义就免去其开封尹的职位，降为西京留守。后又借故将廷美罢职，贬到房州。廷美忧心忡忡，害怕皇帝哥哥突然哪一天就会对自己下手，最后他在一惊一吓中死去了。经过一系列操作，赵光义成功将北宋皇位转入自己这一脉。

　　很多时候，人心不古远比想象中的可怕，思想流毒也常常甚为长久。不良风气一旦形成，要想再恢复到风清气正，往往要花上相当长的时间。以改革制度来抵御不正做法，固然会起到比较大的作用，但也难以从根本上解决问题。防微杜渐，固本培元，逐步培育出良好的官场文化，实乃任重而道远。

第三节　梁武帝的"两难选择"与当今启示

如果有一天突然有人前来投奔你，还带了一堆礼物，你该怎么办？梁武帝萧衍当年就面临着这样"幸福的烦恼"。换成其他人，其实都会面临"两难选择"：一是直接拒绝，虽然没有后续问题，但会被说成是不能容人、没有格局；二是接纳下来，但有可能出现难以兼容现象，或者形成新的混乱，得不偿失。那么梁武帝是如何处理的呢？今天我们又能从中得到什么样的启发？重读这段历史，饶有意味，且颇有借鉴价值。

来人名叫侯景，在当时也算得上是响当当的人物。补充说明一下，南梁之时，中国南北基本上呈现出三足鼎立之势：南方是梁朝，皇帝即梁武帝萧衍；北方之一为东魏，实际掌控者为高欢；北方另一强国是西魏，真正大权掌握在宇文泰手里。侯景时任东魏司徒，很有实力，该国黄河以南的地区都在其管理之下，其重要性仅次于丞相高欢。高欢也非常欣赏和依靠侯景。然而好景不长，高欢病重，快要不行了。高欢将儿子高澄叫来，吩咐后事。父子俩倒是心意相通，都认为将来侯景是个大麻烦，很有可能驾驭不了。高欢特别指出，只有慕容绍宗可以对付侯景。但高澄到底年轻，准备快刀斩乱麻，直接将侯景拿下。高澄假借高欢之名，向侯景写了一封信，召其前来。侯景的心眼很多，以前就与高欢有过约定，如果是高欢的信件，就在其中加上一个小黑点，高欢也同意了。所以，当侯景看到高澄之信时，怎么也找不到那个黑色的小点，知道其中有诈，就找个借口推辞不去。由此侯景也想清楚了，东魏是待不下去了。于是他准备在北边的西魏与南方的梁朝之间，选一个新主子。因为地域相近等原因，西魏对侯景的了解比较深入，大行台左丞王悦劝谏宇文泰，认为侯景野心很大，不会甘居人下，可以召其入朝，看他是否从命。结果，侯景拒绝了。于是，侯景只剩下投奔南朝这一条路了。

　　得知侯景欲来投奔的消息后，梁武帝一开始拿不定主意。说白了，来的是条大鱼，能不能吞下确实是个巨大考验。说来也巧，梁武帝在此之前做了个梦：中原地区的牧守居然带着辖区来降，朝廷欢欣鼓舞。萧衍梦醒之后，心里也十分欢喜。待到侯景来降，萧衍认为此前之梦与天意是相通的。继而他又想：当前本国如同金铸之盆，没有一丁儿损伤；倘若因为接受北方之地而惹来麻烦，那后悔也来不及了。中书舍人朱异喜欢揣摩圣上的心思，积极引导皇帝将事情往好的方向去想。朱异向萧衍表达了两方面意思：陛下圣威远播，南北归心，侯景拿出魏朝一半的土地前来归附就是明证；倘若拒绝侯景，就断了后面归降之人的希望。听了朱异如此精辟的分析之后，梁武帝决定接纳侯景。随后，梁武帝任命侯景为大将军、河南王。当然，在南朝内部也有人极力反对，光禄大夫萧介就是典型代表。萧介认为侯景狼子野心，最终改变不了恶人禀性，指望他成为为南朝效力的忠臣应该不大可能。梁武帝对萧介的一片忠心颇为赞赏，但并未采纳他的建议。

从各方反应来看，侯景是位颇具争议之人。侯景是朔方（或雁门）人，少年时就很强横，同乡人都怕他。长大后，侯景体格健硕，勇猛有力。但他也有身体上的缺陷，右脚比左脚短一点，对骑马射箭有一些影响。侯景不完全靠拳头吃饭，他还足智多谋。不难发现，侯景就是一块搞军事的好材料，而在战乱频繁的南北朝，侯景很容易脱颖而出。侯景本身暴虐残忍，但带领军队非常齐整，而他又能舍财，常常将掳取的金银财宝赏赐给将士，因此当兵之人愿意尽力效命。侯景凭借军事起家，遵循弱肉强食、适者生存的丛林法则。侯景起初投奔尔朱荣，受到重用。等到高欢出任北魏丞相，侯景又进兵洛阳杀掉尔朱氏，率军投降高欢。现在又决定向南朝投诚。如此看来，侯景确实有些"烫手山芋"的味道。

东魏见侯景真的倒向南朝，非常担心南梁与西魏联合起来向自己发起进攻，于是软硬兼施，挽留侯景。高澄向侯景写信，强调其父高欢与侯景的旧情，又暗示侯景的家属仍在东魏。侯景收信之后，也郑重其事地回了信，表示再回到东魏是不可能的了，自己家属的命运也全由高澄等决定。侯景显示了做大事者不顾家的气概，当然这也是没有办法的办法。后来，高氏家族也不含糊，对侯景一家进行了疯狂报复。既然侯景铁了心要反叛，东魏也只剩下派兵镇压这一条路了。高澄听从其父高欢的遗言，命令慕容绍宗率军追击侯景，在涡阳大败侯景。侯景这次失利很重要的一点是因为其军中多为北方人，他们不太愿景跟随侯景去南梁。侯景最后只收集了八百人，狼狈逃窜。东魏军队依然在追赶，想要彻底歼灭侯景。不过侯景确非等闲之辈，他派人给慕容绍宗传话：如果侯景被活捉，那么您还有啥用呢？果然，心理战奏效了，慕容绍宗放了侯景一条生路。侯景战败，原来向南梁承诺的人马与土地也就成了一句空话。他赶紧派人向梁朝汇报，并请求革职。梁武帝倒很大度，没有答应，仍旧让侯景保留原职。至此，侯景投向南梁一事，没给萧衍带来利好，倒也没有损失什么。

　　梁武帝可能完全没有意识到，一场灭顶之灾正在悄悄酝酿，他兴高采烈接纳的侯景，最后会成为他的掘墓人。事态的形成，与梁武帝自身密切相关。萧衍在南齐时是雍州刺史，算得上是有实力的地方官。南齐当时的主政者东昏侯，是个名副其实的胡作非为之人，基本上是自己将自己玩死的。萧衍起事成功后，建立南梁，其实没有花费太多力气。萧衍先前就在学术上颇有建树，当上皇帝之后更加痴迷于学问，著述颇丰。他在生活上非常节俭，不轻易喝酒，经常斋戒吃素食。而且，他对治政也非常勤勉，哪怕是在冬天，也会在四更一过就起床办公，忙到太阳偏西才吃晚饭。萧衍觉得自己已完全具备为君之道，其勤勉的工作态度乃最佳治国之策。但实际上，萧衍属于那种"只见树木，不见森林"之人，小事抓得多，却不得要领，大事就更加抓不准、抓不住了。萧衍对士大夫的管理过于宽松，以致各级官员鱼肉百姓、肆意妄为。梁武帝的弟弟萧宏为人贪婪，极度奢侈。有人怀疑萧宏私藏兵器，有谋反嫌疑，因为其内堂后面有近百间库房，平时总有人把守。梁武帝找个借口去萧宏家里喝酒，随后检查了他的库房，发现里面全是钱财与宝货。梁武帝非常高兴，说："阿六，你的生计真是可以啊！"兄弟俩接着痛饮，直至深夜。可以想象，梁武帝在细节上做得再好，也无助于国家治理。从梁朝建立至侯景叛乱爆发，梁朝已有四十七年没有战事。地下的熔岩在急遽积累，即将爆发，而坐在火山口上的梁武帝却浑然不觉。

从某种意义上来说，侯景就是那位揭开火山盖子的外来者。侯景自涡阳之败后，身边只剩下几百人马，似乎已成为一个无足轻重的人物。东魏恢复了原有的疆土，也不再对侯景耿耿于怀。高澄希望与梁朝重修关系，要求从南梁投降过来的贞阳侯萧渊明向南方传递友好信息。梁武帝也厌倦了战争，同意与东魏重建友好关系。侯景对此当然很警惕：如果东魏与梁朝和睦互信，那么说不定就有一天会将自己绑了送回北方。侯景马上向梁武帝建议，表示自己可以带兵与东魏开战，皇帝不许。侯景心生一计，伪造了一封由东魏首都邺城发出的信，主要意思是用贞阳侯萧渊明交换侯景。梁武帝看后写了回信：只要萧渊明早上到达梁朝，晚上就会将侯景押送回东魏。侯景略施小计，便查明了梁武帝的真实意图，大骂其为寡义薄情的老家伙。侯景岂肯坐以待毙，决定起兵反叛。

侯景起事反梁并取得成功，算得上是一幕不折不扣的历史荒诞剧。一没人，二没钱，三是反水的消息早早泄露了，侯景同时面临这三个不利。但没关系，因为他的对手是书生气十足的萧衍。侯景当时占据着寿春，他将寿阳城内的所有居民都招募为士兵，于是就有了人；侯景提出要布匹做战袍，要求派东冶的铁匠来重新锻造兵器，朝廷统统答应，于是物资问题解决了；侯景邀请羊鸦仁一起反梁，羊鸦仁拘捕其信使并报告朝廷，但是梁武帝不相信，于是泄密了也没关系。等各项工作准备就绪，侯景就宣布"清君侧"：帮助朝廷铲除中领军朱异、少府卿徐骥、太子右卫率陆验等人。时人称朱异、徐驎、陆验为"三蛀虫"，所以侯景打出这一旗号还是颇有迷惑性的。侯景依靠打仗起家，懂得战机的重要性，因此他挥兵直指采石。梁朝当中也有人才，都官尚书羊侃建议立马派兵据守采石，然而梁武帝并未采纳。侯景占据采石之后，进攻建康的形势变得更加有利。梁武帝将守城的担子交给太子，而太子则仰仗羊侃。事实上，羊侃既有胆量又有谋略，击碎了侯景速战速胜的想法。但是造化弄人，没多久羊侃死了，建康城里变得人心惶惶。不过侯景想攻陷石头城也没那么容易，事情就僵持住了。各路援军陆续到来，侯景眼看快要撑不住，就向梁朝提出议和。面对侯景的流氓无赖行径，梁武帝再一次退让，同意双方和解，并命令各路援军停止前进。侯景又找出各种借口，拒不撤军。等到缓过劲来之后，侯景再次发动攻势，终于攻陷了建康。侯景让梁武帝颁发诏书，命令救援部队解散，回到各自驻地去。各路将领在柳仲礼召集下聚到一起，商议下一步行动。裴之高、王僧辩建议与侯景决一死战，萧纶希望柳仲礼来做最后决定。结果，被众将寄予厚望的柳仲礼紧闭嘴巴，不发一言。各路人马只有散去，留下建康处于凌乱之中。各路援军为何不肯拼死相救，其中原因可能比较复杂：既有对南梁政权的内在不满，也有借侯景之力消除朝廷奸臣之意。区区一个侯景，竟然真的将貌似强盛的南梁给打趴下了。

　　来自"戎狄"的侯景，可不会客气和装斯文，直接就给南梁的官员来硬的。侯景攻下东府城后，命令文武百官光着身子出来，任由城门两边的士兵乱劈，杀死官员两千多人。后来，侯景在石头城建了一个舂米的大石碓，将犯法之人扔进去，用舂碓活活捣死。尽管侯景如此凶残暴虐，但当他见到梁武帝时，他还是不敢抬头正视，以至于汗流满面，多次回答不了对方的提问。侯景觉得天子威严难以冒犯，就决定不再同萧衍见面，同时逐步减少他的食物与水的供应。86岁的梁武帝，躺在净居殿里，满嘴苦涩，想喝蜂蜜水却不得，嘴里发出"嗬嗬"两声，便死去了。侯景整死了梁武帝后，又先后立皇太子萧纲、豫章王萧栋等人即位。后来，侯景还是觉得不过瘾，就让萧栋将帝位让出来，自己当上了皇帝。

四方军队发现侯景并不只是"清君侧"，而是将皇帝都清除了，立马就愤怒了。陈霸先、王僧辩等人率军进攻侯景，很快变得势不可挡。侯景自己也弄不明白，自己的队伍突然变得不会打仗了，直叹是天要灭亡自己。有意思的是，当初羊侃抵抗侯景，没能取胜，但羊侃的下一代取得了胜利。侯景娶了羊侃的女儿为妾，非常信任其兄羊鹍。侯景兵败如山倒时，率领亲随乘船逃跑。羊鹍眼看跟从侯景没有出路，就在船上用长矛刺死了侯景。

南梁这段历史看似纷繁复杂，实则还是有一条"红线"贯穿始终，那就是"正统文化"一直在或隐或现地起着主导作用。梁武帝象征着中原文化的正统，但是他没有很好地发挥作用，因而遭到臣民的背弃；侯景篡权谋位的真实面目彻底暴露之后，立马遭到正统文化的反击，他距离灭亡的命运也就不远了。

第四节 进退维谷：北魏孝庄帝的"困兽斗"及其他

北魏孝庄帝元子攸之所以能够当上皇帝，基本上是依靠权臣尔朱荣的力量。而当他准备按照最高当权者的惯例选用人才、励精图治之时，发现根本行不通，因为他说了不算，真正的权力掌握在尔朱荣手里。孝庄帝日思夜想，力求摆脱"影子皇帝"的身份：他想除去尔朱荣，扫除遮蔽在其头上的巨大阴影。与此同时，他又非常担心行动失败，或在事成之后遭到尔朱氏势力的报复，以至于苟且偷生尚不可得。于是，孝庄帝陷入进退维谷的尴尬境地。事实上，历史上类似孝庄帝的情形一再出现，"困兽斗"也是政治生态中的世界性难题。孝庄帝的挣扎与沉浮颇具典型性，让后人无限感慨，也引人遐想和沉思。

事情还得从北魏孝明帝元诩说起。元诩年幼之时，由其母胡太后行使朝廷权力。胡太后管理不当，宠幸徐纥、郑俨等人，结果国内盗贼四起。元诩一天天长大了，开始明理担责。可是胡太后不乐意，她不想将权柄交还给儿子。明着干不太好，胡太后就出阴招，凡是被孝明帝宠信的人都会遭到打击与陷害。时间一长，胡太后与元诩之间的关系就慢慢恶化了。孝明帝斗不过胡太后，就想借助外力，于是下密诏让尔朱荣带兵进京。尔朱荣的部队正在行进途中时，孝明帝又后悔了，下诏停止了这次行动。徐纥、郑俨等人害怕起来，与胡太后密谋，想要毒死孝明帝。

事情很快就有了结果，孝明帝突然死掉了，时年十九岁。胡太后准备继续独揽大权，就立了当时只有三岁的元钊当皇帝。听闻消息后，尔朱荣非常生气，准备带兵进京，严查皇帝死因。同时，他还想废掉幼帝，另选一位年龄大一点的王子即位。到底立谁呢？尔朱荣一时也拿不定主意。后来，尔朱荣圈定了五位人选，按照他们的样子制造铜像，谁的塑像成了就推选他当皇帝。冥冥之中自有天意，只有长乐王元子攸的铜像铸造成功。就这样，元子攸走上北魏政治舞台中心，也就是后来的孝庄帝。

尔朱荣何许人也？此人大有来头。尔朱荣是契胡人，出生于北秀容，世代为部落的军事首领。尔朱家族依靠畜牧业发家，牛羊驼马等多得数不过来，以至于需要用"山谷"为单位来进行计算。每次碰到北魏打仗时，尔朱氏就慷慨捐赠马匹、粮草与钱财，朝廷也屡屡进行嘉奖。尔朱荣的父亲尔朱新兴，当上了北魏的散骑常侍、平北将军，兼任秀容第一领民酋长。尔朱新兴死后，尔朱荣继承了爵位。通过几代积累，尔朱氏已经发展成为北魏最为强大的地方势力。尔朱荣自幼聪明过人，能谋善断。长大以后，他喜欢狩猎，不管天冷天热都要去狩猎，简直到了痴迷的程度。每次围猎他都按照军阵进行布置，纪律严明，部众都不敢违抗。如果一只鹿冲出了包围圈，就会有好几个部众被处死。一次，在深谷中围住了一只猛兽，尔朱荣就让士兵多穿些衣服，徒手去捕捉，接连死了好几个人，才最终将野兽捉住。尔朱荣通过经常性的围猎，硬是带出了一支虎狼之师。

尔朱荣生性比较残暴，随时都携带弓箭刀槊，稍不如意就会刀箭相加。某次他在打猎时，有人前来汇报事情，说个没完，尔朱荣张手一箭就将汇报人射死了。还有更离谱的，尔朱荣看见两个和尚同乘一匹马经过，就强令他俩用头对顶角力。和尚们实在顶不动了，瘫倒在地，尔朱荣就让旁人推着两人的头对撞，直到把他们撞死才算完事。

再回到尔朱荣力挺元子攸的话题。元子攸听说有人要帮助他上位，当然很高兴，表示同意。元子攸跟随尔朱荣的使者逃离洛阳，在河阳会见了尔朱荣，随后即皇帝位。尔朱荣的军队没费多大劲就进入了京城，骑兵追赶并抓获了胡太后与小皇帝。胡太后向尔朱荣苦苦求情，但尔朱荣压根就不买账，命令手下将胡太后与小皇帝沉入黄河。事情至此似乎该告一段落了，可尔朱荣及其部下的心思起了变化，他们想将事情进一步做大。武卫将军费穆起到了煽风点火的作用，他建议尔朱荣将原有大臣诛杀一批，再培植自己的亲信。而慕容绍宗则表示反对，认为本次出兵的目的是肃清朝廷不正之风，而不是无故杀戮群臣。尔朱荣觉得直接开杀更好，效果也会更明显。尔朱荣陪同孝庄帝来到河阴，要求在朝官员前往指定地点。百官认为要去拜见新皇帝，也未加怀疑，按期到达。尔朱荣派契胡骑兵包围了他们，指责官员们的种种罪行，然后大开杀戒，将丞相元雍等两千多人全部杀死。还有一百多名官员来晚了，尔朱荣再次命令骑兵将其围住，不过没有再杀，而是命令他们起草一篇禅让文书，将元氏皇位交给尔朱氏。被围官员当中，有不少人是作文高手，如李神俊、李谐、温子升等。他们还有文人的傲骨，都一言不吭。御史赵元则怕死，主动站出来揽下这活。禅位诏书既成，尔朱荣马上向士兵们宣布：元魏王朝已灭，尔朱氏将取而代之。该事件就是北魏历史上的"河阴之难"。

元子攸刚刚当上皇帝，新鲜劲儿还没退，却突然发现朝廷官员已被尔朱荣差不多杀光了。元子攸虽然伤心气愤，但是拿尔朱荣一点儿办法都没有。别说继续当皇帝，能够保住一条命就算不错了，于是元子攸就直截了当地向尔朱荣表达了自己的想法：我本就没有即位的奢望，是您逼我做的；您如果觉得我不合适，就请另选高明；如果您自己想干，就选个好日子登基。尔朱荣听到元子攸的意见之后，又去听取下属建议。部属大多表示赞同，尤其是都督高欢力劝尔朱荣上位。而贺拔岳则表示反对，认为太过着急，弄不好会招来杀身之祸。尔朱荣一时拿不定主意，又用铜来给自己铸像，看看事情是否合乎天意。一连四次，无一成功。他手下有个叫刘灵助的人，善于占卜，尔朱荣很信任他。刘灵助占过之后，也认为称帝不吉利，还是元子攸更适合坐在皇位上。尔朱荣接连遭受精神打击，神志变得恍惚，过了好一会儿才缓过劲来。当天夜里四更左右，尔朱荣将元子攸迎接回来，对其叩头请罪。一场惊天大变算是告一段落。

　　元子攸与尔朱荣的君臣关系仍然保持不变。接下去该到哪里去呢？大家又产生了分歧。尔朱荣的部众担心遭到报复，想挟持孝庄帝北还，迁都到自己的势力中心晋阳。武卫将军泛礼反对，态度非常坚决。尔朱荣率领军队磨磨蹭蹭到了洛阳，过了一段时间后又想迁都，都官尚书元谌与其争辩。尔朱荣威胁要杀了元谌，但元谌毫不畏惧，尔朱荣最后不得不作出了让步。孝庄帝同尔朱荣一起安抚了被杀的朝官家属，慰问了百姓，北魏又慢慢回复到了正轨。此时的北魏并不太平，不同势力起来叛乱。孝庄帝一方面必须依靠尔朱荣去稳定时局，另一方面也希望借此牵制尔朱荣。但尔朱荣的确非等闲之辈，他先后平定葛荣、元颢、韩娄等作乱力量，几乎凭借一己之力让北魏恢复到了太平无事状态。

　　孝庄帝好歹暂时坐稳了皇位，但他的日子并不好过，尔朱荣像是其头顶上的一块巨大乌云，挥之不去。孝庄帝能给他的基本上都给了，封尔朱荣为天柱大将军，行使宰相职事，封户达二十万户之多。可尔朱荣还不满足，故意向孝庄帝上奏：参军许周劝我取得九锡之礼，我厌恶这样的话，并将他骂走了。孝庄帝听出了弦外之音，但故装糊涂，只是嘉许其忠心。让孝庄帝烦心之事，大致上可以分为两类：国事与家事。当然，两者皆源于尔朱荣。在政务上，孝庄帝几乎被架空，尤其是人事权被尔朱荣牢牢把持。尔朱荣在各个重要部门安插了自己的亲戚与心腹，让其担任显要职务，他们都听命于尔朱荣。一次，尔朱荣打算委派曲阳县令，吏部尚书李神俊认为此人不够格，另拟了人选。尔朱荣大怒，直接让指定之人去曲阳强夺了县令之位。而在内务上，也同样如此。孝庄帝还没有皇后，尔朱荣就推荐了自己的女儿尔朱英娥。问题是尔朱英娥原是孝明帝的妃嫔，孝庄帝心里不痛快。给事黄门侍郎祖莹，用晋文公迎娶晋怀公之妻的旧事劝说他，孝庄帝终于答应下来。尔朱荣当上了皇帝的老丈人，大为高兴。尔朱英娥当上了皇后，借助老爸的势力，对孝庄帝相当不客气。同时，她对孝庄帝又聘娶其他妃嫔不满，经常打翻醋坛子。孝庄帝在外在内都找不到当家作主的感觉，经常闷闷不乐。

　　哪里有压迫，哪里就有反抗。孝庄帝不是平庸之辈，事实上他在即位之前就享有很高的声望。自"河阴之难"后，孝庄帝就不可能完全信任尔朱荣了。返回洛阳之后，孝庄帝也是处于下风，无力驾驭尔朱荣。因为在僭越一事上心存畏惧，尔朱荣再三向孝庄帝谢罪。一次，尔朱荣向皇帝发誓，说自己绝无二心，孝庄帝也以誓言表示自己并无疑心。尔朱荣听了之后很高兴，马上提议君臣之间喝顿大酒。很显然，尔朱荣属于性情中人，一阵痛饮之后就醉了，直接睡过去了。面对毫无反抗之力的醉汉，孝庄帝起了杀念。但左右之人认为杀不得，极力劝阻，孝庄帝只好作罢。

　　种子既已萌芽，就会慢慢生长与壮大。孝庄帝不断受到尔朱荣的挤压，生存空间日益缩小，越来越感觉到难以忍受。而孝庄帝本人也很想有一番作为，他勤于理政，乐此不疲，从审理冤案到选人用人等事都经常过问。在非常艰难的形势下，孝庄帝小心翼翼地培植着自己的势力。那些亲信则希望孝庄帝除掉尔朱荣，以便扫清升迁途中的障碍。孝庄帝考虑得更为全面与周到：既要铲除气焰熏天的权臣，又要稳定局势和消除后患。他特意找来中书舍人温子升，了解历史上王允刺杀董卓的前后经过。孝庄帝认为：王允之所以在杀掉董卓之后引发内乱，主要是因为没有立马赦免董卓的部下即凉州帮；对自身而言，倘若在刺杀尔朱荣等人之后免于追究其党羽，应该不会发生叛乱。

　　永安三年，即公元530年，孝庄帝与尔朱荣算总账的时候终于到了。尔朱荣进京探望当皇后的女儿，孝庄帝决心对老丈人下手。尔朱荣也听到了女婿准备动手的传言，于是将听闻如实上奏。孝庄帝回复说：外面也有人说您要对我不利，难道这类话都可以相信吗？尔朱荣不再怀疑，同时也认定孝庄帝不敢将自己怎么样，每次入宫也只是带上几十人。九月十八日，杨侃等十余人在明光殿东面埋伏，伺机行动。尔朱荣进来，一会儿就出去了。杨侃等上殿之后，发现尔朱荣已经走出殿外了。二十五日，尔朱荣再次来到明光殿。进殿不久，尔朱荣看见有人持刀冲了进来，于是赶忙跑到孝庄帝座位旁求救。孝庄帝拔出千牛刀迎面刺去，亲手结果了尔朱荣。按照既定计划，孝庄帝宣布赦免尔朱荣的下属。

　　可事件并没有朝着孝庄帝预想的那样向前发展，形势反而急转直下。尔朱荣的大侄子、汾州刺史尔朱兆带头挑起叛乱，他模仿尔朱荣当年的做法，另立广元王元晔为皇帝，直接与孝庄帝对抗。尔朱兆带兵向京城进攻，很快逼近皇宫。皇室中原先依附于尔朱氏的元䴙等人作为内应，积极配合，洛阳失陷了。孝庄帝被俘，最后被尔朱兆缢杀于晋阳。

孝庄帝与尔朱荣的历史悲剧耐人寻味。尔朱荣逆潮流而动，其惨死的命运可以说是自找的。孝庄帝竭尽个人所能，力图扶大厦之将倾，然而独木难支，终于被压死了。孝庄帝失败了，但他努力过，给后世留下了并非毫无意义的挣扎。

第五节　安史之乱："弑父文化"的连锁反应

中国古代历史上的许多变故，都与"位子"密切相关：现有官位受到威胁，就采取行动来自保；未来升迁受阻，就想方设法加以排除；觊觎皇位而不得，甚至不惜铤而走险作乱犯上。如果皇上恰巧就是父亲，那就有可能出现"弑父"现象。在唐朝"安史之乱"中，弑父事件一再出现，逐渐演变为"弑父文化"。中华传统文化的核心之一就是"孝文化"，其重要性不言而喻。而"弑父文化"正是"孝文化"的对立者，因此值得我们高度警惕。大家通常会责骂那些不孝之子，而有意无意地忽视了作为受害者的"父辈"。据史实考察，某些父辈也负有不可推卸的责任，至少在管教上出现了缺失。重读"安史之乱"这段历史，不难发现唐玄宗正是"弑父文化"的起源。

唐玄宗李隆基无疑是一位有魅力、有才干的皇帝，"开元盛世"正是在其主导下得以实现。而到了他主政后期，在功成名就之后似乎变得百无聊赖，及时行乐的思想逐渐占据了主导地位。随着自律能力不断下降，唐玄宗慢慢不再喜欢忠直硬谏之言，言辞直率的张九龄被罢相并不是偶然事件。之后，补阙杜琎向皇帝上书，就政事发表意见，结果第二天就被贬职，打发到邠县当县令去了。大臣从此变得很知趣，不再向玄宗谏诤了。唐玄宗将心思转移到女性身上，与杨玉环上演了一出轰轰烈烈的爱情故事。可是生活中还是缺少了点什么，譬如逗乐打趣之类，安禄山在此背景下粉墨登场。时任宰相李林甫也起到了推波助澜的作用，他担心儒臣因战功升迁对自己地位构成威胁，于是重点推荐番将。善于奉迎巴结的胡人安禄山，便出现在了朝堂之上。

当然，安禄山有自己一套办法帮助其最终得宠。安禄山每年都向朝廷拼命进献，包括战俘、奇禽、珍宝等。安禄山借助其胡人身份，故意装愚卖傻以示忠诚。他向皇帝说：我出生于胡地，没有什么特殊才能，只是愿意为陛下而死。玄宗认为他诚实，很是爱怜他。安禄山见到皇太子不礼拜，傻乎乎地说：太子是个什么官啊？玄宗就解释了一番：太子嘛，就是将来的皇上，我在百年之后将皇位传给他。安禄山故作惊讶：我实在太愚蠢了，只知道陛下而不知太子。于是叩拜太子。此外，安禄山自带娱乐天赋，给皇宫带来了少有的异域情趣。安禄山大腹便便，肚皮甚至垂过膝盖，他说自己的肚子有三百来斤。玄宗据此来开涮，说你这个胡人肚子这么大，里面都有些啥啊？安禄山回答得很机智：没啥，只有对您的一片忠心。皇帝听后，心里美滋滋的。尽管安禄山需要手牵肚皮才能行走，可在皇帝面前表演胡旋舞时，还能像风一样迅速旋转。

　　通过一系列操作，安禄山得到了皇帝的认可与接纳。很快，安禄山发现了杨玉环这棵大树，寻机请求做贵妃的养子，皇帝答应了。由此，除了君臣身份之外，唐玄宗与安禄山之间又多了一层"父子关系"。既然已成为"自家人"，安禄山就将"逗趣"进行到底。他拜见"养父母"时，必须先叩拜贵妃，然后才是皇帝。玄宗感到奇怪，安禄山解释说：蕃人都是这样，先母后父。皇帝夫妇听后，乐不可支。作为"父亲"，玄宗也是大方得很，下令给安禄山建造宅第，要求尽可能华丽，不要考虑耗财多少。玄宗这么做的理由也很充分：胡人很大方，切不可让他笑话我小家子气。豪宅落成，玄宗带上宰相一起去大宅赴宴。至于对"养子"赏赐的财宝、食物，那就更是不计其数。杨贵妃得到这个"大宝贝"，也玩得不亦乐乎。安禄山某次生日，皇帝夫妇赏赐了丰盛的礼物。过了三天，贵妃又召安禄山进宫，让宫女用锦绣大襁褓裹住安禄山，为"儿子"三日洗身。玄宗听闻，亲自去观看，赏赐贵妃洗儿钱，又重赏"养子"。

　　玄宗还不惜权位，让安禄山同时兼任范阳、平卢与河东三镇节度使，安禄山也趁机坐大了，事实上已发展成为一个实力雄厚的独立王国。安禄山一步步积累力量，而能够达到如此高度，估计他本人事先也没想到。当时天下承平日久，武备松弛，朝廷的武装力量难以与安禄山抗衡了。再者，唐玄宗的年纪越来越大，而皇太子对安禄山心存芥蒂，时势慢慢变得微妙起来。安禄山意识到，一旦皇帝撒手西去，他的好日子也就到头了。于是，安禄山的心思开始出现摇摆。考虑到"养父母"对他确实很好，安禄山准备等到玄宗驾崩之后再见机行事。

　　然而，事情的发展往往并不由主观意志决定。杨国忠与安禄山同朝为官，关系不和。杨国忠当上宰相之后，更是三番五次地向玄宗进言，说安禄山将要反叛。虽然玄宗并不相信，但安禄山感觉到变故已越来越近，他于是决定提前行动。出于方方面面考虑，安禄山起兵时用的是"讨伐杨国忠"的名义。杨国忠与其妹杨玉环由此注定了身败名裂的悲惨下场。

　　"安史之乱"的交战过程比较复杂，不一一赘述。单就其性质而言，它是一场"弑父狂欢"：君主本同于"父亲"，更何况唐玄宗真真切切充当过安禄山的"养父"。好在大唐的老底子还在，安禄山"弑父"的罪恶意图最终没有实现。可能安禄山自身也没有意识到，他的"弑父"行为引发了连锁反应，一场王位争夺的悲剧由此拉开了序幕。安禄山急于过一把"皇帝瘾"，反叛后的第二年就登基称帝，国号为燕，立安庆绪为晋王。自叛乱之后，安禄山的视力一天天下降，差不多成了瞎子。他又过度肥胖，身体曲隐部位长了毒疮，心情经常着急躁动。安禄山本来脾气就不好，至此更加暴躁，动不动就打骂身边之人，用鞭子狂抽，有时干脆杀掉。严庄是御史大夫，也免不了被鞭打。宦官李猪儿被打得尤其多，简直活不下去了。安庆绪对安禄山也是怕得很，担心自己被杀死，因为安禄山宠幸爱妾段氏，打算另立其与段氏所生的安庆恩为太子。安庆绪决定提前动手，抢夺皇位。安庆绪与严庄、李猪儿一拍即合，选定日子就动手。一天晚上，安庆绪、严庄带上家伙守候在帐幕外，李猪儿手持大刀直冲进去。安禄山听到动静，马上用手去摸枕边的刀，却早已被李猪儿拿走了。李猪儿一刀砍在安禄山那个巨大的肚子上，肠子流了一地，安禄山随即死去了。严庄等人在安禄山的床下挖了个几尺深的坑，将尸体埋了进去。严庄随后宣布安禄山病重，立安庆绪为皇太子，接着又称安禄山传位给安庆绪。等一切操办完毕之后，安庆绪才给父亲操办丧事。

安庆绪通过"弑父"登上了皇位，但他无力掌控局势。安庆绪生性懦弱平庸，连话都不大说得清楚。当上皇帝之后，安庆绪天天饮酒作乐，大大小小的事情都交给严庄去打理。严庄看到安庆绪这个样子，也怕大家不服，就让安庆绪待在宫里，不让他出去见人。结果，安庆绪的势力很快衰弱下去。安庆绪倚重史思明，令其担任范阳节度使。先前安禄山将在京城抢掠到的金银财宝都运到了范阳，史思明由此财力雄厚。史思明日益发展壮大，就不怎么听从安庆绪的命令了。

更大的麻烦还在后头，安庆绪所在的邺城被郭子仪的军队包围，只有死守以待史思明救援。官兵引漳河水灌城，邺城内到处水满为患。安庆绪从冬天守到春天，粮食吃完了，以至于一只老鼠可以卖到四千钱。史思明眼看双方消耗得差不多了，才进军邺城。史思明比较有实力，击退官军，解了邺城之围。史思明在城南驻军，等待安庆绪前来。安庆绪观看形势，意识到自己这个皇帝当不成了，只好派人向史思明上表称臣。史思明回复说：那怎么能行，我们之间称兄道弟还差不多。安庆绪得知后非常高兴，请求与史思明歃血盟誓。得到对方同意后，安庆绪带上三百名骑兵，前往史思明军营。史思明严阵以待，只让安庆绪带上几位弟弟进入内庭。安庆绪向史思明表示谢意，而史思明突然翻脸，对安庆绪破口大骂：你杀父篡位，天理难容！接着，史思明命令将安庆绪及其四个弟弟等人统统杀掉。随后，史思明率兵进入邺城，将安庆绪原有的兵马、财物及领地等全部收入自己麾下。史思明借用安禄山之名"弑君"，当上了大燕皇帝，任命儿子史朝义为怀王。

与安禄山相比，史思明也没好到哪里去。史思明生性残忍，滥杀无辜，动不动就诛九族，弄得人人自危。更要命的是，史思明好像并没有吸取安禄山的教训，在废立太子一事上依然任性随意。史朝义是史思明的长子，已被立为怀王，很显然是接位人选。史朝义跟随父亲带兵打仗，爱护下属，谦和谨慎，得到将士们拥护。而史思明不知哪根神经错乱了，就是不喜欢大儿子，反而觉得小儿子史朝清更合自己胃口，常常想着杀掉史朝义而另立史朝清为太子。史朝义同唐朝军队作战，被卫伯玉打败。史思明很不高兴，抱怨史朝义临阵胆怯，认为其难成大事，要按军法处死史朝义及部下，但没有执行。史思明又命令史朝义修筑三隅城，用来储存军粮，要求一天之内完成。史朝义不敢怠慢，抓紧进行，主体工程完成，就差抹泥这一道工序了。史思明来到了现场，眼见尚未完工，对史朝义破口大骂。随后，史思明又透露风声：等攻下陕州后，再杀掉史朝义。

如此几番，史朝义及其部下都嗅到了危险气息。因为性格偏软，史朝义倒没像安庆绪那样，痛下"弑父"决心。但其部属骆悦、蔡文景等人坐不住了，劝说史朝义以天下大义为重，考虑废立君主之事。史朝义听后，不作回答。骆悦等人就直接摊出底牌：如果您不同意，我们就投降李氏朝廷，您看着办。史朝义哭着让步了，希望他们在办事之时不要惊吓了其父。事实上，办这种事情哪能不吓着当事人呢。骆悦等人率领三百士兵包围了史思明的住所，骆悦率人冲进卧室，发现史思明正好出去上厕所，马上追赶。史思明听到动静，翻墙跳到马厩，骑马逃跑。骆悦的侍从周子俊举箭便射，正中史思明胳膊，史思明坠下马来，被活捉。骆悦押送史思明到柳泉驿，将其关押起来，然后报告史朝义。骆悦等人担心情况有变，于是勒死了史思明，用骆驼将尸体运回到洛阳。如此一来，史朝义借部属之手完成了"弑父"，随后即皇帝位。史朝义派人秘密到达范阳，杀掉曾与自己有竞争关系的史朝清及其母辛氏。但局势并没有按照史朝义的愿望向好的方面发展，因下属节度使多是安禄山的旧部，与史思明算是同辈，他们大多不肯听从史朝义的调遣，仅仅维持了一种表面上的君臣关系而已。至此，"安史"叛军已经注定了失败的结局。

"安史之乱"是唐朝由盛到衰的转折点，值得后人反思与总结的地方很多。"弑父"事件如此密集地出现于这一时期，绝非偶然。单从选人用人角度来说，我们可以明白一个道理，"位子"是极其重要的，不可轻易赐给某人，或者该给某人的而又中途变卦。倘若玄宗夫妇只是将安禄山用来乐一乐，但严格控制其权势，或许不会引发那么严重的后果。而安、史不那么轻率地废立"太子"，可能也不至于那么不光彩地死于自家人之手。昔日已逝，但"弑父文化"遗毒可没那么容易被清除，时至今日仍让人痛心疾首。

第五章

随波俯仰思过往

第一节　封官许愿：刺激而危险的权力游戏

历史上曾有不少人在登上权力宝座之后，会一时冲动给某些特定对象承诺官位。许诺者可能因之会有志得意满的快活，对方估计也会自然而然地生出感激涕零之心，因而类似事例在时间长河中反复出现。尤其是在有着"家天下"传统的封建专制社会，确实有不少当权者将官帽当作私有物品赠送给自己中意之人。然而，社会治理自有其内在规律，作为稀缺资源的官位自然成为各方力量角逐的重心，哪怕是大权在握的最高管理者，也不一定能够恣意妄为。而且，被承诺者倘若迟迟看不到下文，心态往往会失衡，会心生怨恨，乃至做出一些出格举动，结果常常酿成悲剧。

从为数不少的历史案例来看，以官许愿常常会演变成为一场刺激而危险的权力游戏。周成王"桐叶封弟"的故事就颇具典型性。周成王当时年纪还小，没有正式掌管国家。他带着幼弟在桐树下玩，他随手拿起一片桐叶送给弟弟，笑嘻嘻地说："我拿这个给你，封你为诸侯。"周公听闻此事后，顿时吃了一惊，赶紧觐见成王，说："您封弟为诸侯，确是大好事！"成王一脸懵懂地回答："我是在跟他闹着玩呢！"周公一本正经地回复："作为君主，您既不能有过分的举动，也不可以有开玩笑的话。已经说出的话，就一定要实行。"周成王听后，知道必须将玩笑转变为实话了，于是将应县封给其弟。经过这件事情之后，周成王一辈子都不敢顺便开玩笑了，说过的话就一定去落实。从该案例中可以看出，封官许愿类似于玩火游戏。周成王因为年幼无知玩了一把，所幸监护人周公及时补救未酿成事故，但也实实在在给了周成王一个深刻教训。

接下来看看汉高祖的旧事。从本性上讲，高祖刘邦是位率性而大气之人。很多时候，他喜欢由着性子去做，譬如特别喜欢骂人，哪怕对方是很要面子的读书人，他也是张口就喷，完全不顾对方受不受得了。同时，他也颇能容人，对他人不计前嫌，对自己知错就改。正因刘邦不是一意孤行，他才能历尽坎坷打下了江山，并稳固下来。

在确立太子一事上，汉高祖经历了巨大的立场摇摆与激烈的思想斗争，最终还是未策立赵王刘如意为太子。皇帝宠幸戚夫人，由此对其所生之子如意喜爱有加，于是想废掉太子刘盈。大臣们了解高祖这一想法之后，纷纷表示反对，尤其是叔孙通劝谏得最为厉害，他引古论今、条分缕析，竭尽全力表明绝不可以废立太子。刘邦的理论水平当然不能与专业读书人相提并论，只好口头上答应下来，但内心里还是想我行我素。最后还是留侯张良想了个奇招，击中了高祖的软肋。面对吕氏家族的软磨硬泡，张良向他们指了一条出路：唯有借助外力，才有可能说服皇上。原来，天下有四位名气极大之人，即东园公、甪里先生、绮里季和夏黄公，史称"商山四皓"。高祖很想招揽他们为己所用，无奈他们嫌弃皇帝动辄侮辱轻视人，所以集体逃往大山里去了，死活不肯做汉朝之臣。如果太子能够请来这四个人过来助阵，那么形势就有可能稳定下来。怎么去请呢？四位老先生是名士，看重的是面子，那么太子应该诚恳地致信，再附上重金厚礼，派出豪适的车子，由能说会道之人一再延请，应该能将他们请出来。不出张良所料，几位名士果然应邀出山了。

汉高祖摆设寿宴，太子照例在旁边侍候。与以往不同的是，太子身旁跟有四位老人，看样子都在八十以上，须眉皆白，穿着也非常奇特。皇帝很奇怪，便问他们是干什么的，四位依次上前回答。高祖听后，惊愕得嘴巴好一会儿都没合上，追问道："我寻找了好多年，你们一躲再躲，现在为啥愿意同我儿子来往呢？"四位老人都作答，意思是一致的：陛下您轻视士人，还特别喜欢骂人，我们不想招辱就逃走了；而太子孝顺仁慈，对人恭敬，我们都愿意伸长脖子为太子而死。高祖听后感到无语，强笑着说了句："希望各位善始善终，照应好太子。"四位老人向皇帝祝完寿，匆匆离去了。汉高祖望着"四皓"远去的背影，知道大局已定，于是打消了废立太子的念头。

不仅是想封的封不了，刘邦不想封的有时候却不得不封。对于雍齿，汉高祖一直心怀不满，只差找个机会宰了他，但后来，对他的态度又来了个一百八十度的大转弯，加封雍齿为什邡侯。雍齿虽然很早就随沛公起事，但心里一直不服这个带头大哥，属于典型的摇摆派。沛公派雍齿驻守丰邑时，魏人劝说雍齿降魏，雍齿居然就答应了，直接与沛公翻脸为敌。当然，雍齿后来又回来了，但立场始终不太坚定，让刘邦受困受辱了好几回。虽然与刘邦个人关系不佳，但雍齿还是为汉朝的建立，立下了很多功劳。刘邦当上皇帝之后，对萧何、曹参等亲朋故旧进行了封赏，同时也诛杀了一批曾与自己有怨仇之人。其他人心里非常不安，不知接下来会发生什么，于是不时聚集在一起议论纷纷。汉高祖碰巧看到了这一现象，便问随行的张良是怎么回事。张良如实作了汇报，并建议立即加封他最为痛恨的雍齿。言下之意是，连雍齿都受封了，其他人还要担心什么呢。汉高祖迫于情势，马上摆下酒宴，给雍齿封侯，并要求加快定功行封的进度。于是，一场潜在的危机在觥筹交错之间被悄悄地化解掉了。

　　如此看来，一把手看似可以按照自己的偏好来提携中意之人，实则受制于特定的情势与人事，真正的操作空间并没有我们想象中的那么大。不仅如此，倘若因为一时高兴或激动而向某人许诺，但事后又无法兑现，那后果往往会比较严重。

　　说起汉景帝，我们自然会联想到"文景之治"，认定他是比较伟大英明的皇帝。但实际上景帝也有不少昏招，尤其是在确定继承人的重大问题上存在"满嘴跑火车"之嫌，一度弄得下不了台。汉景帝刘启生活俭朴，看重亲情，与民休息，是位相当亲民的皇帝。景帝对其同母（窦太后）所生的弟弟梁王刘武，更是亲爱有加。景帝与梁王在内宫之时常以兄弟相称，一起陪侍母亲窦太后，喝酒，拉家常，其乐融融。景帝大约是喝高兴了，于是向弟弟许诺，说自己走后就将皇位传给他。梁王听后，赶快起身谦让说不敢当，但心里当然是美滋滋的。窦太后也是将幼子刘武当成心肝宝贝，听到景帝此番肺腑之言，也是乐开了花。可是一些大臣提出了不同意见，就在景帝说话的当场，窦婴表示了异议：汉高帝早就明确，皇位要传嫡子嫡孙；皇上您怎么能另立规矩，准备传位弟弟呢？景帝意识到了自己的不妥，便默不作声。窦太后拉下脸来，大为不快。

因为景帝的亲口承诺，此后引发了连锁反应。窦太后抓住此事不放，有意无意地向景帝暗示和施压。景帝召来一些大臣咨询，希望能够妥善解决此事。大臣袁盎等详细作了解释：商朝取法于天，比较质朴，亲其所亲，将弟弟作为继承人；周朝取法于地，注重礼仪，尊其所尊，将长子作为继承人。大臣们进一步指出，汉朝效法于周，即立嫡长子为太子。如果中途变换规矩，又会出现什么情况呢？《春秋》当中就有前车之鉴。宋宣公死后，不按常规出牌，未立自己的儿子却传位给了弟弟。弟弟即君位之后倒也饮水思源，死后又将位子交回给了哥哥的儿子。可是弟弟的儿子不干了，他认为自己应该接老爸的班，于是一不做，二不休，就刺杀了哥哥的儿子。宋国由此引发内乱，灾祸接连五世不断。景帝终于被说服了。袁盎等人又去劝说窦太后，并晓以国家大义。窦太后听后，意识到再闹下去，就不是大儿子当皇帝还是小儿子即位的问题了，而是两个都没得当了，于是就不再坚持原有的想法。

谁知按下葫芦又浮起了瓢。梁王虽然知道皇帝践诺的可能性不大，但内心一直蠢蠢欲动，时间一长就生出不满。尤其是听说了袁盎那些大臣的议论，更是恨得牙根痒痒。梁王确实也被母亲和皇帝哥哥给宠坏了，完全到了肆无忌惮乃至丧心病狂的地步。袁盎等人阻止他当太子，怎么办？很简单，将他们全部干掉！于是他派人开始行刺，没多久就找到了袁盎，直接就将他捅死了。刺客也是烈焰熏天，竟然将剑插在袁盎尸身上，扬长而去。出了人命案，朝廷当然得查。现场那把剑就是直接线索，顺藤摸瓜，官吏络绎不绝前往梁国查案，很快就弄清此事的幕后指使者是梁王，而且发现他准备刺杀朝廷的官员有十几个。种种迹象表明，梁王有谋反的倾向。窦太后知道情况之后，愁得吃不下睡不着，白天哭完之后晚上再接着抽泣。景帝左右为难，六神无主。经大臣们建议，最后派出了深通经术的田叔和吕季去接手这一"烫手山芋"。梁王再嚣张，也不敢公开与皇帝对抗，万般无奈之下将锅甩给自己的谋士羊胜、公孙诡，让这两位自杀，然后将尸首交给朝廷使者。田叔、吕季查清了案情就返回了，半路上将梁王谋反的证词全部烧掉，空着手回去报告。景帝见到他们之后，着急地问怎么样。两人都说：梁王对此事不知情，都是他手下宠臣羊胜、公孙诡出的馊主意，他们俩已自行了结了。景帝听后，长吁一口气，高高兴兴地赶快去报告太后。窦太后听说梁王无事，马上坐了起来，开始吃饭。当然，景帝并不是真糊涂，他只是等待有人给他一个台阶，自己好顺顺当当地下来。但此事过后，景帝就慢慢疏远了梁王。一张"空中大饼"引发的风波，在付出几条人命的惨重代价之后，终于平息了。

　　昨天的故事，很容易在今天重演。管理者，尤其是手握人事任免权的一把手，应该要学会将个人喜好与人才选拔区分开来：喜欢和亲近某一下属，可以表达的方式有很多，并不是非要给其一个重要官位不可；当然，如果他确实适合该职位，其他各个方面条件也符合，任用他也无可非议。但无论如何，一把手切勿轻易许诺，特别是封官许愿。从历史事例来看，封官许愿就是真真切切的玩火自焚，一点也不夸张。

第二节　赠人玫瑰，慎赠官帽

　　赠人玫瑰，手有余香。当然，除了玫瑰，还有很多东西可以用来表达情意，只要适宜就可以了。礼物倘若过于贵重，送出方应该是在喻示某种特殊用意，接受方则应多加掂量并决定是否笑纳。此类道理我们都懂，并不深奥。而在组织当中，该如何奖赏那些极具分量之人？可能不同组织会有不同做法，有的进行精神鼓励，有的给予物质奖励，直接封官加爵则是动真格了。不管怎么说，官位永远是稀缺资源，给人做官是当政者在真心诚意地表明某种内在倾向。至于赠送之后的实际效果，则需结合特定的历史背景进行分析。单从理论上而言，一般会呈现两种较为明显的倾向：受赠者如果德才配位，通常会做出一番政绩，足以回馈上级的厚爱；倘若德行浅薄，才能不足，他们往往会尸位素餐，不仅辜负当权者的期望，也给自身带来或多或少的负面影响，有时还会是致命性的。在中国历史当中，有许许多多随意赠送官帽的案例，导致了或隐或显的不良后果。重读这些旧事，可以让我们进行深刻反思并保持足够警醒。

　　唐玄宗因宠爱杨贵妃而提拔杨国忠等人，引发了十分严重的后乱。开创出"开元盛世"之后，李隆基进取之心日益衰减，沉溺于玩乐与享受，对政事处理也越发随意起来。玄宗原先中意武惠妃，但她竟然撒手尘寰。皇帝遍视后宫，无一让他欢心。有人报告，说有个叫杨玉环的天生丽质，而且冰雪聪明，应该让她成为妃嫔。皇帝立刻召见玉环，考察之后，非常满意。但杨玉环还有一重身份，就是寿王李瑁的妃子。说得通俗一点，她是李隆基的儿媳妇。老子想要儿子的老婆，终归说不过去吧，得先进行一番"技术处理"。于是，他让杨玉环出家，摇身一变成为尼姑"太真"，算是与以前的瓜葛一刀斩断了。待出家期限一满，再让"太真"还俗。"太真"立刻被纳入后宫，并得到皇帝的独宠。对于儿子李瑁，玄宗也想得相当周到：拿了你的就给你补偿呗，替他另娶了韦昭训之女。

"太真"精通音律，能歌善舞，而且善解人意，处处让皇帝舒服开心。皇帝可是大度之人，天宝初年册封"太真"为贵妃，历史上著名的杨贵妃就此诞生。对于贵妃的家人，李隆基则是大手笔不断：追封她的父亲杨玄琰为太尉、齐国公；提拔她的叔父杨玄珪担任光禄卿；提拔她的族兄杨铦担任鸿胪卿；提拔她的另一位族兄杨锜担任侍御史；册封她的三个姐姐为韩国夫人、虢国夫人、秦国夫人。当然，广大读者更为熟悉的当数杨贵妃的另一位族兄杨国忠，他借助妹妹的面子，后来他被提拔，当上了唐朝宰相。

对于杨家的物质赏赐，如果能够列出一个清单，估计会让人瞠目结舌。来看几则史料，大致也能管中窥豹，略见一斑。贵妃某次与玄宗闹别扭，被送回到其族兄杨铦的家中。玄宗见不到贵妃，像是丢了魂一样，茶饭不思，脾气还特别大，甚至动手抽打身边侍候之人。高力士见状，顿时明白了八九分，于是他试探着向皇帝提出建议：您看是不是将这一百多车帷帐、酒和食品等，送到杨家去？玄宗一听立马同意，还说要将自己的御膳送一部分给贵妃。高力士乐呵呵地顺着杆子往上爬，当天晚上就将贵妃接回宫。第二天，贵妃的姐姐们趁热打铁进献美食。音乐响起来，酒喝起来，玄宗感动异常，给来宾猛赐礼物，数量之多，难以计算。自此之后，皇帝对贵妃更加宠爱，对杨家人出手也愈加阔绰：给韩国夫人、虢国夫人与秦国夫人的脂粉费，每人每年一百万；给三位夫人，再加上杨锜、杨国忠，每家建造了一座豪宅，单是一个厅堂就要耗钱一千万；他还经常给这五户人家赏赐珍宝与贡品。后来，玄宗与贵妃又闹掰了，一怒之下将她送到宫外的住处。皇帝再次心神不定，饭也吃不下。于是先前的戏重演了一次，玄宗让宦官将自己的食物赏赐贵妃。杨贵妃剪下一束头发，表示将与皇帝永别。玄宗看到她的秀发，马上心软了，赶快将她接进宫中，再次和好如初。为了进一步表达心意，皇帝又去了秦国夫人和杨国忠的家里，同时赠送财物无数。

　　一个男人疼爱自己的女人，同时死命往老丈人家里送这送那，应该算是正常的人性。但李隆基大约还是送得多了些，超出了今天土豪们的想象。而更为严重的是，唐玄宗将手中的官帽也当作人情，一个劲地往杨家赠送，问题便慢慢严重起来。前文已提到杨贵妃的三位族兄，杨铦、杨锜与杨国忠，三人之所以得到提拔与重用，自然与杨贵妃脱不了干系。杨国忠算是其中的突出代表，一路升迁到达宰相之位。杨国忠自年轻时起，就没有表现出什么好品行。他的爱好就是喝酒、赌博，输钱之后经常找人借贷，就连其族人与亲戚都看不起他。不仅如此，杨国忠在男女关系上也为人所不齿。他的叔叔杨玄琰死后，他去协助办理丧事，竟然同其堂妹私通，该堂妹就是后来的虢国夫人。杨国忠趁机骗取了堂妹家的所有资财，跑到成都去赌博，一天之内就将钱输光花光，然后逃走。

杨国忠虽然胡作非为，但得益于家族的良好基因，倒也是一表人才，相貌堂堂，身材修长，而且能说会道，口才极好。等到杨贵妃众姐妹显贵之后，杨国忠也迎来了人生的转折点。他得到蜀郡大富豪鲜于仲通、剑南节度使章仇兼琼的资助，在京城大力加强与诸位妹妹的联系，得到她们的极力推荐。唐玄宗听说杨国忠擅长赌博，于是接见了他，让他担任"金吾兵曹参军"。杨国忠利用外戚身份，经常在皇帝面前走动，说话的机会也就多起来了。一开始，杨国忠干的还是老本行，主管赌博账簿，他倒算得清清楚楚，分毫不差。皇帝对此非常高兴，夸他有理财的天赋。于是杨国忠得到提拔，当上了监察御史。此后，杨国忠平步青云，以火箭般的速度向上升。

在此过程中，还得提及另一个关键人物，那就是时任宰相李林甫。读过唐史的都知道，李林甫可不是什么善茬，算得上有名的奸相。李林甫当时想下一盘大棋，目标直指太子。废除太子，那可是牵一发而动全身的大事，李林甫想干又心存畏惧。李林甫一方面从清除太子的外围人物入手，另一方面精心挑选帮手，于是找来杨国忠合伙谋划。杨国忠趁机大干一场，通过各种方法将那些与太子交好的人送进监狱，乃至诛杀。借助李林甫的力量，再加上杨氏姐妹密切配合，皇帝认定杨国忠很有能力，于是不断给他加官晋爵。李林甫感觉到了杨国忠的威胁，想要从中阻止，但已经来不及了。还有一点，李林甫无法与岁月抗衡，他又老又病，终于撒手西去。杨国忠等到了机会，坐上了宰相宝座，反过来清算李林甫，将他的家都毁了。杨国忠当上宰相之后的肆意妄为，在此不一一赘述。总而言之，杨国忠将整个官场体系都搞乱了，弄得一片乌烟瘴气。浑水之中，自然有人趁机摸鱼，于是安禄山粉墨登场。安禄山起兵，用的也是"清君侧"之名，指名道姓要清除杨国忠。可想而知，杨国忠的悲惨结局由此注定了。杨国忠死得究竟有多惨，看看史书还是有点吓人的。杨国忠陪着唐玄宗往四川跑，到了马嵬驿，军队开始哗变。一位吐蕃使者去见杨国忠，有人大喊一声"杨国忠要与吐蕃谋反啦"，然后一帮人围上去猛攻。杨国忠骑马突围，被人射中鼻梁，接着被杀死。士兵们还不解恨，蜂拥而上去啃他的肉，一会儿工夫就被吃得干干净净。

很显然，唐玄宗玩火玩大了，导致了灾难性后果。一开始，对于杨氏家族，玄宗想要竭力示好，虽然出手过于大方，阔绰奢侈了一些，但还没达到荒唐的地步。但接下来，玄宗变本加厉，给杨氏兄弟抛去一顶又一顶官帽，最后竟然让流氓无赖杨国忠担任宰相之职，就直接促使大唐向无底深渊下滑。倘若唐玄宗能够把住底线，将私情与公务清楚地区分开来，他与杨贵妃的真挚爱情有可能会迎来较为美满的结局。很可惜，这只能是假设一下而已。

说来说去，凡是人都很难摆脱感情纠缠，情到深处往往难以通过理性把持。武则天在通往权力的路上，显示出了令人难以置信的自控力，而到达巅峰之后，她也有不少意气用事之处。武则天得到薛怀义，算得上是个意外的惊喜。薛怀义本名冯小宝，别的本事没有，但有一样很突出，就是身材魁梧，风流成性。在风气开放的唐朝，他这一特长得到了淋漓尽致的发挥。冯小宝在洛阳市场上装成疯疯癫癫的样子，引起了公主的注意，被公主带回府第。公主不敢擅专，于是将冯小宝推荐给其母。武则天对他喜欢得不得了，想要长期据有，便对他进行包装，让他改名为薛怀义，削发为僧，摇身一变成为白马寺的寺主。武则天命令拆毁乾元殿，重新建造一座明堂，让薛怀义担任使臣负责监工。

随着薛怀义日益得宠，则天皇帝就开始有点意乱情迷了。薛怀义恃宠而骄，将当朝百官都不放在眼里。同时，其门徒也犯法作奸肆无忌惮。御史冯思勖告发其罪行，薛怀义大为光火。一次薛怀义碰巧在路上遇到了冯思勖，他二话不说，让随从给冯思勖一顿胖揍，差点将冯给打死。事后，冯思勖也不敢声张。后来，突厥来犯，皇帝派军去迎敌，竟然拜薛怀义为大总管，让十八个将军当薛的下手，宰相李昭德、苏味道则充当薛的行军长史、司马。这回则天皇帝玩得过分了点，但事态总算没有完全恶化。武则天后来喜欢上了御医沈南璆，对薛怀义渐渐感到厌倦。薛怀义的醋坛子打翻了，竟然放了一把火，烧掉了明堂。于是，武则天痛下杀手，击毙了薛怀义。

后来，则天皇帝又宠幸张易之、张昌宗兄弟。为了安抚张氏兄弟，皇帝设立控鹤府，让张易之担任控鹤监，成为三品官。男宠当官，还是引起了朝廷众官的不满。等到皇帝年老多病之时，宰相张柬之、崔玄暐当机立断，设计让羽林军进宫杀了二张。

相对而言，后唐庄宗李存勖就没有则天皇帝那么幸运了，他让优伶做官，竟然将自己性命给搭进去了。李存勖给世人显示了非常奇葩的两面性：战场上，他是冲锋陷阵的猛将；太平生活中，他则沉醉于看戏和演戏并乐此不疲。李存勖从小就喜欢音乐和歌舞，而且是打心眼里痴迷。当上皇帝之后，他彻底放飞自我，成天与伶人混在一起，并且亲自登台献艺。玩着玩着，唐庄宗就动真格了，准备提拔优伶去当刺史。有人谏言说：还有好多劳苦功高的将士没有封赏呢，您将刺史之位赐给伶人恐怕会让人心生不服。庄宗不听，坚持让伶人当官。消息传出，一些将士气得简直发疯，内乱情绪蔓延开来。后来，将士们抛弃了李存勖，拥戴李嗣源。军队攻进汴京，乱箭射死了后唐庄宗。

由此看来，官位真的不能随意赠送。从表层来看，官位可以带来荣耀和利益，芸芸众生大多趋之若鹜。而在深层次上，官位是某种文化象征，从根本上将人们秩序化，由此形成上下分明的层级。德才高者居上位，德才低者居下位，大家基本上能做到相安无事。反之，倘有无德无才者依靠裙带关系，或因其他不可告人的秘密僭越高升，则会挑战群体的价值底线，激发众人的道德愤怒。简单来说，可供选择的礼物很多，但最好不要将官帽也置于其中。

第三节　悲剧英雄与英雄悲剧

中国历史上从来不缺敢于担当之士，越是沧海横流，越显英雄本色。尤其是受儒家思想影响，一些才智之士以天下为己任，知其不可为而为之，甚至不惜搭上身家性命。他们的人生轨迹，或多或少会带上悲壮色彩，让后人感慨深思。在特定的时代背景中，组织往往会从自身角度去考虑和处理问题，与那些挺身而出的志士的用意本来并不完全一致。在比较极端的情况下，两者可能会背道而驰，于是冲突就不可避免，最后酿成悲剧。英雄个体失去组织的信任与支持，难免身死名灭；组织因为损失了至为重要或者中流砥柱式的人物，实力也会下降，严重者则会由此走向没落与衰败。

　　重回历史场景，体验时代氛围，可能是认识和评判历史人物较为适宜的方式。汉朝的晁错，算得上那个时代典型的悲剧英雄。《汉书·袁盎晁错传第十九》记载，晁错一心为国深谋远虑，但对自身很少顾及，以至灾祸临头也不知晓，这可能是对晁错一生的中肯评价。从某种意义上讲，晁错的悲剧命运也是由其性格决定的。晁错生性刚直，待人苛刻。晁错研习过申不害、商鞅等人，深受刑名之学的影响。晁错经常向皇帝上书，阐述治国理政主张。汉文帝在位之时，晁错就时不时向皇帝打报告，建议削弱诸侯，还有更改法令等，前前后后有三十多次。文帝没有全部采纳，但对晁错这种智囊式人物感到惊奇。太子，也就是后来的汉景帝，对晁错欣赏有加，认为他的意见多有可取之处。等到景帝即位后，晁错的才能得到了充分施展的机会。因为皇帝的信任，晁错也是毫无保留地陈述自己的想法。有些意见可能牵涉朝臣的切身利益，晁错要求与皇上单独面谈，景帝也每每应允。被提升为御史大夫之后，晁错上奏的内容更加大胆，巅峰之作是主张"削藩"，提议朝廷减少诸侯封地，收回他们的旁郡。在晁错的推动下，当朝法令被修改三十章，引起一片轰动和诸多憎恨。晁错的父亲听到消息后，坐不住了。老人家赶到京城，问他为什么要动议皇上削弱诸侯和疏远骨肉。晁错倒是很坦然，说这是为了天子尊贵与国家安宁。老父亲听后急得直跺脚，长叹道：刘家天下安宁了，但晁家危险了。为不连累自己，老人竟然吃下毒药自我了断。

　　果然，姜还是老的辣，形势发展被老人家猜中了。十来天后，"七国之乱"爆发了。吴、楚等国反叛，打出的旗号就是"诛晁错，清君侧"。晁错倒是有思想准备，立马向皇帝献上应对之策，他建议由皇帝亲自率兵，自己留守后方。但是朝中另外还有一派即窦婴、袁盎等人，他们历来对晁错不满，主张对吴王等进行招抚。怎样才能平息这场乱局呢？袁盎向景帝提议：杀掉晁错，那么七国之军没了理由，自然就退却了。景帝颇为犹豫，但最后还是决定牺牲一人来挽救全局。可怜的晁错，对朝中决定毫不知情，当得到进朝的通知之后，他还穿戴朝服，一丝不苟地准备去献言献策呢。公车经过街市，晁错就被人拉下车杀死。可是七国仍不退兵，景帝知道自己被骗，也后悔轻率斩杀了晁错。后世之人在悲叹晁错不得善终的同时，也哀怜他的忠心，认为他死得冤屈。晁错将自己毫无保留地献给了皇上，但对方并不坚定，关键时刻竟然直接将其抛弃。晁错死得没有价值，也无意义，只是成就了一场令人叹息的悲剧。

　　宋朝的岳飞，也是心怀天下，常常考虑"恢复中原，迎回二圣"之类的国家大事。与晁错不同的是，岳飞有自保意识，也想在精忠报国的同时保全自身与家庭。遗憾的是，虽为文武双全、忠正智勇之大才，但岳飞生不逢时，最后被奸臣以"莫须有"的罪名陷害致死。

　　赵构即位之后，岳飞不顾人微言轻，向皇帝上书，内容长达好几千字。岳飞进谏皇帝：希望顺应民意，聚集军队，趁敌人松懈发起进攻，士气必将大振，中原可望收复；黄潜善、汪伯彦这些人不了解皇上心意，只知护送皇帝车驾向南，恐难维系中原百姓之敬仰。该信是青年岳飞的热血与肺腑之言，也是贯穿其终生的核心想法。奏章送了上去，但得到的是负面消息：朝廷决定免除岳飞官职，打发他回老家，理由是"越级上书"。该事只是岳飞生平的小插曲，但已给其一生定下了基调。

岳飞波澜壮阔的军事生涯、高超过人的指挥艺术，以及勇冠六军的精湛武艺，详见于《宋史·列传第一百二十四·岳飞》，此不赘述。有宋一代，军队战斗力一直偏弱。岳家军的出现，相当于平地突然起了一座高峰，而作为主导者的岳飞，自然起到了关键作用。岳飞的家族世代务农，没有显赫背景可言。他起身行伍，从最基层干起，一步步组建起令金兵闻之丧胆的铁血之师。岳飞军事成功的顶点出现在其领军准备渡过黄河、直捣黄龙府之时，只差一步就要实现"恢复中原"的宏伟志向。岳飞之所以能够造成如此浩大声势，一方面是他顺应了形势，代表了民心走向，另一方面也与他个人的英雄魅力存在紧密联系。他一心报国的赤子情怀与坚贞不移的信念追求，也在感召和带动着四面八方的抗金力量。

然而，宋朝很难容得下岳飞这种一呼百应的帅才，南宋的气度也难以营造出一统南北的盛大格局。自唐末安史之乱之后，武夫祸国的人间惨剧就一再上演，且愈演愈烈，民不聊生。宋太祖赵匡胤之所以下定决心，黜武兴文，也是为时势所迫。如此一来，武夫对皇帝的威胁大大减弱了。宋朝文化的兴盛，也就顺理成章。于是，在宋朝出现了军事羸弱与文化兴盛的鲜明对比。岳飞的出现，算是不同寻常的特例：从其主要经历来看，岳飞当然是武将，且是其中的杰出代表；而考察其政治理想与文化素养，岳飞同样也达到了极高水准，一首《满江红》足以让他在宋词中留下浓墨重彩的一笔。面对这样一位"武能定国，文可安邦"的旷世奇才，南宋当局心情之复杂，可谓一言难尽。尤其是当权者只求偏安于东南一隅，而某位下属却强烈呼吁打回北方去，而且还真的有可能将想法变成现实，那么冲突只是早晚的事情，最后结果也只能是个人英雄的毁灭。

时间来到明朝，又一位悲剧英雄横空出世。于谦，敢于给皇上拿主意，也有能力去承担中流砥柱之责，但不幸成为皇权争夺的牺牲品。于谦写过一首《石灰吟》："千锤万凿出深山，烈火焚烧若等闲。粉身碎骨浑不怕，要留清白在人间。"此诗显然是借物咏志，但一语成谶，于谦用自身的悲剧命运诠释了《石灰吟》的真正内涵。

人的性格当中有许多成分应是天生而来的，于谦的廉洁正气与敢说敢做就是如此。于谦的科举之路比较顺利，二十多岁就高中进士。为表明不愿流俗的心迹，他写下了"清风两袖朝天去，免得闾阎话短长"的诗句。于谦初露头角，也正源于其满腔正气。他有做人的底气，说话声音洪亮，语句流畅，因为内心透亮，没有涩滞。《明史·列传第五十八·于谦》记载，于谦以御史身份跟随明宣宗平定汉王朱高煦的叛乱，受皇帝之命去斥责其罪行。于谦义正词严，声色俱厉，吓得朱高煦伏地颤抖，连说罪该万死。于谦受到皇帝赏识，升迁较快，逐步成为朝中重臣。于谦能力超强，出口成章。面对众多事情，他可以掰着手指头一件一件处理掉，才思敏捷，周到细致，无人能及。

于谦最为著名的事迹当属京城保卫战。蒙古瓦剌族日益强

大，他们在太师也先带领下，侵犯明朝北境。明英宗朱祁镇在太
监王振的怂恿下御驾亲征。大致来说，这场出征就是一部荒诞
剧。结果，明朝兵败，英宗也当了俘虏。如此一来，朝廷人心惶
惶。侍讲徐珵等主张南迁，于谦极力反对：京城是天下根本，一
动摇则国家大计完了；没看见过宋朝的下场吗？当时朝廷由英宗
同父异母之弟郕王朱祁钰代政，他也非常惶恐，担心稳定不了局
势。群臣请求皇太后立郕王为皇帝，朱祁钰怕得要死，说你们别
出这个馊主意，别将我架在火上烤。于谦大声说道：我们完全是
为国家考虑，不是为个人打算，终于将郕王扶上位，是为明景
帝。于谦统筹谋划，调集各路兵马，死守北京。于谦制订了严明
军纪：将领退却，斩将领；士兵退却，后队斩前队。大家知道失
败就是死路一条，于是决一死战。也先兵临城下，打不进去。一
位投降太监，名叫喜宁，献上一计。喜宁说：可以将上皇英宗迎
出来，以此要挟，可以索取数以万万计的黄金、丝织品。于谦坚
持"社稷为重，君为轻"，更何况朝廷已有了新皇帝呢，对这一
招不予理睬。也先看占不到便宜，又担心各路军队会将来路切
断，于是下令撤军。北京之围被解，于谦厥功至伟。

　　如果说于谦人生的前半段有多辉煌，那后半段就有多悲惨。
事情出现转机，当从明英宗归返开始。瓦剌准备释放明英宗朱祁
镇，传信让明朝派大臣去接回。明景帝当然不高兴了，他回来了
我可怎么办？于谦说：帝位已定，不会更改，但在名义上，您应
该接回自己的哥哥。皇帝听从，迎回了上皇。事实上也正如于谦
所言，景帝之位并未受到兄长的威胁。

　　但问题还是出现了，景帝不长寿，早早撒手走了，于是其

兄朱祁镇又迎来了转机。明英宗复辟成功，于谦的大限就到来了。于谦在第一时间被抓，在闹市被处死，并曝尸街头，他的家被抄，家人被发配边疆。一时间，墙倒众人推。遂溪教谕吾豫说于谦应当灭族，其所推荐的文武大臣也该杀。好在刑部维持了原判，未施行。在抄家之时，发现于谦没有余财。只有正屋锁得非常坚固，打开一看，都是皇帝所赐的蟒袍、剑器等。于谦惨死的当天，阴云密布，天下人认为他冤枉。都督同知陈逵为于谦的忠义所感动，替他收尸，一年后回葬杭州。皇太后闻讯，叹息哀悼了好几天，英宗也后悔了。直到明宪宗成化年间，于谦的儿子于冕被赦免，他上疏申冤，宪宗给于谦平反，赠予其特进光禄大夫、柱国、太傅职位。

很显然，于谦属于那种德才兼备的官员，但他无法将命运掌握在自己手中。在君臣互信之际，他会顺风顺水。明景帝朱祁钰很信赖他，所以景帝在位时于谦可以施展手脚，并且做成了许多大事。而一旦皇位更替，于谦立马迎来杀身之祸。于谦本人其实并不畏惧厄运，在不如意之际，他经常以手拍胸，慷慨陈词：我这一腔热血啊，将来会洒在什么地方？明英宗与于谦基本上不在同一频道上，他想到更多的是个人屈辱，想到自身作为人质之时，于谦居然不为所动，坚守北京以拒蒙古大军。因此，英宗在重登皇位之后无论如何也要一吐恶气，一定要杀死于谦才算解恨。君臣之间有着云泥之别，且德才与位置呈现出讽刺性的反差，所以双方的矛盾不可化解，冲突难以避免。

晁错、岳飞、于谦这些悲剧英雄早已离我们远去，但他们的名字将一直出现在历史典籍之中。一颗颗流星急速划过天空，虽然短暂，但那一刹那的耀眼光芒令人炫目，令人难忘，令人长久感觉到温暖。悲剧英雄存在的真正意义，在于其所代表的文化象征，如公而忘私、精忠报国、舍生取义，诸如此类。他们的故事代代相传，不正表明历史长河一直在向着正义和光明流淌吗？尽管蜿蜒曲折，但没有任何力量可以阻挡。切换到另一角度，集体或组织又该如何反思英雄的悲剧？一言难尽，又让人欲言又止。从最低层次来说，应将人看作人，不能当作"有用则用，无用则弃"的物品。进而提升高度，则要构建雍容大度的恢宏格局。看看那广阔的自然吧，只有天空才能让雄鹰翱翔，唯有大海能任凭巨鲸游弋。

第四节　难任之重：玉碎与沉思

天下兴亡，匹夫有责。自古以来，中国就不缺敢于担当与勇于牺牲的仁人志士，越是在国家危难之际，越会涌现出一批代表性人物。在某些时段，由于特定人物的横空出世，历史进程甚至会发生相当程度的改变。然而，在很多时候，历史并不以个人意志为转移，以一己之力扶大厦之将倾的事迹，往往只是出现在浪漫主义幻想之中。事实上，组织到了需要依靠个人力量才能勉强维持之时，其命运实际上已难以持久。所谓"覆巢之下，安有完卵"，正是对暮气日重的组织必将迎来玉石俱焚结局的生动描写。对照理想与现实的差距，我们应如何理解？

其实，如果组织与个人理念一致，同心同德，共度时艰，那么扭转乾坤是有可能的。而在真实历史中，组织与个人之间常常存在分歧，组织掣肘个人，个人能力再强也难以补足组织制度之弱。结果，能力超强之人也难以挽救组织的没落。翻阅那些沉积在历史尘埃里的故事，常常让我们掩卷深思。

先来看一下战国后期的赵国。在群雄争霸、风起云涌之际，赵国一直是一股不可小觑的力量。因"文有蔺相如，武有廉颇"，强如秦国也不能将赵国怎么样。赵孝成王即位之后，原先的一批重臣慢慢式微，赵奢已死，蔺相如变成重病号，只剩下老将廉颇在苦苦支撑。秦国趁机攻打赵国，两军在长平对峙。赵军屡吃败仗，廉颇便采用防御战术，固守不出。秦军没法制服廉颇，于是派出间谍，四处放风，说秦国只担心赵国让赵括当统帅。孝成王居然信以为真，让赵括替代了廉颇。赵括走马上任之后，将廉颇原有做法大加改变，军吏也换了一茬。秦国名将白起得知消息后，大为惊喜。他假装败走，然后偷偷截断赵军粮道，并将之切割包围。赵军没有了吃的，军心涣散，很快丧失了战斗力。四十多天后，赵括亲率精锐部队拼死突围，结果被射杀。数十万大军投降，结果全部被活埋。长平之战，赵国前前后后损失了四十五万人。战败对赵国的影响是显而易见的，让人感觉到赵国末日差不多要来临了。作个类比，好比家里顶梁柱倒了，只剩下老弱幼少，而且外面还有强人虎视眈眈，随时会进来烧杀抢掠，那么这个家庭的未来在哪里呢？悲观一点，可能只有任人宰割了。然而，赵国还有廉颇。面对燕军的趁火打劫，赵国只得再次任命廉颇抗击。家有一老，如有一宝。廉颇上任后，将燕军打得大败。到了悼襄王时期，廉颇失去信任，逃到魏国大梁。后来，当赵军三番五次不敌秦军之后，赵王再次萌生了起用廉颇的念头。然而，宠臣郭开又从中做了手脚，贿赂出使魏国的使者，让他诋毁廉颇。此时廉颇仍念念不忘继续为赵国出力，所以他特地表现了一番：一餐饭吃了一斗米，外加十斤肉，之后还披甲骑马。使者回去后，将相关情况都作了汇报，不过特意强调了一个细节：老将军在不长的时间里拉了三次屎。赵王认为廉颇还是老了，于是放弃了原来的想法。廉颇后来去了楚国担任将军，也难有作为。廉颇始终怀想能再去指挥赵国士兵，可惜只是一厢情愿，最终他在楚国寿春落寞地死去。

　　廉颇之后，赵国的能人应首推李牧。李牧在雁门郡一带防御匈奴，取得了不错的效果。他设置官吏，善待士兵，苦练内功，广搜情报，积蓄力量。当匈奴来犯时，他让军队退回堡垒固守，坚决不与对方硬刚。匈奴虽然抢夺了一些财物，但对赵国边境的军事力量没有造成什么影响。后来，赵王认为李牧胆小，改换将领。替代者很勇猛，每次都与匈奴死磕，但回回都被对方打得鼻青脸肿，结果边境失去安宁，耕作放牧也没法继续了。赵王只好再请李牧出山，李牧以病坚辞，直到赵王答应他提出的条件才去上任。李牧故技重演，一切又回到以前的状态。几年下来，士兵们觉得过意不去了，天天接受赏赐但不打仗，怎么也说不过去啊。李牧见时机成熟，就着手下一盘大棋。他挑选了一千多辆战车，一万多匹战马，五万名骁勇战士，十万名优秀弓箭手，进行严格的军事训练。一切准备就绪后，李牧再放出一颗大烟幕弹。他让百姓随意放牧，诱导匈奴来战，随后佯败，任由匈奴掠走好几千人。最后单于上钩了，大军进犯，结果被李牧打得大败，十余万匈奴骑兵被杀。此后十余年，匈奴不敢窥视赵国边境。李牧由此一举成名，成为赵国最为出色的将领。

赵悼襄王元年，李牧攻下燕国的武遂和方城。之后李牧又率军抗秦，在宜安、番吾两次击败秦军。后来秦国派出名将王翦进攻赵国，赵王也不示弱，让李牧、司马尚率军对抗。王翦知道李牧不好对付，按照秦国的老套路，使出离间计。秦国用重金贿赂赵国宠臣郭开，唆使他向赵王说李牧等意图谋反。赵王信以为真，改派赵葱、颜聚取代李牧和司马尚。李牧得到消息后，惊讶不已，不愿离开工作岗位。赵王竟然将李牧抓了起来，直接处死。得知李牧已死，王翦再无顾虑，发动猛攻，并最终灭了赵国。赵王所作所为，只能说是"自作孽，不可活"。只是可惜了李牧，竭尽全力挽救赵国，没有战死沙场、马革裹尸而还，却倒在本国同胞手下。

南宋末年，文天祥也高奏了一首惊天地、泣鬼神的救亡图存之歌。然而，文天祥所具有的文化价值却是通过杀身成仁才体现出来的。蒙古大军扩张时期，所到之处基本上都是破瓦颓垣之势。面对文弱的南宋朝廷，蒙古人估计灭掉南宋应该是手到擒来之事。但万万没有想到的是，南宋居然成为最难啃的一块骨头。蒙古人最后军事上胜利了，但也未能折服其坚硬的价值文化。

南宋最后的守护者，当以文天祥为代表。面对气势汹汹的蒙古铁骑，南宋朝廷一筹莫展。德祐初年，形势越发严峻，长江上游眼看保不住了。皇帝号召各地力量勤王，但各方势力犹豫不定，迟迟不见行动。文天祥看不下去了，拉起了一支万人队伍，准备保护皇帝免受蒙古军队的蹂躏。周边之人听说后，要么友善地劝阻，要么认为这位文先生可能是中邪了。文天祥却是认真的，他说国家养育臣民三百多年，一旦皇上有难，竟然没有一人前往，本人自不量力，但愿以身殉节。文天祥讲出来的是理想，是常识，是大实话，许多人都会有类似认知，但能付诸行动的就寥寥无几了。

文天祥看似书呆子一般的言行，却像一根火柴，将传统文化中的价值观念引爆了。一路上，不断有人被感化，纷纷加入勤王队伍当中。从当时形势来看，文天祥舍生取义的行动更像是飞蛾扑火的献身之举，注定是失败英雄的精神救赎。文天祥被元军所俘，应是早已注定的结果。忽必烈是元朝当中最为理解汉文化的皇帝之一，认为如果能将文天祥为新朝所用，必将发挥出重要的影响作用。因此，忽必烈给予了文天祥足够的尊重，也付出了最大限度的耐心。然而，忽必烈还是失望了，因为文天祥选择了坚守，只有为旧主殉身才能完成其精神升华。忽必烈理解并尊重文天祥，同意其结束生命。文天祥之死，形成了特别的反讽：他可能并没有被南宋大部分遗民所了解与敬重，却在死敌那里得到深刻理解，并获得了比较体面的告别方式。

历史不会重演，但历史悲剧有可能重复。明朝末期，袁崇焕使出浑身解数，为朝廷镇守辽地，使得清军多年来难以西进。很遗憾，崇祯皇帝因对臣下的忠贞不够信任，中了清兵的离间计，竟然将袁崇焕处死。

参见《明史·列传第一百四十七·袁崇焕》，我们大致可以概括袁崇焕为人处世的几个特点。首先是勇于担责。袁崇焕是万历四十年的进士，一介文人，却对军事情有独钟，希望有朝一日能为朝廷镇守边关。为此，他利用一切机会搜集边塞情报，为将来一展身手积极准备。后来，他在兵部谋得职方主事的官职。当时，清军正在谋划入主关内，关外战事频繁。明军在广宁溃败，山海关告急。袁崇焕听到消息后，就一个人跑出去，到关内外实地察看，兵部与他家人都不知道他去了哪里。回来之后，他详细地汇报了调研情况，并承诺只要配备钱粮兵马，他可以率军守住山海关。朝廷也相信了他的话，派他去关外监军。主动挑重担，哪怕拼死也要一试，袁崇焕早期的行事风格大致如此，其实也是他一生的缩影。到崇祯皇帝即位之后，袁崇焕也有类似举动。那时他已担任兵部尚书兼右副都御史，面对皇帝询问，袁崇焕说差不多用五年时间可以将辽地全部收复。其实，他对此并没有太多把握，只是想尽力减轻皇上压力而已。

其次是经世致用。袁崇焕既有雄心壮志，也是难得的将才。他具有超越常人的战略眼光，提出修建宁远城作为稳定辽地的重镇。同期绝大多数人认为，明军不可能守住那么远，即使是负责筑城的祖大寿，也只是草草应付了事。袁崇焕接管之后，立即大规模兴建，之后宁远成为关外举足轻重的城镇。通过袁崇焕等人的努力经营，明朝恢复了大片国土。与此同时，袁崇焕也积极与朝廷沟通，争取得到理解与支持。他向崇祯说明辽东之事面临的困难，希望户部发放军饷、工部供应器械、吏部提供人才、兵部选将调兵，而且后方应充分信任，不要掣肘与推诿。皇帝听从了意见，并好言抚慰。袁崇焕为了争取外部支持，也是能屈能伸。明熹宗时期，魏忠贤把持朝政，且魏忠贤不喜欢袁崇焕。为了取得魏忠贤的支持，袁崇焕压按本意，随大流请求为魏建造生祠。其用心之良苦，可想而知。

此外，袁崇焕倾向于便宜行事。在一封给崇祯的上书中，袁崇焕阐明了他经营辽东的基本策略：守为正着，战为奇着，和为旁着。从中可以看出，他对时局有着清醒的认识，只能以时间换空间，慢慢消耗清兵的力量。为此，袁崇焕不得不因地制宜，小心翼翼地与各方周旋。努尔哈赤（后来的清太祖）逝世后，袁崇焕派出使者，名为吊丧，实则试探。考虑到清兵要攻打朝鲜，明军可趁机修筑城池和收复失地，于是袁崇焕同清议和，以换取一段难得的时机。在做出决定之前，袁崇焕没有事先向朝廷请示。后来补上此项工作，却未获同意，但他认为自己的想法在理，就一再坚持。可能袁崇焕并未意识到，他已经给自己挖了深坑了。再加上斩杀毛文龙一事，他已走到了深渊边沿。毛文龙名为镇守辽西大将之一，但实际上没有起到多少实际性作用。不仅如此，毛文龙还胡作非为，犯下了欺君罔上、冒功侵饷等重大罪行。袁崇焕在数落了毛文龙十二项罪名之后，用尚方宝剑将其斩首。朝廷得知消息后，非常震惊，鉴于木已成舟，只得认可并好言安慰。

袁崇焕同皇帝之间的分歧不可避免地产生了，而且越来越大。袁崇焕认为自己时时处处都在为全局着想，自身并无私念，但皇上对他慢慢变得不放心，觉得他在背后隐藏着某些不可告人的秘密。最后，随着清兵发动对北京的进攻，矛盾大爆发了。清军进入龙井关与大安口，袁崇焕立即带兵入关保卫京城。城内流出各种流言，认为袁崇焕与清议和，两者之间有勾结。清军巧妙地利用了舆论，使出离间计，佯说与袁崇焕有秘密协定，泄露给被捕宦官，然后让其逃脱。魏党余孽趁机挑起事端，欲置袁崇焕、钱龙锡等于死地，为魏忠贤报仇。崇祯到底还是年轻，入了清军圈套，在市中心将袁崇焕处死。事后搜查袁崇焕家里，发现其没有余财，天下人认为袁崇焕死得冤枉。更为严重的是，袁崇焕死后，明朝再也找不到有能力的镇关人才。大明就这样自毁长城，加速了自身灭亡。

　　当然，中国历史上还有很多勇于担任重却被压垮的悲剧人物，廉颇、李牧、文天祥、袁崇焕等让人印象深刻，留给后人无尽的思索。类似情况往往出现在朝代衰微时期：朝廷格局不再恢宏壮阔，君主不再雄才大略，君臣之间不再信任融洽。当然，人才任何时候都有，衰世也不例外。但在此时，他们想尽忠朝廷、鞠躬尽瘁，且扶大厦之将倾，则变得越发艰难。最终的坍塌与倒毙，大致也在预料之中。然而，失败的英雄终究还是英雄。他们知其不可为而为之，也在一定程度上或在局部营造出了难能可贵的欣欣向荣小气候，给社会和百姓带来了一些福祉，他们的这些所作所为都不应被抹杀。而从长远来看，廉颇、李牧、文天祥、袁崇焕等已化为某种文化符号与价值取向，成为民族文化宝库中的重要构成要素。从中我们可以看到，只要精神不死，希望之火就会或明或隐地剧烈燃烧。

第五节　"人镜"：破易圆难

　　唐太宗说过一段很有名的话：以铜为镜，可以正衣冠；以古为镜，可以知兴替；以人为镜，可以明得失。说这段话时，其心情相当沉重，因为可以充当"人镜"的唯一人选魏徵去世了，而他再也找不到其他人来代替。

纵观中国古代史，君臣之间能够形成"照镜者"与"人镜"关系的，李世民与魏徵算得上典型案例。相比之下，其他君臣配对就没有这么和谐美妙：要么是君主不愿被臣下明照；要么是臣下难以胜任明镜之任；要么是社会时局无法接受君臣之间肝胆相照。大约这就是人性：无论是谁，都不太情愿被别人一览无遗；充当"人镜"者，也很难将自己所见所思和盘托出。在古代历史中，上下级之间为何难以形成干净信任的互动关系，个中缘由值得我们今天深思。

李世民与魏徵之间互信互助的君臣关系，难能可贵且难以复制。从大处着眼，当中既有时代因素，又有个人原因。先来分析一下唐初大环境。太宗虽是唐朝第二位皇帝，但他是大唐实质意义上的创立者。其父李渊的识见与能力都比较一般，依靠秦王李世民才打下了江山。"玄武门之变"后，李世民君临天下，开始主持朝政。唐太宗亲历了前朝由盛而衰的过程，对隋朝在短时间内的土崩瓦解心存余悸，潜意识里会克制和约束自己。唐太宗某次前往洛阳，途中休息，驾临昭仁宫。看到官吏送上来的饭菜，太宗认为不好吃，于是出言指责。魏徵听到后，就开始对太宗上"政治课"：隋朝就是因为要吃要喝，毫无节制，很快灭亡的；您如果心存戒惧，这些饭菜就很好了，否则再好一万倍您也不会觉得满意。唐太宗一听"隋朝"二字，心里直犯怵，马上对魏徵表示赞许。很显然，隋朝前车之覆就在眼前，其警示作用不容小觑。

再来看一下个人原因。说唐太宗李世民乃千古一帝，应该并不为过。武功文治毋庸赘言，其从谏如流的大度，鲜有其他皇帝可以媲美。器量是个很奇妙的东西，既源于先天禀赋，又有赖于后天修炼。有些人天生器量就大，肚里能撑船；有些人见识虽高、能力虽强，可就是小肚鸡肠。唐太宗能容人，知错就改，能善始善终，是个非常了不起的皇帝。这可以从一两件琐事上来探究，其实事情越小，越能看出人的禀性。

　　皇后相中了郑仁基的女儿，觉得她才貌双全，建议太宗将其纳入九嫔之中。皇帝答应了，准备好了封册。这时魏徵出来说话了：郑家的女儿已有婚约在身，您哪有一点做百姓父母的情意？李世民立即停止册封，并将自己一顿痛责。还有一件事，更能体现出太宗的自我克制。李世民与长孙皇后是结发夫妻，两人相敬相爱了一辈子。皇后不幸早逝，葬于昭陵。唐太宗非常伤心，痛不欲生。为了随时可以看到爱妻之墓，太宗在禁苑里建了一座很高的望楼，时不时爬上去看上几眼。一次李世民带上魏徵一起登楼望远，皇帝指着正前方让魏徵看。魏徵回答：我两眼昏花，啥也没看到。李世民用手示意，说那就是昭陵啊。魏徵却说：我以为您在看献陵（唐高祖李渊之墓）呢，至于昭陵，我早就看到了。唐太宗一听，就明白魏徵所谏之意。后来，李世民一边哭，一边下令拆毁了望楼。千年之后，我们再来看唐太宗的自律行为，还是会被他折服。唐朝的恢宏气度，其文化之根应该就源于唐太宗。

　　魏徵之所以受到李世民赏识，主要是因为其忠诚。在隋末大动乱中，个人难以掌控自己的命运。魏徵也是如此，他顺着时代潮流浮沉前行，先后侍奉过李密、窦建德与李建成等，都未能遇上开明睿智之主。魏徵出任太子洗马一职之后，积极为李建成出谋划策，指出李世民战功显赫，应尽早想好办法对付他。李建成被杀后，魏徵自然脱不了干系，接下来基本上就是陪葬的命运。当面对李世民的责问时，魏徵知道一味服软不可能有出路，于是干脆死硬到底，说：太子早点听我的话，就不会死得像如今这么惨。李世民觉得魏徵敢于直言，是个人才，就留下他一条命，让他担任谏议大夫。魏徵将死路走成了活路，由此知道了自己价值所在，那就是"知无不言，言无不尽"。此后，魏徵基本上就是按照这一策略来行事，并且屡试不爽。当然，魏徵也比较注意进言的方式方法，并不是一味死杠。他陪同皇帝一起观赏演出，趁机建言献策。见到"破阵武德舞"时，他就低头不看；而"庆善乐"出场时，他则兴高采烈、目不转睛。他通过这种方式，向太宗暗示：不要一味沉湎于武功，要将重心转移到文治上来。总而言之，终其一生，魏徵保持了中正诚实的品性，相当忠实地充当了唐太宗的"人镜"。毫无疑问，"贞观之治"的出现，魏徵功不可没。

　　然而，李世民与魏徵之间的对手戏也是波澜起伏，"信任的小船"颠簸挣扎着才平安到达彼岸。李世民自然是主角，主导着两者关系的进展。随着时间推移与社会大治，唐太宗逐渐松懈，自我要求降低，骄奢情绪渐长，越来越不喜欢反对意见。当初由于有魏徵等人的监督批评，太宗基本上没有太多出格之举。但在魏徵去世之后，李世民的自觉自律出现了明显下降。

　　对于魏徵的态度，李世民也出现过巨大摇摆。魏徵在生前受到太宗的充分信任，引起其他人的不满与忌恨。待其去世后，诬蔑攻击就陆续来到。魏徵推荐过杜正伦与侯君集，而这两人不争气：杜正伦因罪免职，侯君集犯下叛逆罪被处死。此外，魏徵自身也有弱点，有人反映他将谏议透露给史官褚遂良，以便留名青史。唐太宗知晓之后，勃然大怒，取消了公主与魏徵之子叔玉的婚约，又将自己题词的魏徵墓碑推倒。好在晚年李世民并未完全昏聩，他出兵辽东，事毕后悔了，感叹再无魏徵这种直士事先劝谏阻止。于是，太宗将魏徵之碑重新立了起来。可以说，李世民与魏徵自始至终都处在"争执—和好—再争执—再和好"的过程之中，如切如磋，如琢如磨，镜子越发锃亮，人也越来越清晰地看到了自己。

　　像李世民这样英明宽厚的皇帝，像魏徵这样忠诚硬气的谏臣，他们之间的互动都进行得如此艰难，由此可知其他君臣之间的配对难度了。简单梳理一下，可以找到一些症结所在。一般说来，但凡是人，都不太喜欢别人评说自己的缺点与不足。常言道，忠言逆耳。虽是"忠正之言"，但耳朵的反应就是不舒服。作为主体的人不愿照镜子，那么就不可能出现"人镜"了。

　　刘宋废帝刘子业比较典型，极不乐意听从善言。自年幼时，刘子业就非常焦躁粗暴。即位之后，他还稍微能听从母亲与大臣的劝谏。待其母去世后，刘子业也长大了，本性开始显现。戴法兴见皇帝胡作非为，就极力劝阻。可是刘子业不干，他想随心所欲，恣意妄为。刘子业觉得太监华愿儿很是称心合意，总是全力配合自己，让自己逍遥快活。华愿儿认为戴法兴碍手碍脚，于是竭尽所能进行诋毁。刘子业罢免了戴法兴，令其告老还乡，后来又责其自杀。尽管戴法兴本人所作所为也乏善可陈，但好歹起到了一些规劝作用。戴法兴死后，更加没人去进言与劝阻了。刘子业丧心病狂，竟然随意杀戮臣属。一次，刘子业梦见有人诅咒他，他居然找到一个长相与梦中之人差不多的给杀了。当然，刘子业不可能落得什么好下场，不久他就被身边的侍从谋杀了。

刘子业是帝王当中非常极端的情况，但其不愿听取逆耳忠言的心理，还是比较具有普遍性的。更多的帝王，在一定程度上、特定时期里愿意听从意见建议，但很难做到善始善终。明神宗朱翊钧，后人习惯称之为万历皇帝，与张居正之间的故事就颇具典型性。朱翊钧即位时年幼无知，没有处政能力，只有依靠内阁重臣来支撑。以张居正为代表的大臣义无反顾地承担起了责任，同时对小皇帝进行严格管教。年轻的朱翊钧，其实是以张居正等亦师亦臣之人作为"镜子"的，从中窥见自己的成长过程，并不断纠偏。张居正在执政前期，因自身势力还不稳固，能够严格自律，并处理好与各方面的关系。他深知宦官集团的重要性，特意与代表人物冯保建立了良好的合作关系。张居正与冯保联手，确保了大明朝廷的稳定。未成年的朱翊钧由此也得到全方位的监督，自身成长也较为平稳。

但与此同时，张居正对朱翊钧的严厉甚至是苛刻，也给小皇帝投下了心理阴影，埋下了隐患。小皇帝的母亲慈圣太后也借助张居正的威严开展教育，每当朱翊钧表现不好时，她就恫吓说：如果张先生知道了，哪可如何是好啊？朱翊钧心里既恐惧又怨愤，一颗反抗和仇恨的种子早早形成了。主政后期的张居正位极人臣，权势熏天，却又不加收敛，不知不觉已多方树敌。张居正本是万历皇帝的对照物，但其自身品行慢慢退化，已异化成为一面扭曲变形的"哈哈镜"。张居正死后，万历皇帝对其进行了全面否定。从朱翊钧与张居正这一对君臣来看，我们可以发现：要让人心甘情愿去做"照镜人"，是强人所难；而要充当方正明净、永不失真的"人镜"，也绝非易事。

历史往往比想象更为丰富。在社会治理不太理想的元朝，却出现了一对配合默契的君臣。元英宗孛儿只斤·硕德八剌即位时相当年轻，只有十七岁，很想有一番作为，少年天子憧憬着开创新的气象。英宗寻找正直得力的大臣，相中了拜住。事实证明，英宗的眼光相当准确，拜住确是忠诚可靠的柱石之臣。拜住的祖先木华黎，曾是成吉思汗（铁木真）旗下的著名将领。换句话来说，英宗与拜住继承了前辈们的优良传统，再次携手共进。英宗与拜住有过一次对话，其内容非常精辟。皇帝问：现在还有魏徵那样的大臣吗？拜住回答：有唐太宗这样能听取不同意见的国君，便会有魏徵这样敢于提意见的大臣。英宗深以为然，也想复制大唐"贞观之治"的辉煌。一切都进行得比较顺利，也收到了一些不错的效果。拜住大力推行文治，尤其重视学校教育，希望借此来弥补元朝"马上治天下"的不足。英宗充分信任拜住，各方面给予了大力支持。

然而，其他一些人不太乐意了，对抗甚至是谋反的苗头出现了。右丞相铁木迭儿不是善茬，生出叛逆之心，但他还没来得及采取行动就死了。其义子铁失担心被清算，就阴谋反叛。1323年，元英宗与拜住从上都返回大都，途宿南坡店。铁失联合了一些人，搞夜间袭击，闯进营帐，将皇帝与拜住统统杀掉，史称"南坡之变"。元英宗与拜住，有可能重现类似唐太宗与魏徵相携奋进的新景象，然而野蛮的蒙古贵族不同意，竟然将"照镜人"与"人镜"全部毁掉。历史不能假设，后文也就无从落笔了。

第六节 "代言"陷阱：兴衰存亡一念间

在历史的天空中，总有些人像流星一样迅即划过，留下一抹刺眼的闪亮，然后快速坠落。后人在阅览其生平往事之时，往往心生感叹：对于其升迁与荣耀，可能会惊讶和艳羡；在其落魄潦倒甚至身死族灭之后，又禁不住唏嘘扼腕。而想真正领略历史的堂奥，我们应向时间纵深挺进，尤其是史籍中的留白部分，以及史学家那些欲言又止的闪躲之词。

汉朝的主父偃老夫聊发少年狂式地赌了一把，他赢了，然而很快又输了。《汉书·主父偃传》记载，主父偃前半生的仕途非常不顺，可谓失败到了极点。在齐国，同行都排挤他。时间长了，身上的钱花光了，想去借点，没人搭理他。后来又去了燕国、赵国与中山国，也没有任何改变。在日复一日、年复一年的等待与煎熬中，主父偃耗去了四十多年的光阴。虽然满腹经纶，但又有什么用呢？不但别人这么看，就连他父亲也觉得这个儿子白养了，兄弟们也认为他是窝囊废。换成其他人，可能就认命放弃了，但主父偃咽不下这口气，决定最后冒险一试。他直接向汉武帝上书，将自己的政见与建议分成九件事进行详细阐述。估计是主父偃时来运转了，他的上书恰巧被汉武帝看到了。主父偃早晨递交奏章，晚上就被皇帝召见了。因为他的陈述有见地，汉武帝欣赏他，封其为郎中。后来，皇帝又多次与主父偃谈话，同时对他也屡加升迁。结果一年当中，主父偃被升官四次。

　　主父偃建议汉武帝实施"推恩令"，以达到削藩的目的。诸侯国已经对中央形成了威胁，但因前有晁错的前车之鉴，大臣们对此都是三缄其口。不得不说，主父偃还真是有水平："推恩令"设计得很巧妙，让诸侯们哑巴吃黄连，有口难言；而在实际效果上，确实帮助皇帝解决了心腹之患。此后，主父偃像是突然开了窍，不断揣度圣上的心思，顺着杆子往上爬。汉武帝想另立卫子夫为皇后，可是不便主动提出。主父偃就挑起此事，支持卫子夫，结果再次成功了。尝到甜头后的主父偃，变得一发不可收。有人告发燕王霸占父亲的小妾与弟媳，主父偃落井下石，逼迫燕王自杀。后来，他又告发齐王与自己的姐姐有暧昧关系，结果使齐王饮鸩自尽。

　　如此一来，主父偃就化身成为"毒舌"。同僚对其感到畏惧，于是纷纷向其行贿。主父偃偏偏又是个穷怕了的"苦出身"，对钱财毫无抵抗力，他趁机大肆受贿，中饱私囊。此外，主父偃为人器量狭小，睚眦必报。他担任齐相之后，自是风风光光回到了旧地。他召集以前的那些兄弟与相识，给了他们一些钱财，然后开始训话："以前我很穷，你们不给我衣食，也不给我提供机会。现在我来齐地当相国了，你们跑到大老远的地方来迎接我。我跟你们这些人没啥好说的，今后请不要再进我的家门！"从此，主父偃就将自己变成了孤家寡人。

　　面对主父偃这种不按常理出牌之人，其他王爷日夜不安，赵王决定先下手为强，检举主父偃的贪污行为，指出其推行"推恩令"也是受到了诸侯子弟的恩惠。御史大夫公孙弘坚持定主父偃死罪，最终主父偃被灭族。主父偃在历史上昙花一现，消失了。

其实主父偃走的就是险棋，"推恩令"、支持卫子夫，以及告发燕王、齐王，诸如此类都是皇帝的"家事"。其他人不是不知道，而是不敢去掺和。好比夫妻俩在吵架，你一个外人，能去劝架吗？主父偃抱着拼死一搏的疯狂野心，揭开常人不敢触碰的盖子，得到一时腾达，但最后死得真惨，且将族人也搭了进去。

唐朝来俊臣也是窥见了武则天不可告人的心思，因甘当恶犬而腾达，但也因狂吠过头而被宰杀。《新唐书·列传第一百三十四·来俊臣》记载，来俊臣出生的环境可谓乱七八糟，注定他成不了什么好人。他本应姓蔡，因其生父叫蔡本。在他出生之前，父亲蔡本因欠赌资，将其生母送给另一赌徒来操抵债。于是他摇身一变，成为来家的人。来俊臣长大之后，成功继承了其生父与养父的特征：游手好闲，言而无信，性格残忍。没多久，来俊臣就惹上事了，被关进了监狱。为了摆脱窘况，来俊臣想到了戴罪立功。按照当时风气，他向朝廷告密，说有人意图谋反。刺史东平王李续依照来俊臣提供的线索去审讯，没有查出什么名堂，就给了他一百杖。为此，来俊臣对李续恨恨在心。后来，机会来了，李续因犯罪要被杀头。来俊臣趁机又上了一书，说自己之前向朝廷反映过琅邪王李冲谋反，但被李续给压了下来。武则天觉得来俊臣对上忠心，而且富有斗争精神，多次提拔他，让他当上了侍御史。当官后的来俊臣如鱼得水，将其特长在审讯犯人的工作中发挥得淋漓尽致。且其办案结果，也深合武则天心意。此后，来俊臣更是放开手脚，大干一场，前前后后消灭了一千多个家族。因其过人表现，来俊臣被提拔为左台御史中丞。一时间，来俊臣成为"凶神恶煞"的代言人，内外朝臣都被吓得战战栗栗，道路以目。

来俊臣办事很有一套，突出表现在两个方面：一是善于团伙作战；二是凡事做到极致。先来看其群狼战术。来俊臣知道，要对付一个大家伙，就必须蜂拥而上，方可置对方于死地。来俊臣组织了侯思正、王弘义、卫遂忠等百来号人，结成帮派，专干诬蔑害人之事。他们选准目标之后，再约好若干人同时行动。检举信一下子就出现多封，从不同地方到达朝廷，形成"众口铄金"的攻击效果。屡试不爽之后，来俊臣总结了经验，写成一篇《罗织经》，此后行事就更加流程化和规范化。再就是他的手段极其残忍。犯人一旦被逮进去，马上会享用一顿"开胃菜"：用醋从鼻子里灌进去，混同屎尿住在囚坑里，而且经常被断绝食物。至于"正餐"，那就更多了，"定百脉""喘不得""突地吼"等等，保证犯人不消多久就能断气。如果在行刑过程中，突然接到朝廷的赦免书，他们也有应对之策：加快进度，弄死犯人，然后再宣读诏书。简而言之，倘若一个人落入来俊臣之手，那他就会希望其死得越快越好。

当然，来俊臣也有失手的时候。随着诛杀人数的不断增加，来俊臣慢慢变得麻木，需要玩得更大些才能提起兴趣。他逐渐提升猎杀级别，将目标瞄准了狄仁杰、任令晖、李游道等大臣，将他们逮进狱中。狄仁杰当然不肯束手就擒，想凭谋略逃出生天。受诬入狱之后，狄仁杰知道不能与来俊臣硬刚，于是采取拖延策略，立马认罪，从而被判处死刑。之后，狄仁杰让其子直接向皇上喊冤。武则天得知后，向来俊臣责问。与此同时，陆续还有其他人揭发来俊臣的罪行。武则天明白不能让来俊臣玩得太过火，就免去了狄仁杰等大臣的死罪。

来俊臣的最后败亡，应是命中注定。一方面，多行不义必自毙。来俊臣自身也相当之不干净，比较容易被人抓住把柄。他接受商人的贿赂，被御史纪履忠坐实并弹劾。来俊臣被捕入狱，论罪当死。但武后认为他对朝廷忠诚，且能继续发挥作用，就免其一死。后来，他又被召回，得以东山再起。来俊臣贪图美色，手段相当下作。段简的妻子王氏，长得很漂亮，来俊臣见后，强抢过来。王氏后来自杀。来俊臣又看上了段简美丽的小妾，于是派人告诉段简，吓得段简赶紧又把小老婆拱手相送。

此外，来俊臣还欺负自己手下的小兄弟。卫遂忠充当来俊臣的小跟班，但来俊臣对他也不太客气。一次在酒席上，两人争吵起来，来俊臣竟然将卫遂忠五花大绑，赶了出去。为此，卫遂忠心生间隙，准备伺机报复。因朝中大臣无人敢提出异议，来俊臣心生邪念，将自己比作石勒，幻想某一天也能一步登天。卫遂忠掌握了这一线索，向朝廷告发了来俊臣的谋反意图。

因为来俊臣无论做什么，武则天似乎都支持他，所以来俊臣产生了幻觉，认为除了圣上之外，其他人都是可以进行打击的目标。来俊臣多次指责几位武姓人士，还有太平公主、张昌宗等重量级人物，但未得到武则天的回应。等到来俊臣失势，武姓等人联合起来，共同陈述来俊臣的罪状。于是，来俊臣的末日到来了。他在西市被斩首，尸首很快被人分抢干净。所谓恨之入骨，大约就是这种情形。

到了元朝，这种转瞬兴衰又表现出另一种形式。元朝不缺军事人才，战无不胜、攻无不克都没啥稀罕。但是懂治理，特别是通晓经济的人才，确是极度缺乏。当然，这也可理解为经济型人才在当时很难脱颖而出，或是难以正常开展工作。政治要稳定，社会要发展，经济可是大事，怎么办？朝廷于是将希望寄托在一个又一个特殊人才身上。先是任用了回回人阿合马，但阿合马弄得民怨沸腾，结果他被王著设计给暗杀了。阿合马死后，朝廷大臣都不敢讨论财利方面之事，谁也没有意愿与本事去接这个烫手山芋。

　　特殊时势下总能出现特殊人才，一个名叫卢世荣的人知道机会来了。卢世荣宣扬自己能够理清钞法，增加税收，不仅可使国家富裕，而且不会损害老百姓利益。卢世荣夸下海口，也是有那么一点点底气的。卢世荣懂得用钱铺路，阿合马专政时，他就通过行贿获得江西榷茶运使的官职。后来，卢世荣犯了错误，将职位给弄丢了。因为曾经从事过经济工作，卢世荣确实有那么一些感悟与经验，所以拍拍胸脯、说说硬话，也没什么奇怪。但言者无心，听者有意。一位叫桑哥的人，非常真诚地相信了卢世荣的豪言壮语，主动向朝廷进行了推荐。元世祖听说后，就召见了卢世荣，同他面谈，听后感到非常满意。为了启用卢世荣，世祖专门为其在朝廷安排了一场辩论。卢世荣口才自然不错，再加上开空头支票总比实际工作要容易很多，结果他在舌战中获得大胜。世祖随即罢免了右丞相和礼霍孙等人，任命安童为右丞相，卢世荣为右丞。也就是说，本是平民百姓的卢世荣，凭着三寸不烂之舌获取了高位，直接分管全国的经济工作。后来，世祖为了支持卢世荣，也是煞费苦心。御史中丞崔彧认为卢世荣以火箭般速度升为右丞，似乎不是很合适。世祖听后很生气，逮捕崔彧进行审问，之后罢免了他的职务。

从后来卢世荣提出的改革实践来看，他对当时的经济弊端以及民间疾苦还是有所察觉的，一些措施的出发点也还是好的。譬如勒令权势之家拿出其私吞的税收，没收擅自开采的铁矿等，用于增加国库收入。其他还有一些措施，也拟用经济手段来解决现实中的问题。例如允许金银正常流通，实行盐、酒等重要物资的专管或专卖，通过合理税收增加政府与官员的收入，开展边境贸易来获取稀缺货物等。为了兑现诺言，卢世荣也是开足了马力。然而，在具体实施过程中，他发现情况要比预想的复杂得多：不同部门之间相互掣肘，执法人员素质参差不齐，豪强势力破坏抵制等。面对困局，卢世荣除了依赖世祖的支持外，并无太多更好的办法。卢世荣毕竟太嫩，缺乏政治手腕，不谙人情世故，很快四面受敌，势如危卵。对于右丞相安童，本属于必须团结的对象，卢世荣也觉得碍事，并向世祖打他的小报告。

没多久，卢世荣就走到了山穷水尽的窘境。监察御史陈天祥检举卢世荣，指出其所作所为带来的严重后果：钞法弊端愈来愈多；各种货物越来越贵；百姓担负的税收越发沉重。世祖感到了问题的严重性，决定不再信任卢世荣，并将其入狱。其实，从卢世荣大刀阔斧进行改革，至此才过去四个月而已。卢世荣坐了不到一年的牢，世祖突然想起了他。于是世祖问了一个叫忽剌出的下属，征求其对卢世荣的意见。忽剌出表示：事情早已完结，天天养着卢世荣，纯粹是浪费粮食。世祖听后就下定了决心，将卢世荣杀死，剁碎了喂野兽。

　　其实，从心理角度来说，卢世荣可能代表着元世祖内心某一种闪念或冲动。世祖特意让卢世荣去试验一下，然而效果并不如意。世祖的念想就淡化了，消逝了，于是一切烟消云散，就像什么都没发生过。卢世荣过了把瘾，然后死了。不过，江湖上留下了他的传说，聊可作为饭后茶余的谈资。

第六章

浮云散去见朗月

第一节　嫡长子制度：艰难的抉择

王位的传承历来是王朝兴衰荣辱的分水岭，也是权力更替中的核心问题。在中国漫长的历史过程中，嫡长子制度起到了重要的稳定器作用。由于它明确了权位由嫡长子接替，从而最大程度上确保了权力交接的平稳，并进一步促进了管理集团与社会阶层的稳定。嫡长子制度的优势显而易见，它极大地降低了内讧的可能性，将内耗下降到最低程度。尤其是当嫡长子制度慢慢演化为一种文化力量之后，它就占据了道德的制高点，无论是谁，包括最高统治者，要想撼动或者颠覆它都难之又难。当然也有许多强行否定它的历史案例，但随之而来的常常是动荡与混乱，较为极端的则带来了亡国换代，典型案例如秦二世亡秦，隋炀帝覆隋。

正因为人们对嫡长子制度的认识不断固化和神化，以至在特殊时期也会胶柱鼓瑟，导致它在一些时期弊端尽显，社会陷入停滞，或者出现大倒退。或许，对之进行一分为二的辩证客观剖析，才是当今应有的理性态度。

废嫡长子应该慎之又慎，因为这很容易导致灾难性后果。晋献公废太子引发长期动荡，这件事比较具有典型性，所以一再被后人提起。晋献公本来有八个儿子，太子申生德才俱佳，另外还有重耳、夷吾也很不错。如果时间平静流逝，那么申生继位应是顺理成章之事。然而那是一段波诡云谲的历史，最不缺乏的就是变化。晋献公攻伐骊戎时得到两位大美女，骊姬和她的妹妹。晋献公笑纳了这一对姐妹花，尤其是对骊姬宠爱得不得了。后来，骊姬生了个儿子，叫奚齐。骊姬的妹妹也给晋献公生了一个男孩，叫悼子。献公对骊姬的爱意与日俱增，逐渐萌生了废立长子申生而另立奚齐的想法。有了想法当然就会有行动，献公找个理由让三个儿子出外驻守重镇：太子申生去了曲沃，公子重耳去了蒲，公子夷吾去了屈。晋献公则带着爱妾骊姬，还有宝贝儿子奚齐，住在国都绛。明眼人一看这架势就明白了其中深意，太子申生要想接班可能悬了。

骊姬处心积虑玩起的"宫心计"，则大大加速了事情发展进程。晋献公对骊姬宠爱得无以复加，最后亮出了底牌：废掉太子申生，另立奚齐。谁知骊姬"深明大义"地进行了劝阻：大王您千万不能这么做，太子可是正儿八经公开册立的，更何况他立下许多军功，老百姓也很信服他；如果您一定要废嫡子而立庶子，我就死给您看！晋献公被感动得一塌糊涂，对骊姬更加宠爱和信任。

玩过"阳招"之后，骊姬立马使用"阴招"。她对太子说：国君梦见了你的生母，你得赶紧去祭祀母亲，并将供品送给国君。太子不敢怠慢，马上照做了，并送上祭祀物品。晋献公外出打猎了，于是上送的东西被留在宫里。骊姬派人往里面加了一点很特别的成分，也就是毒药。两天之后，晋献公打猎回来了，准备吃一些太子送来的食品。骊姬在一旁关切地说："东西是从很远的地方送来的，应该先让他人试一试。"不试不知道，试了吓一跳：
酒倒在地上后，地面居然隆起一个小尖；给狗吃上一块，狗命就
没了；再拿小臣来试验一下，臣子也旋即倒毙。骊姬见状，立
刻流着眼泪向献公做了详细解释：您虽年事已高，但太子等不及
了，选择此等卑劣手段；他之所以这么干，是担心我和奚齐会威
胁他的位子，我看我们母子最好是逃亡他国或者干脆自杀；当初
您想要废除他，我是坚决不同意，如今我知道是自己看走了眼。

　　晋献公听罢，勃然大怒，马上要找太子算账。但没能抓住太
子，因为他听见消息后逃走了，于是晋献公杀了太子的师傅杜原
款。申生确实是个厚道人，面对从天而降的"莫须有"罪名，他
竟然压根儿就没有进行申诉。有人劝说他：是骊姬放的毒药，不
关您啥事啊，干吗不去申明呢？申生回答：父君已老，没有骊姬
就会睡不安、吃不香；本人若挑明此事，他老人家会因此而发
怒。看到申生甘愿背黑锅，旁人就劝他逃到国外去。申生非常无
奈地表示：本人蒙此恶名，又有谁愿意接纳我呢？申生觉得所有
的窗口都向他关闭了，于是选择自杀。

　　随着太子死去，骊姬首战告捷。可是太子后面还有人啊，重
耳、夷吾可不是吃素的。骊姬乘胜追击，她向献公吹枕边风：申
生给供品下毒，这事重耳和夷吾也知道，但他们就是不说！二位
公子本想向父皇表明与此事无关，但听到骊姬传播的流言后，吓
得拔腿就逃回驻地。晋献公也是老糊涂了，认为两位公子与太子
串通一气来害自己，就派兵去抓捕他们。宦官勃鞮去了蒲地传达
君命，要求重耳马上自杀。可是重耳不干，直接翻墙逃跑。勃鞮
追上去，象征性地将重耳的衣袖斩下一块，就回去复命去了。军

队攻打屈地，怎么也攻不下来，所以也没法抓到夷吾。

　　日子一天天过去，事情陷入了僵局。可是晋献公等不及了，他快要向世界告别了。献公找了个可靠的大臣，名叫荀息，将宝贝儿子奚齐托付给他，不久就撒手尘寰。献公没有看走眼，荀息确实很靠谱，准备立奚齐为国君，可其他大臣如里克、邳郑不同意。里克做事不拖泥带水，在晋献公棺材前直接将奚齐杀死。荀息还是坚持履行自己对献公的承诺，又立奚齐的弟弟悼子为君。里克也迅速跟进，在朝廷上干净利落地将悼子击毙。荀息斗不过他们，只好自杀。至此，骊姬精心设置的美梦彻底破碎了，像是刻意吹成的一个巨大的斑斓的肥皂泡，被现实之剑轻轻一点，立马就炸掉了。此后，晋国陷入长时间的动乱之中。直至重耳即位，成为晋文公，晋国才得以重振河山。

　　晋献公废嫡长子，常被当作反面案例，在后世多次被提起，阻止了很多皇帝不够理性的想法。当然，凡事都不可绝对化，也不能将嫡长子制度视为铁律。唐高祖李渊舍弃功勋卓著的二儿子李世民，维护李建成的太子地位，结果酿成了玄武门之变的惨剧。

　　李渊能够当上大唐的开国皇帝，很大部分功劳要归给家里的老二秦王李世民。登基之后，李渊还是按照常规进行操作，立嫡长子李建成为太子。千年流传下来的老传统嘛，必须遵循。李建成自身能力并不差，性情较为平和，也立下过一些战功，重点是他是大儿子，所以被立为太子也在情理之中。但他心里一直颇为不安，总觉得自己的位子不太稳固。原因很明显，就是二弟李世民太强了，完全将自己比下去了。怎么办呢？他必须得增强自身，削弱对方。李建成拉上三弟齐王李元吉，合伙对付李世民。

但即使是二比一，还是斗不过。李建成于是再进一步，准备将老父皇也拉过来。李建成将目标瞄准了年轻的庶母们，也就是唐高祖身边的一群妃嫔。面对太子的主动示好，尹德妃、张婕妤等求之不得，因为她们也得为自己将来找靠山。双方一拍即合，关系越处越好，甚至到了暧昧的程度。而李世民对这些庶母感到厌恶，当然不会降低身份去迎合讨好。于是，太子、李元吉与一群庶母结成同盟，不断攻击和诋毁李世民。唐高祖本来高度信任和依靠老二，但负面之词听多了，难免会有"投杼之惑"，逐渐对李世民不满起来。

　　小冲突不断积累，终于出现了一个小高潮。高祖带着儿子们出城南打猎，兴致很高，便让他们比试一下骑马射箭之术。太子提前作了准备，牵出一匹西域烈马，交给李世民，说："二弟你骑术高超，你来试试吧。"李世民策马逐鹿，技压群雄。不料烈马旧病又犯，蹶蹄掀鞍，接连三次，都被秦王躲闪过去。李世民明白了太子的诡计，对身边人说："太子想要我的命，但生死天定，耍手段又有何用！"谁知李建成偷听到此话，他通过庶母去高祖那里打小报告，篡改秦王的原话说："秦王在夸海口，说他的天命是做天下主宰，是不会随便死的！"高祖心里自然不快，便召来李建成、李元吉进行对质。两人异口同声进行肯定，再添枝加叶描述了一番。李渊立即喊秦王过来面训，劈头盖脸地一顿呵斥。李世民被骂蒙了，赶快脱帽谢罪，并希望就此事进行严查，给出一个公平合理的说法。但此事很快不了了之，因为突厥军队打过来了，高祖召来秦王，好生安慰，并摆酒叙情，要求他带兵出战。

　　眼看小打小闹是没法打倒秦王了，太子索性使出了狠招。他宴请二弟，趁机偷偷地上了一杯毒酒。秦王不知情，一口干掉了，效果自然特别明显：心如刀绞，还一口接一口地吐血。大约是李世民命不该绝，也可能是他的身体健壮，抵抗力特强，后来吃了解毒药，竟然缓过来了。高祖探视老二之后，心里也明白了七八分，但手心手背都是肉，一时也难以作出取舍。高祖要求太子今后不准在夜里请秦王喝酒。他想让秦王去洛阳行宫，免得兄弟肉骨相残。而太子担心秦王一去，犹如放虎归山，将来更加不好对付，就让人进谗言，结果事情再次搁置了。

　　既然谁也没有办法扭转趋势，那么最后的决战早晚都会到来。突厥人再次南侵，点燃了皇位争夺最后一战的导火索。为了削弱秦王的影响力，太子推荐同党齐王李元吉督军迎战。齐王则借机挖秦王的墙脚，要求将秦王府中一批名将如尉迟恭、秦叔宝、程咬金等都调到自己军中来。高祖认为建议合理，同意施行。太子与李元吉合谋，在出征宴会上，提前布置好刀斧手，杀死秦王。李世民当然不缺眼线，得知太子阴谋后他决定摊牌，新账旧账一块儿算。他向父皇密报了李建成与李元吉的罪恶行径，也讲了他们与庶母们厮混的不齿行为，高祖听后火冒三丈。秦王非常诚恳地向父亲表明了心迹：不希望兄弟反目，可他们二人以死相逼，似乎在帮您的死对头王世充、窦建德报仇呢。高祖一听，就明白了老二的意思：他的主要对手王世充与窦建德，都是李世民给荡平的，因此不能委屈了这个功高盖世的儿子。高祖表示第二天就审问此事，并让秦王早点上朝。

　　公元 626 年六月初四，"玄武门之变"上演。高祖准备审问太子，将事情搞清楚，防止进一步激化。秦王显然不那么想，他要将悬而未决之事做个了断。他预先安排武士在玄武门埋伏，然后上朝。太子这边也得知了消息，马上命令东宫将士冯吉、薛万彻等人率领二千精兵赶往玄武门。之后，李建成与李元吉入朝打探消息。两人到了临湖殿，隐隐感觉不妙，立刻回马逃走。秦王这时已从后面追来，说父皇在等你们入殿。齐王硬着头皮调转马头，准备射杀李世民。没奈何心里发虚，接连三次都没法拉满弓弦，箭也就射不出去。秦王可是久经沙场的老手，见过太多的大场面，他可不含糊，一支硬箭当场结果了太子。齐王当然也逃不了，被赶过来助战的大将尉迟恭射死。

唐高祖李渊算不上糊涂，但也不是特别圣明之主，因为从很大程度上讲，他的皇位也是依靠家里的老二才获取的，怎么能够因为他不是长子就不立其为太子呢？"玄武门之变"，高祖自身要负比较大的责任。事变发生之后，高祖李渊虽然惊愕不已，但也无可奈何，只得立李世民为太子，随后主动让位，辉煌的"贞观之治"由此拉开序幕。

大致来说，嫡长子制度在历史上做出了很大贡献：确保权力正常更替，维护社会平稳运行，稳定上下内外的思想。嫡长子继位有其合理性，对之不可进行简单的否定。时至今日，嫡长子制度仍在或隐或显地产生着影响，长兄如父的观念依然存在，并起着特定的文化作用。当然，时代在进步，观念在发展，我们不可抱残守缺，食古不化。尤其是在嬗进更替、推陈出新之际，天命注定或论资排辈的想法必须彻底去除掉。总而言之，人岗匹配是最为理想的。倘是嫡长子且能力最强，则其自然为最佳继位人选。

第二节　门户之争：人才的屠杀场

《史记·晋世家》对祁傒公正无私、从不拉帮结派的行为给予了高度评价："祁傒可谓不党矣！外举不隐仇，内举不隐子。"祁傒破除门户之见，只要符合工作岗位实际需要，不管是自己的仇人还是自家的儿子，都大胆推荐，而且被引荐之人在任职后都做得非常出色，得到老百姓一致称赞。颇为遗憾的是，以春秋战国时期以祁傒为典型代表的光明磊落行为，并没有以"星星之火"形成"燎原之势"。相反，个人私欲一直与历史进程相互纠缠，比较极端的情形就是"朋党之争"。朋党之争的核心是站队问题：不同利益相关者形成不同派别，相互之间水火不容；如果你要参与利益分配，就必须主动或被动地选择站队；站对了就有可能分得一杯羹，站错了那就相当悲惨了。

历史上比较有名的朋党之争案例不少，如唐朝的"牛李之争"，宋朝的变法派与保守派之争。我们以唐朝"牛李之争"为例，来了解一下党争是怎样形成的。到了唐后期，皇帝的统治力逐渐式微，慢慢失去了对群臣以及藩镇的强有力把控。一般来说，组织的势力总会以某种形式达到均衡，否则组织架构就崩溃了。皇帝统领力量强大，群臣就会听从指挥；皇帝软弱无能或是无法掌控实权，群臣就会抢占权力，分裂成为不同的利益团体相互抗衡。唐朝后期就是这样，权力重心下移，朝臣分为"牛党"与"李党"两大派别。"牛党"以李宗闵、牛僧孺为首领，他们都是寒窗苦读、进士及第出身，依靠聪明才智向上升迁；"李党"以郑覃、李德裕为首领，他们非科场出身，而是含着"金钥匙"出生的"官二代"，依靠祖上荫德爬上显赫要位。各党依靠"集体力量"作战，各有占优时期，如"牛党"中的令狐楚、令狐绹父子先后当过宰相，"李党"中的郑珣、郑覃父子，李吉甫、李德裕父子也都先后任宰相之职。

当然，一党得势之日往往就是另一党失意之时。而且，两党竞争往往无所不用其极。一党起来了，就拼命起用本党中人，有时连阿猫阿狗都能博得一官半职。而另一党就倒霉了，哪怕你有绝顶才华，别说得到重用，能保住吃饭的家伙就该感到知足了。当然，两党之间也保持了一定的开放度，"牛党"有时也接纳一些"官二代"，"李党"偶尔也向少数读书人开放。此外，党内也有相互斗争，如读书人之间，成绩差的羡慕成绩好的，落榜的仇视高中的。唐末的李振更是读书人中的奇葩，他一考再考，就是考不上，因此对及第进士者既羡慕又嫉恨。李振找不到出路，一不做，二不休，投靠了朱全忠去做谋士，直接把唐朝给灭了。某些人在得势之后，真面目往往会暴露无遗。李振也是露出了全副小人嘴脸，他教唆朱全忠杀掉朝官三十余位，当中大部分为进士出身，杀了还不解恨，又将他们的尸首投入黄河。

很显然，朋党之争是某些特殊历史时期出现的非正常的集团利益争斗。如果不幸出生在这样的年代，那该怎么办？我们来看看当事人的真实遭遇。晚唐的大诗人李商隐就是生活在"牛李之争"的历史时期，他的一生也自然而然与朋党之争紧密联系。李商隐的才情与生俱来，而且超凡脱俗。当时盛行今体文（四六文），如果想要做官就必须学好今体文。但李商隐与众不同，他喜欢古文，且以古文写作，十六岁时写成《圣论》《才论》两篇古文，名声很快传播开来。倘若以事后诸葛亮的角度来考察，李商隐一生的悲情命运早已埋下伏笔。党争酷烈时期需要的是顺从和拥护，再加上较好的运气，一个人差不多可以借助党派荫护度过一生，甚至从中捞到或多或少的好处。李商隐多少有些恃才傲物，我行我素，那就很难被本来就不再大气的晚唐所容纳了。

李商隐早年成名，自然引起了权贵们的关注。天平军节度使令狐楚收下了李商隐，让他陪同自己儿子令狐绹一块学习。令狐楚曾任唐宪宗宰相，属于"牛党"中人，如此一来，李商隐自然成为"牛党"一员。其实，李商隐在这段时间的进步还是很大的：一方面在令狐楚的指点下很快掌握了做章奏的诀窍。要知道，在当时，章奏做得好，甚至有可能当上宰相；另一方面，他在科举场上也取得了实质性进展，在令狐绹的力荐之下，李商隐在 24 岁那年就实现了进士及第。但是好景不长，在李商隐进士及第那年，他的庇护人令狐楚死去了。那么问题来了，李商隐该继续守在"牛党"以待机会呢，还是另找靠山以便一展才华、不负平生？在人生命运十字路口，李商隐是如何思考的，后人已不得而知。令狐楚死后的第二年，李商隐投奔了节度使王茂元，并成为其女婿。娶妻、投靠老丈人，当然是再正常不过的行为，但在当时却出现了很大问题，原因就在于，王茂元属于"李党"。那么李商隐此举等同于从"牛党"转投"李党"，令狐楚之子令狐绹认定李商隐就是叛徒，恨得牙根痒痒。

可能李商隐并没有将党派看得那么重要，而是认为自己有才华，到哪里都可以混得有模有样。在老丈人王茂元的提携下，李商隐开启了仕途新生涯，当上了秘书省校书郎。级别不高，属于正九品，但职位很重要，好好干下去，前景会相当不错。在李商隐当上校书郎当年，王茂元被调往都城，担任了一个无关紧要的官职。王茂元没了节度使的位子，失去了往日的影响力，李商隐也跟着走下坡路，职位由正九品降为从九品。再往后，王茂元峰回路转，又当上了忠武军节度使。李商隐跟着又上了台阶，任秘书省正字。然而，好景不长，王茂元撒手人寰走了，"李党"的领头人物李德裕也死了，"李党"一下子跌落到谷底。李商隐再也没有大树可以乘凉，只有靠自己单打独斗了。此时，他发现原来认为可以依仗的个人才华并没有发挥作用的舞台，自己的过人之处在于做奏章，用今天的话来说就是材料写得好，但是没有领导聘请你，你给谁写去？李商隐开始感到问题的严重性。

　　更为不妙的是，"牛党"又得势了，而且代表人物不是别人，正是李商隐的少年同学令狐绹。公元850年，令狐绹出任宰相。官位虽然上去了，但令狐绹的器量没有变大，只想找个机会逮住李商隐进行残忍报复。此时李商隐已经37岁了，在宦海边缘飘来飘去，还是一名小小的县尉。李商隐认清了形势，没有上层庇护自己什么都不是，年轻时所看重的个人才华只不过是虚幻的海市蜃楼。他低下了高贵的头颅，转而想方设法去接近令狐绹，求他看在多年同学情谊的份上，放他一马，给条出路。令狐绹终于等到这一天，他百般打压、肆意羞辱李商隐，以吐心中恶气，并从中获得残忍的快感。李商隐能做什么呢？白天到处受气，晚上顾影自怜，悲从中来，于是写下一首又一首凄美委婉、意境丰富的诗歌。第二天醒来，继续去哀求令狐绹。过了两年，估计是令狐绹觉得打压得差不多了，便给李商隐谋了个正六品的太学博士。在朋党倾轧中，李商隐不可能再有仕途上的发展。几年之后，李商隐在郁郁不得志中穷困死去，年仅 46 岁，晚唐最为闪亮的一颗诗歌巨星就此陨落。

诗人已逝，留给后世的思考却不应停止。在充斥着朋党之争的不正常朝代，个人根本无力把控自己的命运。如果只是一介平民，本本分分地干点苦活，在他人手下讨点生活，凭着忍耐和麻木或许还可以顽强存活下去。而那些才识之士，尤其是像李商隐这样卓尔不群的旷世文才，敢于坚持自己想法，偶尔还会我行我素，那就基本上注定了他的悲剧命运。党争之中，个人的立场和态度远胜于德行与才华，党派首领要求他人必须无条件服从和忠实跟随，无论是善举抑或恶行，都要唯其马首是瞻。如果有人不愿遵守潜规则，那么就会被挡在游戏圈外。而若有人敢从一个阵营改投另一阵营，那么必将被视为叛徒而遭到狂风暴雨般的打击。党争胜出者山呼海啸般的庆祝声，掩盖了被侮辱与被损害者痛苦不堪的不绝哀号。

《庄子·大宗师》有云："相濡以沫，不如相忘于江湖。"朋党之争其实没有赢家，当中之人犹如处于即将干涸的浅水洼中的一群鱼儿，互相吐着湿气滋润着对方，又用唾液沾湿彼此的身体，那也只是苟延残喘。我们何不携起手来，共同营造风清气正的组织环境呢？我们应该让每个人都心情舒畅，人才可以自由流动，依靠自己的才华去争取相应的表演舞台；我们要清除朋党，打扫干净人才屠杀场的血迹，让我们以及后代在整洁干净的道路上行走，一直奔向幸福的未来。

第三节　唯才是举：实用主义的凌厉与悲悯

东汉末年，群雄逐鹿，各方势力都想壮大自己，削弱对方，因此在人才高地上进行了激烈争夺。乱世之际，道德沦丧，人心不古，因此在选人用人方面只强调"才"，要求立马解决问题，"德"则置于次要地位乃至隐而不见，或者像曹操这样干脆只字不提。曹操为了网罗人才，旗帜鲜明地提出了"唯才是举"的口号。特定时代会诞生出特定的人才观，也具有特定的历史合理性，不能简单地用对或错去衡量。境过时迁，再次回望历史，我们还是可以感受到其中的辛酸与无奈。

自中华文化逐渐形成以来，主流观念还是倾向于选用"德才兼备"之人，还要突出"以德为先"。倘若社会陷入混乱，亟须有人挺身而出，解决当时最为紧急事务之时，那么"德才兼备"的标准是不是可以打个对折，直接降至"唯才是举"呢？从以往历史事例来看，很多时候，人们自觉不自觉地选择了降格以求。历史证明，乱世枭雄甚至是卑劣之士在非常时期运用非常手段，确实能够起到破局作用，暂时摆平一些棘手之事，但同时也会引发许多新的问题，有时甚至比原来问题还要严重。当然，事实证明，道德标准不太好衡量，而才能则比较容易判别高下，因此，不管是过去还是现在，抑或是将来，"唯才是举"的主张都会有市场。与此同时，道德因素哪怕是被忽视与被遮蔽，它仍会顽强律动，让后人深思和感叹。

让我们来看两则"唯才是举"的真实故事。

战国时，田单在齐国得到重用完全是因为他非同寻常的才能。田单虽然与齐国王室同宗同源，但属于远支，因此攀附关系一时半会还轮不到他。到了齐湣王当政时，田单依然不显山不露水，在都城临淄做了个小官，管理街市贸易与治安之类的杂务。田单不用承担太多责任，因此也有时间潜心学习，他好读兵法，在军事领域达到了很高的造诣。是金子总会发光，这句话用在田单身上非常合适。田单白天在街市上走走，晚上就认真读书，漫无边际地想些军事问题，日子倒也过得惬意。没想到平静的局面突然被打破了，燕将乐毅率领军队大败齐军主力，很快就要打到临淄来了。田单一看阵势不对，像其他齐国人一样赶紧卷起东西逃跑，到了附近的小城安平。虽然到了安平，但实际上还是"安平"不了，因为乐毅大军占领临淄之后，马上又向安平进攻，田单只得再次踏上逃亡之路。同样是逃跑，田单还是跑得与其他人不太一样，熟读兵书这时开始发挥作用了。田单提前让族人将露在车轮之外的车轴锯掉，同时在车轮外面再包上一层铁皮。为什么要这么做呢？答案很快揭晓了。由于大家争先恐后外逃，狭窄的道路上一下子拥挤不堪，谁也不肯礼让，于是车辆互相碰撞。问题就来了，车轴过长当然就容易与其他车辆撞击，没多久车辆就坏了，再想搭便车也不可能，于是只有乖乖地等着去当燕军的俘虏。田单一行人就神气了，车辆不容易与他人相撞，偶尔撞上了也因为车轮包了铁皮，不会轻易散架，结果只有田单同他的族人安然无恙地逃到了即墨。到了即墨，田单也没别的想法，只求在乱世中保住性命。没过多久，形势又发生重大改变了。乐毅大军势如破竹，占领了齐国大部分城池，只剩下莒、即墨两城尚未攻破。齐湣王被杀，其子齐襄王在莒死守，乐毅久攻不下，转而进攻即墨。一看乐毅军队来到，即墨守将倒不害怕，率军出城大战一场，结果毫无悬念地战败了，将领被杀。即墨面临着群龙无首的尴尬局面。怎么办呢？大家你看我，我看你，突然发现人群之中有个人虽不太显眼，但还是比其他人高明那么一点点，那就是田单。你看他逃跑逃得多漂亮，族人一人未少地到了即墨！于是大家推荐他担任即墨的守将，田单看到展示自己才华的机会到了，也欣然受命。后面的故事就不多说了，田单团结军民，使用离间计挤走乐毅，用计激发守军的仇恨与斗志，主动示弱让燕军放松警惕，最后用火牛阵冲垮敌军。田单复国的历史，不需要太多的虚构内容，就可以写成一出精彩离奇的电视剧。

即墨人在崩溃的边缘，本着一种"死马当作活马医"的尝试心理，将田单推向领导位置，没想到挑选到了真正的人才，将即将灭亡的齐国硬生生地拉回到了正轨。田单由此铸就一段传奇，成为扭转乾坤的英雄人物。

另一则故事的主角是战国时期的吴起。群雄争霸，都急于启用才智之士，至于人品如何，则不过分纠缠。吴起同上文的田单一样，才能杰出，但吴起功名之心特别强烈，达到了不管不顾的地步，在品行方面存在着比较明显的缺陷。吴起先后得到鲁国、魏国与楚国的任用，又被它们相继抛弃，最后落得个身死名败的悲惨结局。

吴起本是卫国人，家里很有钱，他也乐得逍遥自在，整天拿着兵器玩来玩去，本国玩腻了就跑到他国去。同乡见到这么个浪荡子，就或明或暗地笑话他。不料吴起还是个小心眼，听到那些不顺耳的话之后，心里极度不爽。他睚眦必报，操起家伙竟然

　　将嘲笑他的人给干掉了，而且一下子足足杀了三十多人。活儿干完之后，吴起一不做，二不休，将胳膊上一块肉硬生生地咬了下来，告别母亲并发誓：倘若当不上大官，就绝不回家！

　　得益于当时监控系统尚未出现以及"国际引渡"不健全，吴起这个背负三十多条人命的杀人犯一溜烟逃到鲁国，跟着孔子的得意门生曾参学习儒术来了。吴起做事还真有股狠劲，读书也相当卖命，学习成绩也是比较光鲜。尽管是优等生，吴起后来还是被曾参扫地出门了。原因何在呢？因为吴起与曾参的"三观"不合。吴起得知母亲去世，本想回家奔丧，后又想起临别时对母亲的誓言，觉得自己这样回去很没面子，于是仰天长啸，一连三次，之后就抹干眼泪继续读书去了。曾参得知此事后，很不高兴，觉得吴起的做法与自己所倡导的孝道背道而驰，认为他是个卑劣之人，于是将他赶了出去。吴起出了曾门，觉得儒术的实际作用还不如兵法，于是改行研究军事去了。经过三年苦读，吴起终于学有所成。

　　作为军事理论家的吴起，不久就迎来了人生第一次契机。鲁国面临齐国的进攻，需要有人去带兵迎敌，鲁国国君准备任用吴起为大将。奈何吴起的妻子是齐国人，他的老丈人乃齐国大夫田居，难道让吴起去攻打妻子家族所在的国家？正在为难之时，吴起带着信物来表决心了，鲁国国君抬头一看，正是吴起妻子的头颅！真是个狠角色！鲁国国君吓得面无人色，赶紧任命吴起为鲁军统帅。吴起以"人挡杀人，佛挡杀佛"的残忍决心，换来了职业生涯的云开日出。

　　事实证明，吴起不仅懂得军事理论，而且擅长实际作战。尤其要指出的是，吴起在治兵时善于收服人心。虽然身为统帅，但吴起一点官架子都没有，他睡觉时不铺垫褥，行军中不乘车骑马，与最下等的士兵打成一片，同他们一样吃穿，而且亲自背粮食，对士卒关爱备至。《史记·孙子吴起列传》记载，一个士兵生了毒疮，吴起直接用嘴去给他吸脓！士兵的老妈听后，号啕大哭。人问其故，她说：当年孩子他爸也有这么一出，吴将军替他吸完毒疮之后，他就拼命往前冲，结果死在敌人手里；现在吴将军又来这一手，我儿子不知哪天又会死在哪里啊！虽然老妈们心疼不已，但青年士兵们才不管那么多，身受吴将军之恩，都愿意为之出生入死。如此一来，吴起的军队就很有战斗力，获胜成为常态。吴起率军打败齐军，开始了自己辉煌的军事生涯。然而吴起背负的骂名，如杀人犯、不孝子等，始终是个隐患。鲁国国君听到许多关于吴起的负面之词，终于抵挡不住，将吴起辞退了。

之后，吴起去投奔魏国的魏文侯。听说吴起来投，魏文侯向大夫李悝了解吴起的为人，李悝回答得很实在、很辩证：吴起这个人嘛，既贪财，又好色，但是打仗确实厉害，哪怕是司马穰苴（春秋时齐国名将）也比不上他。魏文侯微微一笑，马上接纳了吴起。由此不难看出，战国时期重才轻德乃通行做法。吴起在魏国创造了更大的军事辉煌，他率军屡败秦国，曾经以五万军队打败五十万秦军。他占领了秦国的全部河西地区，并任西河郡守长达二十九年。在吴起的大力支持下，魏国在战国初期发展成为第一强国。然而，魏文侯死后，吴起再次遭到魏国大臣的排挤。

吴起的最后一站是楚国。楚悼王用人的力度更大，直接任命吴起为楚相。吴起在楚国实行变法，裁汰冗官，奖励士卒，对外用兵，楚国盛极一时。吴起的偏激做法，损害了许多贵族的利益，他们对吴起恨之入骨。楚悼王一死，楚国反对变法的贵族迫不及待地要射杀吴起。情急之下，吴起想借用楚悼王来作一下挡箭牌，就趴到已经冰冷的悼王身体上。楚法规定，侮辱楚王尸体者将灭三族。可那些贵族应该是积愤太深太久，竟然不管不顾，操起弓箭对着吴起与楚悼王一阵乱射。于是，才华横溢的吴起结束了他备受争论的一生，顺手牵上七十多个楚族贵族被灭族。

从上述两则历史人物案例可以看出，"唯才是举"思想的产生有其特殊的时代背景。有些时候，可以解决问题，并创造出一片崭新的天地。有时也会存在或多或少的隐患，时候一到就会引爆更大的问题，并且难以消除。当然，还有许许多多极端的案例，"唯才是举"演变为饮鸩止渴，甚至是引狼入室，结局无一例外都是变得无法收拾。

第四节　门生故旧：用其当用及私不损公

选人用人需不需要避嫌？对此，不同的人会有不同的回答。在位者如果一心为公，那么不必有过多顾虑，做到"对事不对人"就可以了。但绝大多数人会觉得很难自证清白，还是小心谨慎一些为好，于是在选用自己的门生故旧之时，会慎之又慎。而某些极端者，为了表明自身"至清至纯"，一概不用与己沾亲带故之人。回顾历史，我们也很难找到"标准答案"。当然，纷繁复杂的过往人事也在或隐或显地昭示着某种理念倾向，引导后来者正确思考和处理这一敏感问题。

尧舜时代，人们相当质朴，竭力推举贤德之人。尧很贤能，却生了个逆子丹朱，他就将位子禅让给了舜。而舜又重复了上一代的不幸，也有个不肖之子商均，于是他学习尧的做法，让位于禹。从尧与舜的行为来看，他们应该是大公无私的，识人用人的眼光也是没有问题的。我们可以设想一下，尧与舜的下一代如果德才兼备，他们会作怎样的处理？

后世之人继续进行思考和摸索，并且表明了观点。《论语·子路》提出："举尔所知。尔所不知，人其舍诸？"孔子非常强调个人主体性，认为首先自身要有公心，推选自己所知道的才德之士。如果每个人都能以国家和大局为重，那么天下就不会有被埋没的贤才。韩非子谈得更为具体，说得也更加直接，《韩非子·外储说》强调："外举不避仇，内举不避子。"春秋战国时期，各个国家都正值用人之际，亟须人才来增强自身实力，从而取得竞争优势。韩非子提出上述观点，应该是比较好理解的。

晋国的祁奚则用实际行动向世人宣示了自己的立场，祁奚也因此成为后世公正无私的形象代言人。《史记·晋世家》记载，晋悼公向群臣询问有没有能力突出的人才，祁奚推荐了解狐。知情之人都清楚，解狐与祁奚有仇，而祁奚并不计较个人恩怨，认为解狐确实有能力，从而真诚地推荐他。而解狐也不负众望，政绩突出，正如祁奚所力挺的那样。后来，晋悼公又要征召有才能之士，祁奚这回将自己的儿子祁午报了上去。晋悼公也是从谏如流，任用了祁午。当然，祁午也不是依靠祖荫来谋官之人，他在职位上干得有声有色，得到百姓的交口称赞。祁奚光明磊落，成为"不结私党"的廉吏典范。

　　至于居于最高王位的当权者，但凡英明求治者都会比较迫切提携自己认可的人才，并且希望得到各种类型的贤能。皇帝自身也认识和了解一定数量的贤能，也会通过各种办法去招揽。当然，能够得到皇上青睐，对于一般人而言那是莫大的荣幸，自然会应招而至。不过，凡事皆有例外，也会有些名士不愿出仕，汉朝的严光（严子陵）就比较典型。

　　刘秀当上皇帝（光武帝）之后，也是求贤若渴。他想起自己年轻时的同学兼好友严子陵，他一直仰慕这位仁兄，觉得其性格高洁且富有才华。如今百废待兴，像严子陵这样的人才可不能埋没了啊。可是上哪儿去找呢？光武帝确是有心人，他让人画了严子陵的像并在各处张贴，要求各地想办法访求此人。念念不忘，必有回响。几年后，有人报告说齐地有个披着羊皮钓鱼的隐士，很像严子陵。光武帝立即派人去请，并亲自备下书信，诚邀老同学来洛阳一聚。一连请了三次，终于将严子陵请到了洛阳。光武帝派了三公之一的侯霸去接待严子陵，当然算得上高规格了。谁知严子陵看到老熟人侯霸之后，心里相当不快。原来侯霸是个官迷：王莽招人之际，他就投奔了新朝；刘秀夺取了天下后，他摇身一变成为东汉重臣。严子陵让人回了侯霸两句话：怀仁辅义天下悦，阿谀顺旨要领绝。意思是说：以仁义之心去辅助君主，天下都会高兴；只会拍马屁，察言观色，可能会身首异处啊。侯霸听后大为恼怒，就想方设法将严子陵早点打发走。

　　严子陵见到侯霸这种人物身居要职，觉得自己很难在朝廷待下去，于是打定主意不去蹚这趟浑水。严子陵只是在旅店里呼呼大睡，什么表示也没有。光武帝知道老同学的臭脾气又犯了，便亲自过来探望，皇帝进到房间，严子陵却不肯睁眼。皇帝轻抚他说：子陵兄啊，你为啥不肯出来帮我一把呢？严子陵这时才睁开眼睛回话："以前唐尧得天下，德名远播；巢父、许由这些隐士听说让其做官，赶紧去冲洗耳朵；读书人本各有志，您又何必苦苦相逼呢？"光武帝听后，直摇头叹息，坐车回宫了。

但既然老同学来了，总得招待一番，叙叙旧情吧。光武帝又将严子陵请到宫中，谈论往事，甚为投机。晚上皇帝请老同学同榻而眠，严子陵毫不介意，熟睡之后将脚搁在皇帝的肚皮上。侯霸得知此事后，第二天让史官上奏，说昨晚客星犯帝座。光武帝听后，哈哈一笑，说我与老同学一起睡了一觉，能有什么事！皇帝还想强留严子陵担任谏议大夫，认定他是非常合适的人选。而严子陵看到官场险恶，最后还是不辞而别了。后来，光武帝再次征召，而严子陵依然选择了婉拒，坚定地在富春江畔终老一生。光武帝虽然没能得到老同学的直接帮助，但他宽而容人的气度与做法，也给后人留下了极佳示范。

如果本着一颗公心，推举与选用工作无论如何还是会在正确的轨道上运行，尽管也不能确保结果一定会完满。而一旦将喜好、怨愤等个人私情掺杂进去，就很容易变味。倘若与门生故旧的关系处理不当，往往会给组织与自身带来负面影响。

陈胜有揭竿而起的勇气，却缺少宽宏容人的大气，最终惨遭身边之人的毒手。陈胜，给人的第一印象是位重情重义之人。他年轻时当雇工替人耕田，在田埂上久久站立，怅然若失，对同耕之人许诺"苟富贵，无相忘"。大家伙虽不太理解陈胜为什么要说这么一句不着边际的话，但还是把它牢牢记住了。有奇言者往往往会有奇行，陈胜竟然真的做出了一件惊天动地的大事，那就是带头起事反对秦朝暴政。

举事进展顺利，陈胜建立了"张楚"政权，自己也摇身一变成为"陈王"。居住在皇宫之中，陈胜不由得想起以前给人耕种的日子，心里颇有感慨。而那些伙伴们记住了陈胜的许诺，决定找他分享"富贵"。一位胆子比较大的伙计，直接到王宫去敲门，大声嚷嚷要见陈胜。守卫见状，马上呵斥。那伙计也不怯场，多次诉说自己与陈王关系如何如何，守卫最后也没把他怎么样，却不肯替他进行通报。伙计没有办法，只得怀着一肚子气离开了。他自然不甘心，在宫门外转悠等待机会。终于，陈王驾车外出了。伙计赶紧拦路，高呼"陈胜"。陈王伸头一看，原来是以前同耕的伙伴过来了，于是招呼他上车，一同返回宫里。进入宫殿后，老伙计简直是目瞪口呆：房舍如此富丽堂皇，帷幔这么连绵不绝！他由衷地对陈胜赞不绝口。

陈胜对待旧日兄弟也算是尽心尽力，热情接待，亲密叙旧。乡下人当然不太了解宫廷之中的种种规矩，只是照着自己的本性随意进出，高声喧哗，完全不把自己当外人。陈胜看在以前的情分上，也不计较，心里虽有感到不快，但还是刻意加以掩饰，敷衍着说笑一些客套话。后来，找上门来的伙计越来越多，而且这些人越说越热闹，将陈王以前耕田种地的陈年旧事口无遮拦地往外说，弄得陈胜脸上颇有些挂不住了。

掌礼官提醒陈王：您这些老伙计不懂规矩，没大没小，这样下去会损害您的威严啊，您今后如何主持天下？陈胜认为在理，便嘱咐门卫不再让那些人进来了。一位老兄不识趣，被挡在门外之后竟然骂起脏话来：姓陈的，有什么了不起，当初就是个土包子！陈王听后大怒，让人将他拉出城外，直接砍了。

陈胜的霹雳手段立竿见影，后来再也没有昔日旧友前来打扰了，宫廷也不再吵吵闹闹。但与此同时，陈胜也变成了孤家寡人。第二年，陈胜驻扎城父县。当他在深夜熟睡之际，被自己的车夫庄贾割掉了脑袋。没有旧友帮衬，哪怕是一世英雄也很难保住性命啊。

如此看来，如何对待与选用门生故旧还真不是一件简单的事。关键在于能否端正自身，怀有一颗公心，同时也要把握分寸，守住底线。人不同于草木，因为人有感情，而情要与法、与理相契合。若能达到情、理、法的内在统一，就知道如何在门生故旧上进行取舍了。

第五节　选人用人二重奏：坚定与摇摆

南宋诗人戴复古写过一首《寄兴》，其中所述用人之道非常到位：

> 黄金无足色，白璧有微瑕。
> 求人不求备，妾愿老君家。

诗中所讲的道理通俗浅显，完全就是自然与社会中的"常识"。然而，对比历史进程中的人与事，我们会很惊奇地发现，能够比较理性地依照常识行事的情况并非普遍现象。人是情感动物，不可避免地会有喜怒哀乐，因此处理事情比较容易情绪化。《世说新语·方正》对此有形象的描述："进人若将加诸膝，退人若将坠诸渊。"换用现代白话文来说：要提拔一个人，恨不得将他抱起来，放在自己膝上，时刻疼爱，不停抚摸；要贬退时，则咬牙切齿，一定要将他推入万丈深渊才算是出了心中恶气。待过风平浪静之后，再回顾那些沉沉浮浮的往事，当权者可能会惊讶地发现，那个被自己提起来又扔下去的人，其实还是那个人，并没有发生多少实质性变化。《曾子·明明德》强调要"好而知其恶，恶而知其美"，意即喜欢某个人要知道他的缺点，讨厌某个人也要清楚他的优点。说得确实是好，值得后人深思和效仿。

战国时期，魏文侯派大将乐羊去攻打中山国。虽然对方实力不强，但要灭掉它也没那么容易，对方当然会拼死挣扎。乐羊打来打去，花了三年时间才搞定。乐羊终于班师回朝了，心里很得意，想着魏文侯应该会给他一个大大的奖赏。谁知魏文侯没什么明确表示，而是拿出了一个箱子，里面装得满满的全是信。魏文侯示意乐羊选几封看看，乐羊满脸疑惑，不知道魏文侯葫芦里卖的是什么药。看了几封，竟然是清一色的告状信，乐羊背后的冷汗开始一道接一道往下流。很快，乐羊不敢再往下看了，翻身就拜，连忙谢罪，说：打下中山国不是臣下的功劳，全靠君主您大力支持啊。

魏文侯对待乐羊的史事算得上君主信任臣下的典型案例，经司马迁在《史记》中记载后广为流传。明朝的张居正在《陈六事疏》里就重申了这种深信不疑的可贵品质。张居正指出，提拔任用一个人，从一开始就要谨慎，力求做到能称其职，而在任用之后就要给予充分的信任，哪怕遇到一大堆反对和非议，也要做到不为所惑，绝不动摇。

　　放手让下属甩开膀子去干，并且敢于承担由此带来的后果，无论是成功还是失败。这从某种意义上来说都是对决策者的考验和煎熬。然而，除此并无他法。领导者不可能事事躬亲，必须通过下属去实现组织目标。如果交给下属某项事情，又时时放心不下，甚至横加干涉，估计再能干的下属也未必能够出色地完成任务。

　　从正反两个方面来认识，我们可能会将上述道理领悟得更加透彻。以唐朝著名诗人刘禹锡的人生起伏为例。永贞革新失败后，刘禹锡虽然不是主要倡导者，但也受到牵连，免不了被下放的命运。刘禹锡到了非常偏远的朗州，也就是当今的湖南常德。现在的常德当然已经比较繁华了，但在那时属于落后的边远地区，距离长安相当之远。刘禹锡挂着司马的闲职，于无奈和失望中艰难度日，在朗州一直待了十年。时间会改变一些东西包括观念，朝中一些大臣慢慢想起了刘禹锡、柳宗元这些被贬的司马，认为他们的确是有才之士。你看看，刘禹锡的诗、柳宗元的散文，那真是一流，绝顶漂亮！将这些才气横溢的官员长期置于边穷之地，对于朝廷来说，也是一种损失。于是一些官员向唐宪宗求情，还是将刘禹锡、柳宗元调回长安，让他们在京城里任职。唐宪宗听了觉得有道理，就同意了。刘禹锡在经过漫长等待之后，终于又冒出了头。

　　回到京城之后，刘禹锡发现今日长安已非昔日长安。十年过去了，朝廷提拔了一批新的官员，而且很多都是以前与他志不同、道不合的人。同朝为官嘛，低头不见抬头见，但刘禹锡感到心里堵得慌。于是他想找个地方去散心，去哪儿呢？几个老朋友建议一同去玄都观看桃花，因为有个道士在观里种了很多桃树，已将那里打造成为一处有名的景观了。那就去看呗，春风吹拂，桃花朵朵，刘禹锡尽情欣赏大好春光，又想起过去十年被贬谪的辛酸生活，他不由得心生感慨，一首诗张口就来：

　　　　紫陌红尘拂面来，无人不道看花回。

　　　　玄都观里桃千树，尽是刘郎去后栽。

　　刘禹锡诗名本来就盛，新诗一出就传开了。一些人读着诗句，感觉里面似乎存在某种深意，认为刘禹锡是在借诗讽刺朝廷近年提拔的官员。那些人对刘禹锡本来就有陈见，于是借题发挥，向唐宪宗告了黑状。唐宪宗一听，马上不高兴了，下旨将刘禹锡调到播州——也就是现在的遵义市——去当刺史。从名义来看，刺史比司马高一级，属于提拔，但播州比朗州更为偏远，是实实在在的蛮荒之地，因此实际上刘禹锡再次被贬官。

　　刘禹锡触了这个霉头，有口难言，也就准备咬咬牙，再次踏上下放之地。无奈他家有八十多岁的老母，如果一去播州，估计很难再回长安了。此时，刘禹锡的好朋友柳宗元也遭到了同样命运，被改派至柳州当刺史。柳州到底好一些，相对而言没有播州那么偏远。柳宗元听到刘禹锡的消息后，决心帮老朋友一把，他连夜上书，要求将自己与刘禹锡对调，他自愿去播州。许多人为他们的真挚诚谊所感动，大臣裴度也向唐宪宗请求，希望皇帝能够网开一面，放刘禹锡一马。唐宪宗也就顺水推舟，改任刘禹锡为连州（今广东连州市）刺史。刘禹锡没想到，这么快又被赶出京城，而且在连州等地一待又是14年，直到裴度任宰相之后他才再回长安。

又一次踏上京城的土地，刘禹锡很是感慨，真想仰天长啸：
老刘又回来啦！依旧是暮春之季，刘禹锡想起从前的遭遇，不知
不觉又来到玄都观进行旧地重游。时间真的不等人，种树的道士
已经仙逝了，而且桃树也倒的倒，枯的枯，遍地是燕麦野葵，衰
败不堪。此番景象，不正像那些曾经处心积虑毁谤排挤他的权贵
宦官们吗？他们虽曾烈焰熏天，如今也在你争我斗中纷纷下台。
心术不正，不得善终啊！刘禹锡为自己几十年如一日坚持初心而
感到欣慰，于是诗情涌动，又得一首新诗：

　　　　百亩中庭半是苔，桃花净尽菜花开。
　　　　种花道士归何处？前度刘郎今又来。

历史某些时候相当怪诞，老故事也会一再重演。刘禹锡的新
诗再次传诵开来。一些别有用心的官员从中读出了怪味，认为刘
禹锡又在习惯性发牢骚，属于死不悔改的顽固分子。打小报告的
人逮着机会，就在皇帝面前极尽诬毁之能事。令人无奈的是，皇
帝又听进去了。不过这次比上次稍微好一些，皇帝没有马上处理
刘禹锡，而是等了三年之后再将他调到外地去当刺史。

知识分子难免会有些情绪和牢骚，将军或武夫则时常有些鲁
莽和傲慢，人都是肉体凡胎，或多或少会带有某些不足或缺点。
对于一些特定个体而言，其性格缺陷可能是与生俱来的或根深蒂
固的。作为领导者，可以对下属提出种种要求，希望他们尽可能
达到期望的标准。但与此同时，上司应该开阔心胸，兼容并包，
求同存异，清楚认识到下属的优点，在可允许范围内接纳和容忍
其偏好与弱点。切不可因为个人好恶而进行随意褒贬，尤其是在
实施惩处之时更要慎之又慎。说到底，无论多么优秀的人才，总

有人说他好话，但也难免会有人说他坏话。掌握生杀大权的领导人，应当做到"兼听则明"，在听取多方意见之后再做出具有理性和分寸的判断。在现代社会，领导人则要深入一线，倾听来自广大群众的呼声。无论如何，民心是杆秤，能够比较客观公允地反映出人才的是非与分量。

第七章

选用原则

第一节　德才兼备：两者不可偏废

如果一定要给中国传统文化中选人用人的标准进行强制排序，那么排在首位的无疑是"德才兼备"。究其原因，其中之一就在于中国传统文化中社会契约精神相对缺乏。老百姓更倾向于对官员道德品质有所诉求，希望管理者首先是一位"靠得住的人"。如果往前追溯这种文化心理的形成，至少可以在孟子著作中找到依据。《孟子·梁惠王下》就明确讲了如何识别和选拔贤人与诛杀恶人，最后总结了一句："如此，然后可以为民父母。"儒家学说自汉武帝"罢黜百家，独尊儒术"之后，逐渐成为社会主流文化，"父母官"的文化观念也日益深入人心。如此一来，官员自身所承担的文化期望值也就水涨船高了。以常人之心去设想一下就知道，我们心目中的父母应是什么样子？当然是为人正直诚实，才能超群出众，待人和蔼可亲，诸如此类，相当完美。将对父母的期望移植到官员身上，那就是老百姓心目中的"父母官"。不难看出，传统历史文化对择官秉持着双重标准，既重品德，又讲才干，两者兼顾，不可偏废。

在某些动荡战乱之时，确实也出现过"唯才是举"的用人思想，只求能力，不顾品行。对于特定时期出现的特定现象，我们只能将之视为整个文化思潮中的支流，虽然它有一定的合理性，但仍然存在失之偏颇的嫌疑，即使在当时，也曾引发巨大的负面效应。《韩非子·奸劫弑臣》就集中记述了几起为君为官之人因德行败坏而导致恶劣后果的案例，读来让人触目惊心。该文依据《春秋》的记载，指出了无德之人进据君位或官位将产生极为严重的后果。

品德败坏之人，往往为求高位而不择手段。楚国的王子围是怎样当上楚王的呢？过程比较简单。围准备到郑国去进行国事访问，带着一行人，还没走出楚国边界就得到了消息说国王病了。当儿子的听说父亲病了，于是就不再赶赴郑国，而是调头往回急走，回到国都，进宫慰问。围看见父亲极度虚弱，已经没有多少力气了，他脑瓜子一转，就地取材摘下自己的帽带，往父亲脖子上一套。围的这一动作效果立竿见影，父亲两腿一蹬，直奔西天而去。围假惺惺地痛哭一番，然后自己摇身一变，成为新的楚王。

在位之人，不修德行，也会落得身败名裂。齐庄公是怎么将自己老命给玩死的呢？故事令人难以启齿。齐庄公作为一国之君，想娶几位漂亮夫人还不易如反掌？可他自己锅里的不想吃，老瞅着人家碗里的，他喜欢上了大夫崔杼的妻子，觉得那女人实在是太美了。于是齐庄公有事没事就往崔杼家串门，一来二去就同意中人勾搭上了，后来这一男一女就频频私通。世上没有不漏风的墙，时间一长，崔杼一家子就都知道这回事了。但齐庄公已经上瘾了，沉迷其中不能自拔。一次，齐庄公又去了崔杼家，没过多久，崔杼的属下贾举率领家丁蜂拥而上，一场恶仗即将上演。齐庄公苦苦哀求，崔杼根本不听。齐庄公情急之下，冲出屋外，翻墙逃跑。贾举见状，弯弓搭箭，一箭射中庄公大腿。庄公惨叫一声，从墙上跌落下来，家丁们群起而上，一阵乱刀将庄公砍死。

此外，韩非子还列举了当时其他情况。一些君主只重才干，未察品德，结果因用人不当而丢了性命。赵主父武灵王认为李兑很有能力，将他提拔重用。后来，李兑将武灵王软禁在沙丘宫。李兑只对武灵王做了一件事，就是停止向沙丘宫提供食物。武灵王将已有东西慢慢吃完了，后面想再要却没有了。过了一百来天，一代君主武灵王竟然被活活饿死了。

齐湣王则是看人走了眼，死得非常难看。齐湣王在军事上一败再败，病急乱投医。楚国将军淖齿率军入齐，趁火打劫。齐湣王不知道哪根神经搭错了，竟然认为手握兵权的淖齿可以帮助齐国恢复元气，于是拜淖齿为齐相。淖齿莫名其妙当上了齐国的宰相，差点笑岔了气。好笑归好笑，淖齿干起活来仍是一等一的利索，他逮住机会，抽掉了齐湣王的筋，然后将他吊在东庙当中的房梁上。齐湣王那个痛啊，在梁上晃来晃去，半夜里终于死去了。

通过上述例子，我们可以从反面清楚地看到无德之才给组织和个人带来的灾难，其情形之惨烈，千年之后仍让人目不忍睹。由此可以认识到"德才兼备"的重要性。只有具备了相应的德行，个人才能方可发挥出正向作用。历史上德才兼具之大才不胜枚举，唐朝的李泌是相当特别的一位。李泌不仅品行高洁、才能出众，而且他能够将两者有机地统一起来：为人正直诚实让他获得了施展能力的大舞台，行事圆通反过来又让他远离卑劣和下作。其实，要做到德才兼顾是相当困难的，历史上就有许许多多的人在两者之间挣扎：要么自保清洁而不介入社会事务，个人做出的实际贡献就很少；要么为了施展抱负而折中妥协，甚至同流合污，在成就事业的同时也毁了自己的节操与英名。李泌的过人之处就在于他能够在成就大事的同时，又巧妙地提升了个人德行。

李泌是一位奇才，也是在唐朝特殊时势里出现的特殊人才。他为朝廷处理政务，经历了唐肃宗、唐代宗和唐德宗三朝。他能与每一位皇帝恰到好处地相处，做到进退自如，而且能够补救时局，做出贡献。

天资聪颖确是李泌取得成功的基础。李泌在很小的时候就表现出过人天赋，唐玄宗、张说、张九龄等都对他赞赏有加，他也一时被人称为奇童。天宝年间，唐玄宗直接点名让李泌去教太子李亨读书，李亨就是后来的唐肃宗。虽然李泌的事业起点很高，但他并不是天生就知晓朝政的游戏规则，并能运用自如的，相反，年轻的李泌同绝大多数耿直的"愤青"一样，对看不惯的人物，他也管不住自己的嘴巴。看到杨国忠、安禄山这帮人，李泌心里十分愤慨，于是诉诸诗歌斥责。信息传播出去之后，李泌的厄运降临了，他被逐出了朝廷。此后，李泌慢慢领悟到了庙堂的潜规则，明白了进退背后的道理。

远离了是非之地，李泌很享受闲云野鹤式生活。而且李泌还有一个重大改变，就是喜欢谈论神仙、奇闻逸事，表明自己是世外之人。然而，在内心深处，他还是在密切关注着形势变化与百姓疾苦。"安史之乱"爆发后，唐朝军队一败再败，李泌认为自己该出山了。在灵武，他赶上了辗转迁徙的朝廷，此时坐在皇位上的已是李泌曾经的学生唐肃宗李亨。唐肃宗一见老师来了，知道终于盼来了大救星，激动得眼泪都快流下来了。不久，郭子仪也到达灵武，后面还跟了五万精兵。唐肃宗依靠李泌、郭子仪这一文一武，扭转了战局。唐肃宗准备让李泌做右相，李泌却不答应。唐肃宗费了好一番脑筋，给了李泌一个"侍谋军国元帅府行军长史"的名号，李泌就用这个名号处理大小军务。等到局势基本明朗，李泌没有向唐肃宗索要官位和奖赏，却坚持到衡山隐居。唐肃宗拗不过他，就答应了。

到了唐代宗时期，李泌被召至京师。唐代宗比较干脆，直接要求李泌喝酒吃肉娶老婆，另外还要当宰相。唐代宗开出的这些条件正是常人梦寐以求的东西，李泌从中却知道了他与当权者并非一路人。唐代宗不了解他，将来也不会真正听从他的建议。李泌打了个折扣，坚决不当宰相，但也给了皇帝一些面子，娶了妻，脱了单。后来，李泌在元载的排挤下离开京城。等到元载被杀，唐代宗又召回李泌。没多久，李泌又受到宰相常衮的挤压，再次离京。

唐德宗坐上皇位之后，因削藩导致时局动荡，唐德宗逃到汉中，狼狈不堪。唐德宗感到了自己面临的危险，认为必须任用得力人才，于是派人去召回时任杭州刺史的李泌。唐德宗再次将宰相位子交给李泌。李泌这次没有推辞，接受了宰相的名号。在李泌看来，局势危急，而朝中大臣包括陆贽等都没有处理如此复杂政务的能力，自己应该当仁不让。李泌在任期内，给唐德宗提出过许多颇有价值的建议，尤其是解除吐蕃威胁，李泌的意见至关重要。吐蕃当时成为外患，唐朝一时没有能力去处理。李泌提出"北和回纥，南通云南，西结大食、天竺"的计划，唐德宗对之持反对态度，因为他不喜欢同回纥和亲。李泌晓之以理，动之以情，唐德宗居然被说通了。李泌不愧是谋略大家，行动取得了预期效果，吐蕃之患得以解除。公元 789 年，李泌病死，唐朝一代名相就此谢幕。

唐代名臣魏徵曾说过，选人用人务必要"以德为先"。德行优秀的人才，就算能力差点，也不会造成多大危害；如果所用之人品德败坏，那么他的能力越强，可能造成的后果也就越严重。清朝重臣曾国藩也是极力推崇"德"的作用，将"德"置于"才"之前。据此，他将人才依次划分为四种：一是有德有才，二是有德无才，三是无德无才，四是无德有才。曾国藩强调，"德"具有一票否决的重要性，如果德行不过关，那么只有弃用，否则祸害无穷。"德才兼备"的选人标准沿用了几千年，自有其深刻道理。时至今日，它好像仍不过时。

第二节　人位相称：从"管鲍之交"谈起

人事工作无疑是组织中的核心工作之一，在选人用人过程中要考虑到方方面面，必须慎之又慎。中国传统文化在漫长的演变过程当中，积累了丰富的知人善任的经验，其中一些重要原则历经了时间考验，得以流传至今。"人位相称"的理念一直占据着相当突出的地位，不同位子对人才有不同要求，既包括德行方面，又包括才能方面。如果德才都符合相应条件，那么选用工作就算合格了。相反，德才与岗位不符，将会出现不良后果。东汉王符在《潜夫论·忠贵》尖锐地指出："德不称其任，其祸必酷；能不称其位，其殃必大。"说得全面一些，将某些德才欠缺之人扶上显贵之位，不仅会给老百姓带来灾难，也会让为官之人自身遭遇灾祸。按理说，"人位相称"应当是选用工作常识，可令人难堪的是，往往越是常识越是遭到忽视。这就好比吃饭，我们最应该注重的是食物本身的营养、味道等。可是后来简单的事情越变越复杂，譬如要讲究周边的环境、饭店的档次、碗筷的精致、菜肴的美观，以及服务的周到，最后却将食物本身的品质摆到非常次要的位置去了，甚至将其直接忽视了。乍一听，似乎是个说笑，但在过往的历史当中，无视人的德才的现象确实一而再、再而三地上演，令人痛心疾首。回归事物本原，说起来"本应如此"，而要在实际当中真正做到殊为不易。当然，中国历史也有许多重视德才本身、强调人位相称的真实案例，值得我们去重温和反思。

"管鲍之交"的典故可作为经典案例来看。管仲与鲍叔牙是心心相印的知己，真挚友谊终生不渝。"管鲍之交"的特别之处集中体现于一点：鲍叔牙自始至终相信管仲的为人与才能，并竭力推荐管仲，为其谋取高位；管仲在接受鲍叔牙的帮助之后，始终做到心中有数，至死都在努力阻止鲍叔牙升至过高的官位。乍一看，上面这段话似乎有点绕，让人有点蒙。如果看完"管鲍之交"故事之后，我们就明白是怎么回事了，也会更加明白"人位相称"的丰富含义。

管仲与鲍叔牙年轻时就相识了，而且交往甚密。管仲早年命运多舛，事事不顺。俗话说，人穷志短。管仲在穷困潦倒之际，也就顾不得什么面子不面子，做了不少比较出格的事。管仲与鲍叔牙合伙做生意，多多少少也赚了点。在分成的时候，管仲做了些手脚，自己多拿多占了一些。鲍叔牙知道管仲家里穷，就装作没看见。不仅如此，鲍叔牙还想方设法为管仲谋些差事，让他多挣点以补贴家用。但管仲又搞砸了，弄得灰头土脸，没法向鲍叔牙交差。鲍叔牙知道之后，呵呵一笑，不仅没有责怪管仲，反而好言好语安慰他。管仲三次出去做官，三次被君主赶了出去。鲍叔牙认为他只是没有遇到好时机，并不是自身没出息。还有更没面子的事，管仲曾三次参与作战，全部战败，而且每次都当了逃兵。鲍叔牙并不觉得管仲是贪生怕死之辈，反而认为他是因为上有老母，所以不忍心甩手先去。

　　"管鲍之交"的高潮出现在比较戏剧性的时刻。两人后来各自选择了主子，管仲为公子纠服务，鲍叔牙则投奔了公子小白。当时齐国的接班人不明确，大家都担心会在交接棒时会发生争执。管仲、召忽陪着公子纠逃亡鲁国，鲍叔牙则陪着公子小白跑到莒国去了。担心不是多余的，齐国果然发生了内乱，齐襄公被杀，齐国没了君主，一场抢夺接力棒的游戏开始了。公子纠与公子小白一得到消息，都立即撒腿往齐国赶，因为谁先到达，谁就有可能捷足先登君位。于是，问题产生了，鲁国距离齐国远，而莒国距离齐国近，也就是说在鲁国的公子纠是不可能跑赢在莒国的公子小白的。管仲旋生一计，就是带人在路上拦截公子小白，不让他提前回到齐国。想好了就干，管仲带人潜入莒国，在公子小白的必经之路上埋伏，等待目标的出现。

公子小白果然路过了，坐在马车上，心急火燎地往齐国狂奔。管仲凝心静气，等公子小白驶近了，忽地起身，弯弓搭箭，一箭正中目标。只听见公子小白惨叫一声，顿时瘫倒在马车上。管仲见状，认为公子小白必死无疑，也不再追赶，兴高采烈地回鲁国报功去了。既然公子小白已死，那么再也没人与公子纠争夺君位了，公子纠一行就气定神闲地从鲁国不紧不慢地赶回齐国。但不久之后，他们得到消息，公子小白已经事先回到齐国，登基成为齐国新一届最高领导人，是为齐桓公。公子纠万般无奈，只好从哪儿来又回哪儿去，再次返回到鲁国。

怎么会这样呢？原来公子小白命不该绝，管仲那一箭确实射中了他，但是被衣服上的腰带铜钩挡住了。公子小白天生就有高超的表演艺术，他顺势向车上一倒，装作死去了，连陪行人员都以为主子命丧黄泉了。

齐桓公即位之后，开始肃清敌反势力，他向鲁国点名要抓捕要犯公子纠、召忽和管仲。迫于齐国强大实力，鲁国不敢再给三名政治犯提供庇护，于是处死了公子纠。召忽自知死期已到，就毫不犹豫地自杀殉职了。可管仲不想就这么给一个倒霉鬼公子纠殉葬。再说了，他的好兄弟鲍叔牙现在正是齐桓公身边的红人，他肯定不会见死不救的。鲍叔牙美言几句，说不定事情还有转机呢。于是，管仲厚着脸皮，任凭鲁国人怎么羞辱他，他就是不肯来上一刀痛快的，鲁国人只好将他给关押起来。

正如管仲所料，在齐国的鲍叔牙开始整天在齐桓公耳边碎碎念：管仲可是难得一遇的人才，您用了他，齐国就会强大起来。齐桓公一听，气就不打一处来，破口大骂：这小子想一箭射死本王，他是仇敌，寡人恨不得将他千刀万剐！可是鲍叔牙吃了秤砣铁了心，语气更加坚定：管仲也没做错什么呀，他侍奉公子纠，当然死心塌地给他办事了，管仲是大忠臣啊；现在他原来的主子死了，正是我们将他争取过来的大好时机啊！齐桓王听后，觉得鲍叔牙说的也有道理，于是沉默不语了。鲍叔牙趁热打铁，赶紧又给齐桓王戴上一顶高帽：您是贤明君主，胸怀天下，应当不会记私仇吧；更何况您雄心勃勃，想要成为一代霸主，君临诸侯，没有管仲这样杰出人才的辅佐，您的想法很难实现啊！齐桓公听毕，立马觉得浑身舒坦，示意鲍叔牙赶紧将管仲给带回来，不要让鲁国人给整死了。鲁国知晓齐国使者来意后，非常乐意地将这块"烫手山芋"抛了出去。鲍叔牙打听好管仲归国日期，亲自到郊外迎接，给他解除刑具。齐桓公也说话算话，高规格地迎接了管仲，并将他安排了高位，级别甚至高于鲍叔牙。后来，齐桓公将国政交给管仲打理，尊称管仲为"亚父"。管仲也不负众望，将齐国治理得井井有条，国力日隆，齐桓公也得以成为声名显赫的霸主。

　　"管鲍之交"难能可贵的是两人友情得以善始善终。管仲协助齐桓公成就了霸业，也印证了鲍叔牙非同凡响的识人眼光。对于受恩人而言，管仲总得为鲍叔牙做点什么吧？知恩图报，人之常情嘛。管仲还真的特意做了一件感恩之事：坚决不同意将国政大事移交给鲍叔牙。管仲患了病，日益沉重，眼看快不行了。齐桓公亲自前往探望慰问，嘘寒问暖一番之后，他就开始谈正事了。齐桓公说：仲父您已经病成这样啦，我也就不避讳啦；在您之后，我该将国政大事托付给谁呢？管仲虽然病入膏肓，但神志还是清醒的。他有意试探一下齐桓公的口风，回答道：您想交给谁呢？齐桓公也不再拐弯抹角，说可以交给鲍叔牙吧。管仲一听就急了，立即反驳：鲍叔牙为人很好，又廉洁又贤良，喜欢结交像我这样的朋友；但是他这个人眼界相当之高，对他人要求也是严之又严，碰到德才不如自己之人，他就不屑与之为伍，知道别人犯了过错，他又会死死记住，终生不忘；您如果让鲍叔牙来治国，他就会说您这个不是那个不是，同时他对百姓也会提出过高要求，要不了多久，老百姓就会不高兴的；到那时候，您就会同他闹得很不愉快。齐桓公沉思良久，认可了管仲的意见，后来也就没有提拔鲍叔牙。

"管鲍之交"非常耐人寻味，也能开阔我们今天人事工作的思路。针对某个位子，要力推某个人上去，同时要阻止某些人的觊觎，其中的主要原则就是"人位相称"。如果某个人适合，不管他是亲密的朋友，还是曾经与己有过节，甚至是仇人，我们都应着眼组织整体，积极主动将他推荐上去。反之，只要不合适，无论是谁都要保持足够的警惕，即使自己不方便发表看法，也要保留意见。某些时候，当我们面对权势，或是人情关系，准备违心将位子当作礼物送给特定之人的时候，我们要回想一下"管鲍之交"的旧事，然后对自己说上三遍：我这样做，不是成全他，而是害了他！重温经典，其意义大概也就在于此吧。

第三节　与时俱进: 不同时期需要不同人才

《列子·说符篇》中讲述了一个事例, 应该更像寓言故事, 旨在说明不同时期需要不同人才。今天再去重读这一篇章, 仍然能给我们许多启迪。

话说鲁国有一户姓施的人家, 这家有两个儿子, 其中一个喜好做学问, 而另一人上则喜欢军事。两人在学有所成之后, 都出去谋事。喜爱学问的那一位去了齐国, 得到齐侯的赏识, 齐侯让他做了家庭教师, 负责教导公子们。学习军事的那一位则去了楚国, 楚王听了他的兵法之后, 非常喜欢, 让他担任了军正的职务。两人都谋得了官职, 取得了俸禄, 家庭也随之富裕起来, 亲戚们也感到脸上有光。一时间, 周边之人甚为艳羡。

成功人士往往容易成为他人学习和模仿的对象。施家有一邻居孟家, 家中也有两个儿子, 同样一个做学问, 另一个习军事。孟家见到施家如此荣耀和富有, 自然心动不已, 恭敬地上门拜访求教。施家两个儿子也是大度之人, 当然也不会放过这么好的讲座机会, 于是将自己的光荣事迹一五一十地告诉了邻居朋友。孟家两位小伙子听完之后, 就决定行动了。

其中一个年轻人去了秦国, 向秦王卖力地推销自己的学问。秦王对他讲的那一套"仁义"理论一点都不感兴趣, 最后忍无可忍, 大声斥责道:"你这个书呆子, 难道不知道用仁义来治理就是自取灭亡吗? 当务之急是打仗! 要扩充军队! 要广积军需! "秦王骂完之后, 还不解恨, 叫人将他的命根子割掉, 才放他回去。

另一位年轻人去了卫国，向卫侯全面展示了自己的军事才能。卫侯面无表情地听完他的陈词，最后才不紧不慢地回了一段话："卫国国力贫弱，而且夹在强国之间，为什么到今天还没灭亡呢？对于大国，我们小心翼翼地侍奉它们；对于小国，我们诚心诚意地安抚它们。卫国要想安全，就得这样小心谨慎。如果改为依赖兵法谋略，卫国就会很快灭亡的。小伙子你兵法学得不错，是个人才，可惜卫国是没办法用你了！如果就这样放你回去嘛，你肯定还会去其他国家游说，应该也会得到任用，到那时你就是卫国的不小的祸害！"孟家的儿子听后，一脸迷茫。卫侯随后对近侍耳语了一番，近侍点点头；马上命人过来砍断了青年人的双脚，让他返回鲁国。

孟家父母看到读书的儿子回来了，见其满脸愁容，细细一问，才知道他命根子被秦国人割掉了。孟家父母顿时像遭到五雷轰顶一般，却又不敢号啕大哭，怕让他人听到笑话。过了一段时间，又见到学习军事的儿子回来了，情形更惨，两只脚被卫侯砍掉了。孟家父母知道再遮遮掩掩也不可能了，就再也忍不住失声痛哭起来。

为什么会落得如此悲惨的下场？孟家父母想来想去，认为是主要是听了邻居施家的话，被他家给害了。孟家父母越想越气，就怒气冲冲地到邻居家讨个说法。

施家也听说了邻家的悲惨遭遇，估摸着孟家会打上门来，所以也早做了准备。施家听完孟家一顿埋怨之后，等他们心情略略平复之后，耐心说了一番道理："凡事都讲究个时机，你把握了时机就事事顺利，你错过了时机就会处处碰壁，甚至是自寻死路。我们家两个儿子在正确的时间去了正确的地方，所以他们都取得了成功。你们家两个儿子使用的方法同我们一样，但他们在错误的时间去了错误的地方，所以会以失败而告终。再说了，道理永远是那个道理，但是如何运用就看各人的悟性与造化了。预测时机，迅速行动，应对变化，至于具体怎么做，并没有固定不变的方法，全看个人的判断与处理，这就是所谓的智谋。如果自身智谋不足，哪怕你像孔子那样博学多才，像姜太公那样知晓兵法，都是没有什么用处的，走到哪里都会碰壁！"孟家父子听完教诲，怒气顿消，羞愧难当，连忙致歉，灰溜溜地转身离去了。

　　有与时俱进精神的人才的真实案例在历史上也有不少。秦末汉初的叔孙通就懂得通权达变，不仅努力改变自己以适应时代发展，也能依据不同时期需要向组织推荐不同的人才。

　　《汉书》记载，叔孙通算得上跳槽的老前辈，据说前后换过七位主子。叔孙通对经术很精通，在秦朝做官。陈胜、吴广起义之时，秦二世召集一些博士和儒生，问对此事的看法。其中有三十多人说陈胜是在谋反，应尽快派兵攻打。秦二世听后很不高兴，脸也拉了下来。叔孙通眼看情势不妙，赶紧说："现在天下一家，贤君在位，哪里会有人造反呢？不过是些偷鸡摸狗之徒罢了，有什么好慌的呢？"秦二世一听，非常高兴。秦二世让御史将那些说造反的人记下来，并交法官惩处，而给叔孙通大加奖赏，封为博士。叔孙通出来之后，儒生们对他说："你这马屁也拍得太厉害了吧？"叔孙通说："我只想快点脱离虎口，说几句便宜话又有何不可呢？"之后，叔孙通赶紧回到老家薛县。不久，项梁来到这里，他就跟随项梁征战。项梁战死，他就跟了怀王。

怀王做了义帝，去了长沙郡，他留下来跟随项王。汉王进入彭城，他又归降汉王。汉王讨厌他老是穿着儒生的衣服，他就改穿楚人的短衣。汉王见状，很是高兴。

叔孙通归降汉王后，跟随他的书生有一百多人，他一个都没有引荐，只是向汉王推荐了那些壮士和草寇。弟子们有怨言，叔孙通说："现在是打仗的时候，你们能去作战吗？"刘邦安定天下之后，群臣们喝酒争功，狂言浪语，甚至拔出剑来，朝着柱子乱砍。刘邦知晓后，很是不满。叔孙通于是劝说刘邦，让他与其弟子一同制定朝廷礼仪。汉朝的各种仪法，都是叔孙通论述或制订的。礼仪制定成功之后，群臣感到惊恐，无人再敢造次与喧哗。刘邦感叹道："现在我才感到了做皇帝的尊贵。"于是，他拜叔孙通为奉常，将其弟子全部封为郎官。

无独有偶，美国第二任总统约翰·亚当斯也表达过类似观点："我必须研究政治和战争，那么我的儿子们也许会拥有研究数学和哲学、地理学、自然史、军舰制造、航海术、商业和农业的自由，以便给他们的孩子们研究绘画、诗歌、音乐、建筑、雕塑、织艺和瓷器的权利。"不同时期的人，需要做不同的事情。像毛泽东、朱德那一代人，他们就得搞政治、打仗，赶跑侵略者，建立新中国，时代迫切需要政治与军事人才。新中国成立之后，战略重心转移到经济建设，要摆脱一穷二白的面貌，搞改革开放，当然首推懂经济的人，要让致富能手登台亮相，站到时代前列。

时至今日，中国富起来了，新时期给各类人才提供了更多机会，也更有空间允许人们去从事自己喜欢和擅长的专业。画个画，写写诗，唱个歌，哪怕几年、十几年或更长时间挣不到多少钱，也没有关系，许多家庭已经具备相当的实力可以供孩子们去"折腾"。相应地，在自由宽松的环境下，人们有机会去从事心仪的事情，人的个性可以得到全面发展，各类人才也会在各自领域脱颖而出。而当今这种情形，哪怕是在十年前，也是难以想象的。考察一下中国五千年历史，应该也是有史以来第一次，人们基本上有条件可以选择个人喜好，能够相对比较自由地从事自己喜欢的职业。未来中国要想实现可持续发展，必须要有一大批创新型人才，而鼓励人们去从事自己热爱并能充分展现个性与天赋的专业，正是创新得以实现的重要途径。试想一下，数量众多之人，钟情于某方面的工作，不计时间和成本地不断投入，那么突破和创新不是很值得期待吗？比较理想的情况是，个人既能充分发挥自身特长，又能进入时新领域。完美结合组织需求与个体禀赋，那么你就找到了属于自己的"风口"。好风凭借力，送我上青云。到那时，工作应是人生之中一大快事。

换个角度，从组织需要来讲，就是在不同时间段，组织可能需要不同的人才。组织必须根据某一时期的发展愿景去挑选和储备人才，才能不断满足组织持续提升竞争力的需要。如果组织要稳定匀速前进，那么要多引进稳重型、保守型人才；如果组织力图革故鼎新、快速发展，就必须有意识地招揽一些思维活跃、敢闯敢拼的得力干将。此外，还要顺应当今时代特点，尊重个性差异，让人才的潜能得到淋漓尽致的发挥。

第八章

配备标准

第一节　飞龙在天："一把手"推选初探

什么样的人适合当当"一把手"？这大约是个世界性难题，答案必定也是五花八门，可谓仁者见仁，智者见智。在中国几千年的历史文化当中，自然也有大量的精辟见解。其实要弄清楚这个问题，最好是回到观念形成的起点，也就是要探究"一把手"文化是如何起源的，在此基础上，再总结概括出"一把手"应该具备的一些基本特征。

根据明朝大学问家黄宗羲的观点，"一把手"最初的出现基本上是被动的。黄宗羲在《明夷待访录·原君》中指出，人类诞生之后还是依靠本能在生活。每个人都只顾着自己那摊事，或者说都是自私自利的，没有谁去主动关心公共利益，也没有谁愿意出头祛除公害。说白了，没好处的事，当然没人干。也不知道这种情形持续了多久，后来终于有人忍不住了，站了出来。他甘愿为整个群体谋利益，当然免不了要影响自己的那一份。看到那些对群体有害的东西，他也主动去应对。他比其他人要辛苦千万倍，却又没享受到一丁儿好处。慢慢地，大家就自然而然地被他所吸引，陆陆续续聚集到了他的周围，于是他就成为当然的"一把手"。可以想象，绝大多数人既没有这个能力，也不乐意去担当这个角色。所以，不难理解，为什么早期的"一把手"是以"禅让"方式来更替的。"一把手"是硬被他人推上去的，从其个人角度来说，可能是苦不堪言的。尧当了一段时间后，将位子传给了舜；舜感到自己差不多了，就将担子卸给了禹。也有一些人虽然有威信也有能力，但在经过权衡之后，还是决定不接手"一把手"的角色，如许由、务光等。后来，经济逐渐发展了，当"一把手"开始变得有利可图了，得到位子的人于是不愿意轻易让出来了，于是"禅让制"退出了历史舞台。

禹是转折点，他起初是被动地接受了禅让，后来也像前任一样试图找到接班人，但是没有成功。再经过进一步考察，发现自己儿子也是不错的人选，于是将"一把手"的位子留给了启。从禹开始，"一把手"文化慢慢偏离其原始意义。自禹之后，"一把手"文化未能再返归其光辉起点。后人谈起"一把手"传统，必称尧舜，因为那才是其"一把手"文化的道德制高点。

待到《周易》出现，书中的乾卦其实是对"一把手"文化进行了提炼和总结。乾卦六爻比较形象生动地描绘了"一把手"的成长、成型和谢幕等整个过程，也提示了作为"一把手"应该具备的基本素质和主要特征。再到后来，老子也隐晦地谈到这个问题，他强调"功成、名遂、身退，天之道"。为了便于在当今时代背景下大家更好地理解，我们可以将"一把手"应该具备的特质粗略地概括为三个方面：有主观意愿，能担当；有客观能力，能成事；有内在自制，能退让。

将上文黄宗羲的观点加以引申，可以看出，最初的"一把手"具有很高的思想品德境界，用《孟子·公孙丑下》中的一句话来描绘就是："如欲平治天下，当今之世，舍我其谁也？"当群体面对重重困难之时，某个人觉得自己应该要站出来，帮助大家摆脱困境，至于后面的情况究竟会怎么样，他心里没个底，更不要说成功之后会带来多少好处了。用今天的话来讲，就是具备强烈的担当精神。个人并没有向着功名利禄的目的去想，只是内在的使命意识不断地对他说：你还在犹豫什么呢？除了你还能有谁呢？于是，他带着决断而悲壮的勇气，站了出来。

金朝的建立者完颜阿骨打，天生就是敢于反抗压迫的领头人物。完颜阿骨打年轻时就是个人才，表现出过人的胆识。当时女真人处于辽国统治之下，长年经受契丹贵族的盘剥和欺凌。辽国天祚帝耶律延禧有一次到女真族地区，饮酒作乐，还要女真酋长们依次献舞助兴。那些酋长虽然觉得屈辱，但是迫于天祚帝的淫威，还是乖乖地一个接一个上去表演了。轮到阿骨打时，他硬挺挺地站在那里，无论如何也不肯跳舞，面对面向天祚帝展现出独立不阿的姿态。天祚帝愤怒了，要处死阿骨打，他人则一再劝说，说阿骨打不懂事，但罪不至死。天祚帝才放了阿骨打一马，留下他一条性命。阿骨打其实是在用自己的生命作赌注，发出了女真人反抗辽国压迫的第一声怒吼。

年轻的阿骨打此举虽然显得鲁莽，但是他的确听从了内心真实的声音，而且义无反顾地行动了，表明了自己的担当精神。后来，阿骨打发愤图强，带领女真族不断发展壮大，摆脱了辽国的统治，建立了金朝。完颜阿骨打成为金朝的开国皇帝，也就是金太祖。

当然，仅有主观意愿和担当精神还只是事情的开端，真正成为"一把手"的还是那些带领大家经过艰苦奋斗，最后取得成功的人物。俗话说得好，英雄不论出身。纵然你有再好的背景、强烈的意愿与过人的能力等，但如果最终成不了事，那也成不了真正的"一把手"。项羽就是比较典型的例子。虽然司马迁在《史记》中将项羽列入"本纪"，享受了名义上"一把手"的待遇，但事实上项羽是失败的英雄，没能像刘邦那样建立新的王朝。毫无疑问，项羽具有自我牺牲的意识和舍我其谁的霸气，也在推翻秦朝暴政中发挥了至关重要的作用，然而他在开创自己的霸业过程之中，未能表现出阔大的胸怀和王者风范，而是一而再，再而三地犯错，弄得人心离散，最后兵败自刎。我们不能用"成王败寇"去评价历史人物，因为失败的英雄也值得人们尊敬。

在现实生活中，也有很多类似的例子。许多人想当"一把手"，譬如办一家公司，自己当董事长。董事长的名头固然光鲜，也很有诱惑力，但能不能成功，成功之后又能否长久，则不是那么简单的事情。常人看到的是成功者头顶上的光环，却很少能够全面透彻地了解其背后无尽的努力、艰辛乃至屈辱等。更不要说还有数量惊人的失败者和牺牲者在其身后，一将功成万骨枯，"一把手"背后的代价往往是超乎人们想象的。所以说，欲戴王冠，必承其重。

优秀的"一把手"还应具备一种特质，就是有内在自制，能退让。乾卦"上九"指出"亢龙有悔"，它其实是在从反面强调"一把手"应该具备的相时而退的意识。"一把手"通常一直是昂扬进取的，与天斗，与地斗，与人斗，永不服输。那么这种状态究竟好不好呢？可能也不太好。因为天道必须保持内在的平衡，一阴一阳，寒来暑往，自然界才能往复循环，生生不息。"一把手"虽然是特殊人物，但也没法违背"道"，也逃离不了规律的约束。一个人不断地往上升，最后能升到哪里去呢？只要还是人，他就得叶落归根，返回到原本。因此，优秀的"一把手"知道身退之道，如果能够选择在最为适宜的时间点退下来，那就有可能近乎完美了。负重前行非常之难，而急流勇退同样如此，其难度可能一点儿也不亚于前者。官场中人都知道，上台容易下台难，尤其是当"一把手"习惯了，突然要求他下来，他心里那绝对不是滋味。后人之所以对尧舜等古代君王不吝赞美之词，除了他们做出了业绩和贡献之外，还在于他们懂得在"功成"之后"身退"，将"一把手"的位子禅让给天下公认的贤者。尧舜之后，禅让的精神基本上灭绝了。后来的历史上出现过多次的禅让事例，只不过不是闹剧就是为遮人耳目而上演的骗人把戏。

再进一步说，在禹之后的"家天下"治理模式中，"一把手"能够主动将位子让给自己的儿子或亲属的情形基本上都很难看到。唐玄宗在"安史之乱"爆发后，因为杨贵妃被杀，变得心灰意冷，传位给了太子李亨。宋徽宗则是看到金军压境，慌乱不堪，急忙将"一把手"的位子甩给了太子赵桓。正常情况下，"一把手"还是牢牢地占据着宝座，甚至像防贼一样提防着其他人，可能还要不断提醒接班人不要提前打什么鬼主意。所以，从上述粗线条的叙述来看，"一把手"在位之际，能够着眼大局，考虑长远，主动退位，确是极有胸怀、极具魄力的行为。那些带头建立"一把手"正常退休制度，并主动示范的领袖，值得后人景仰。

从易经乾卦出发，简要概括"一把手"所应具备的特质，总体上只是粗线条的梳理。中国传统文化往往强调"大道至简"，希望我们能够抓住其中最为核心的要点，在此基础上再进行联系生发，其实也不失为认识和改造世界的有效途径。在推选"一把手"这一重大问题上，我们最应把握的还是"德才兼备，以德为先"这种根本性标准。当然，由于"一把手"对组织的影响力实在太过强大，大家自然会用放大镜去细细审视候选人的方方面面，譬如借用素质模型去逐条验证，然后再得出总体评价。而在现实生活中，其实没有几个人能够经得起"全方位检测"，因为"金无足赤，人无完人"嘛。正是基于对人性的深刻洞察，中国传统文化强调"择其要者"，特别是推选"一把手"要牢牢抓住其主要性格与能力特征，切勿求全责备。汉高祖刘邦这个例子就非常典型，他的优势与缺点都非常突出：他的识见、用人与坚韧等足以成就大事；他的粗俗、好色、爱骂人的习惯却没有损害其根本。刘邦曲曲折折地取得了成功，建立了汉朝，印证了"飞龙终将翱翔九天"的古老观点。

第二节　副手：至柔者至刚

组织中如何选配好副手，的确是相当重要的事情，毕竟一把手不可能事事躬亲，而副手就是分担压力的首要人选。在中国传统文化当中有许多关于做好副手的论述，与此同时，在漫长的历史进程当中也涌现出了一大批值得后人仿效的副手典范。关于副手的理论阐述，比较集中地体现在《易经》中的"坤卦"。坤象指出：地势坤，君子以厚德载物。与"天"相对应，"地"处于支持与配合的地位。大地的优秀品质体现在宽厚、包容、忍让和承载，她生长万物，默默孕育，无私付出，不求回报，甚至在遭到误解和埋怨时也没有过多的辩解。大地谨守本分，从不提出过多的要求，犹如母亲，她将一切都奉献给了家庭。与此同时，我们千万不要以为坤卦是软弱可欺的，恰恰相反，坤卦标明了它有自己的承受底线，一旦被逾越，它将强力反击，其能量之大令人瞠目结舌。例如，人类无休止地污染环境，到达临界点，自然界就将发生"毒雾"等事件，让人大批死亡。坤卦的卦辞特地指出"利牝马之贞"，也就是说，坤的吉祥亨通是有条件的，需要具有"牝马"般的忠贞。牝马，也就是母马。母马特别有个性，她非常忠诚地臣服于居于首领地位的公马，极其温驯地追随它。但是当领头公马带领群马奔向错误的方向时，母马就会及时地提醒，倘若公马执迷不悟或顽固不化，母马就不干了，蹶起蹄子与之分道扬镳。换句话来说，副手在忠诚、本分和忍让的表象背后，还有一颗谨守原则的强大内心。审视中国历史上的辅助者，我们可以发现，许多副手在不同程度上具有坤卦所强调的特征。为了简便起见，本文将从一些主要方面对副手选用标准进行高度概括和提炼，大致来说，优秀副手应该具备以下三个方面的特征：一是忠诚宽厚；二是内敛知止；三是补救守正。

　　汉朝名相萧何非常符合坤卦的价值指向，可将其作为副手的典范。萧何很早就认识刘邦，当时萧何在县里做事，刘邦还在泗水亭当亭长，也就是乡村干部，但萧何知道刘邦是个了不起的人才，并没有因为自己地位高一些而瞧不起刘邦。等到刘邦起事之后，萧何也来了个华丽转身，扔掉原来的差事而专门给刘邦当副

手。刘邦带兵打仗，浴血奋战，萧何则专事后勤保障，源源不断
地提供钱粮和人员补充。在艰苦创业阶段，大家齐心协力，相互
信任，也不存在权力利益之争，因为还没有得到多少东西嘛。待
到事业有了起色，或者成功之后，纷争和猜忌就慢慢出现了，而
且越往后越严重。萧何一直死心塌地跟着刘邦，加上他是管后勤
的，各种杂事自然特别多，常常忙得没有时间去想些别的事情。
汉三年之时，刘邦与项羽进行艰苦的拉锯战，萧何在后方征兵征
粮。汉王刘邦的举动与以往相比有些异常，隔三岔五派使臣来慰
劳丞相萧何。萧何想着大哥真贴心，自己那么忙，还经常派人过
来嘘寒问暖，心里特别感动。但当局者迷，旁观者清，一位姓鲍
的读书人看到了问题所在。他悄悄地对萧何说：汉王在前方辛苦
作战，风餐露宿，他之所以每每派使者前来慰问，是担心你在后
方出现什么问题啊！萧何一听，顿时明白了七八分，一下子紧
张起来，便问鲍生该怎么办。鲍生说：为了不让汉王对您有所怀
疑，您不如将自个家里凡是能打仗的儿孙啊，侄子啊，全部送往
前线，那么汉王对您就彻底放心啦。萧何觉得很有道理，马上作
了安排。汉王刘邦一看萧家的青壮男丁都来齐了，心里顿时乐开
了花。

　　事业成功之后，人际关系变得微妙起来。刘邦当了皇帝，就
是汉高祖，下属的许多行为让他难以再像从前那样去充分信任他
们。汉十一年，陈豨谋反了，汉高祖十分恼怒，亲自带兵前去镇
压。可陈豨这摊事还没完全摆平，那边韩信又反了，弄得汉高祖
焦头烂额。后来，还是副手萧何得力，他向吕后献计，成功诛杀
了淮阴侯韩信。副手立了大功，老大当然要表示一下，汉高祖专

门派出使者，封萧何为相国，再加封了五千户。除此之外，汉高祖还加大了关爱力度，特令一个都尉带领一支五百人的队伍，专门护卫相国萧何。周围人士一看这么大的阵势，纷纷前来给萧何祝贺。唯独一个叫召平的人感觉到了异常，他找到机会，悄悄对萧何说：您可能有大祸啦！萧何一听，脑袋立马"嗡"了好一阵，他努力镇定了一会，问召平为什么这么说。召平给他分析了一番：皇上自己在外面打仗，您只是在内守城，却得到了加封，还增加了护卫，于情于理都说不过去呀；近来陈豨、韩信一个接一个造反，皇上已经开始疑心了，所以他才会派护卫来您这儿。萧何听后双腿发软，几乎要瘫坐到地上。他拉住召平的手，说：您一定要给我想想办法啊！召平说：此事其实很简单，您不要加封，而且还要做进一步表示，把家财也捐出来补贴军用，那么皇上就明白您的心思了。萧何茅塞顿开，一切照办。不出所料，汉高祖龙颜大悦。

　　副手除了要做到忠诚宽厚、谨守本分之外，还要内敛知止，说得通俗点，就是手不能伸得太长。萧何总体上是个老实人，但迫于形势，他也会耍点小聪明。汉十二年秋天，黥布又反了，汉高祖没有办法，再次带兵前去镇压。萧何继续干自己的老本行，稳定后方。可能是受了上次召平的启发，萧何更加卖力地工作，安抚百姓，将自己的家财源源不断捐献出来，私财公用。但是有一件事情令萧何很纳闷，就是汉高祖经常派使者过来询问他在干什么。萧何刚如实回答，不久又有使者过来，问他在干什么。三番五次之后，终于有一位宾客猜到了谜底。他对萧何说：您不久就要被灭族了！萧何被吓坏了，忙问何出此言。宾客反问了一句：您现在是相国，论功劳论地位您都在大臣们当中排名第一，皇上难道还有什么可以追加给您吗？萧何很实诚地回答：没有了。宾客继续为他分析：自从入关以来，您就深得民心，到现在已经十多年了；皇上一而再，再而三地派人来询问，是怕您在关中有什么行动啊！萧何听着听着，背上的冷汗就流下来了。他一脸茫然地问：那该如何是好呢？宾客见时机成熟，就说出了自己的建议：您何不贪污钱财、多置田地，以此来败坏名气、抹黑自己？皇上知道之后，就会心安了。此虽下策，萧何也不得不采纳了。汉高祖听到消息后，一颗悬着的心也就慢慢放下来了。

事实上，真正优秀的副手除了具有本分、知足等特征之外，还必须懂得如何"补救守正"。副手不只是唯唯诺诺，不只是执行力强，他对一把手的忠诚并不是无条件的。如果副手对一把手绝对服从，让他干啥就干啥，那么这种副手基本上就属于"大奸若忠"类型，也就是表面上看起来无比忠诚，实则别有用心，要么就是不负责任，要么只想自保，要么是在等待时机实施个人野心。道理明摆在那儿，一把手也是人，偶尔也会犯糊涂，因此副手必须具有担当精神，寻找合适时机进行善意的提醒，哪怕会让一把手有点不高兴。

不管是过去还是现在，我们不时会看到某些管理班子集体失职，严重时会出现"断崖式"腐败。班子成员无一幸免，当然一把手要负主要责任，难道副手都是被动的、无辜的？非也。上文提及作为副手必须具有坤卦所强调的"牝马"精神，就是要在关键时候提醒和纠正带头公马。然而，在现实当中，又有多少副手真正做到这一点了呢？重温历史，细读经典，其意义可能就在于此。周朝名相姜子牙在这方面做得非常到位，值得后人学习借鉴。姜子牙原来在商纣王手下为官，他看到纣王无可救药，就离去了。与不道之君决裂，本身就是一种价值选择，不愿"助纣为虐"嘛。他耐心等待明君的出现，直到七十岁之后，他才等到机会，开始为姬昌——也就是后来的周文王——服务。姜子牙帮助姬昌发展壮大实力，尽忠尽职尽责。之后，姜子牙又继续辅佐姬发，也就是后来的周武王。《史记·齐太公世家》记载，武王经过周密准备，伐纣时机成熟了。按照当时惯例，但凡重大事情之前，人们都借助灵龟进行占卜，再依据所测结果行事。很不巧，占得的结果不吉利，而且天气也发生了异常，一时间狂风暴雨，天昏地暗。大臣们都吓得要死，劝武王不要起兵了。武王看到这种情形，心里也犹豫不决。作为副手的姜子牙，此时表现出罕见的主见与担当，他极力劝说武王马上出兵，箭在弦上，不得不发呀！武王从副手这里得到支持与鼓励，于是下定决心，攻打商朝。结果事情进展得比预想的还要顺利，武王迅速攻入朝歌，推翻了纣王的暴虐统治。

　　感性一点来说，优秀的副手是厚道的、知足的，也是能干的，与此同时，他又是守原则的、有底线的。外表看起来老实、听话、柔顺，让你感到非常可靠与放心，但与其相处时间长了之后，你又会对他产生尊重和敬佩，不敢对其提出过分的、非法的要求。简言之，那就是易经中的坤卦精神：至柔者至刚。

第三节　乾坤配：搭班子大有讲究

自然界中，我们可以看到红花鲜艳醒目，背后则有绿叶默默衬托。人事关系也是如此，"一把手"登台亮相，振臂一呼，掌声雷动，而副手则静立一旁，甘当背景。在组织中，如何选配好班子成员，其中包含了许多学问。人们喜欢用一句通俗的比喻来描述：五指长短不一，而合在一起就形成了拳头，可以坚强有力。当然，还可以进一步简化，五指当中可以划分出一对关系：大拇指与其余四指。人类经过长时间进化，才形成一双非常灵巧的手，而关键之处正在于大拇指可以与另外四指密切配合，它们之间相互对立而又相辅相成。同样的道理，在组织中搭建领导班子时，务必要考虑主辅组合，使班子之间结构互补、配合融洽、相得益彰。传统文化经典《周易》则用"乾坤配"来描绘正、副手之间的关系，"一把手"就应该像乾卦那样"自强不息"，副手则要学习坤卦"厚德载物"。在比较理想的班子当中，成员之间各司其职，各有侧重，同时又能相互支持，彼此补台。刘邦与萧何、刘备与诸葛亮、朱棣与郑和等等，都是历史上比较典型的"乾坤配"，君臣之相通力合作，成就了一番事业。

成功的背后可以找出千万条理由，从各个角度都可以加以阐述。但要真正全面透彻地理解"乾坤配"，可能还得要从反面去认识。换句话来说，历史上的确出现过许许多多令人称道的"乾坤配"案例，但更多的是乾坤失调、合作失败的例子。其实，要达到理想的"乾坤配"，至少需要具备三个条件：一是"一把手"是真正的领袖；二是副手也是相当之出色；三是两者之间心心相通、搭配和谐。在真实的历史当中，上述三项条件同时具备的情形其实并不多见，相反，条件或多或少缺失的情况更为普遍。

德才均能超群出众的"一把手"确是少之又少的，毫无疑问，优秀的"一把手"当是形成"乾坤配"的关键因素，因为他是方向的制定者与局面的主导者。隋末李密、翟让起义最终走向失败，极为重要的原因就是缺少一位杰出的领导者。起初翟让是带头大哥，因为他是瓦岗寨义军的起事者，自然成为"一把手"。随着队伍不断发展壮大，一些有才能之士也纷纷加入，其中李密显得尤为突出。李密积累战功，声誉日隆，翟让认为自己才能不及他，就主动让位，让李密当首领，自己甘愿当"二把手"。从客观事实来看，李密确实要比翟让强那么一点，也将起义事业做大了。但实际上，李密也不是能力超强的那种，队伍越来越庞大之后，他的管理就跟不上去了，纪律慢慢陷入混乱。更要命的是，李密的器量并不宽宏，疑心很重。翟让将位子送出之后，其手下一些将领很不满意，劝翟让将权力夺回来，但翟让确实大度，常常一笑了之。但李密听到这些话之后，却坐立不安起来，其手下某些不怀好意之人也不断煽风点火，李密于是起了杀心。李密假意邀请翟让喝酒，在席上支开了翟让的士兵，然后拿出一把好弓，说兄弟来试试。翟让不明就里，兴致勃勃地拉开了弓，然后早已埋伏好了刀斧手一拥而上，将翟让乱刀砍死。"一把手"的德才不足，直接导致了瓦岗寨的内斗，使之力量削弱，走向失败。

"乾坤错配"也会引发局面动荡，非常典型的案例就是唐朝的玄武门之变。李世民是唐朝事实上的建立者，他能力出众，战功赫赫。然而，唐高祖李渊按照惯常做法立长子李建成为太子，封李世民为秦王。李建成无论从哪方面来讲，都无法与李世民媲美，充其量当个副手。李建成本人也明显感受到了来自李世民的压力，迫于无奈他只能联合小弟李元吉来对抗李世民。李世民哪里甘于一辈子处于附属地位，他发动玄武门之变亲手射杀了李建成，夺回了本应属于他的主角之位。李世民也确是千古一帝，具有罕见的雄才大略与宽阔胸襟，他引导唐朝一步步走向了辉煌。

此外，"坤"代"乾"位，也会出现许多问题。历史上，刘备与诸葛亮配对非常好，可谓明君贤相的典范。刘备求贤若渴，从谏如流，能够充分激励和发挥下属的主动性与积极性，应该算得上相当不错的"一把手"。诸葛亮就更不用说了，他能谋善断，鞠躬尽瘁，死而后已，可谓智慧与忠诚的代言人。刘备与诸葛亮各司其职，亲密合作，在竞争激烈的割据时期最终"三分天下有其一"，当然是相当了不起的历史成就。然而，天下没有不散的筵席，刘备与诸葛亮的"乾坤配"终结于"白帝城托孤"。刘备算得上是明君，同时也有特定历史时期人物所无法避免的个人私心与权谋手腕，他深知刘禅无法像自己那样能够笼络像诸葛亮这种旷世奇才，所以他耍了个"欲擒故纵"的小计谋。刘备知道自己将不久于人世，于是将刘禅托付给诸葛亮等人，并对诸葛亮说：刘禅这小子没什么才能，你看着办好了，能辅佐就辅佐一下，实在不行你就自己上位好了。诸葛亮这么聪明的人，当然明白这几句话的分量，赶紧跪在地上，磕头谢罪，表示必定尽心尽力辅助刘禅，绝对不敢有一丝一毫的异心。

刘备与诸葛亮之间的"乾坤配"画上了圆满的句号，但接下去的情况就另当别论了。刘禅坐上了皇帝之位，却无德无能，无法承担起"一把手"的重任，实际上只是充当了一个象征性符号，所有的责任与重担都压在了诸葛亮身上，因此诸葛亮由"坤位"上升到了"乾位"，成为蜀国事实上的统治者。于是，蜀国开始进入"乾坤失位"的历史时期。诸葛亮兑现了自己的诺言，忠心耿耿，事无巨细，亲力亲为。诸葛亮还是按照副手的思维在做事，他既忧又累，苦不堪言。他不能也不敢依照"一把手"的作风去管理国家，尤其是在选人用人方面，他大体上都是提拔那些作风稳健、能力中等的人才。诸葛亮死后，朝中已没有多少能堪大用之才了。如果按照《春秋》的观点，以"求备于贤者"的标准来苛评诸葛亮，可以说，诸葛亮还是不太适合担当"一把手"的角色，他虽然给蜀国的稳定和发展做出了巨大贡献，但仍然不能避免蜀国一步步走向衰亡。由此也可以看出，"乾坤配"是极具魄力的"一把手"与充满智慧的副手之间的对手戏，缺一不可。哪怕像诸葛亮这么出色的副手，也难以履行好"一把手"的职责，更何况其他那些普通人呢。

从上述内容可以看出"乾坤配"实现之难，同时也能反衬出搭建领导班子的重要性。我们再回过头来，看看刘邦与萧何、朱棣与郑和之间配对成功的例子。刘邦与萧何之间可谓知根知底，两人都有清晰的自我定位，同时也清楚对方的心思与能力。刘邦虽然出身低微，却是人中之龙；萧何起点要高，但是他懂得自身优劣。萧何自始至终都非常敬重刘邦，包括早期刘邦还未起势之时。刘邦虽然有时担心萧何功劳过大、威望过高，可能会影响到自身地位，但几次过招之后，他了解了萧何的苦心与用意，于是保持了自我克制与高度信任。刘邦与萧何通过高效的搭班共进，建立了新的西汉王朝，而且做到了善始善终，因此称得上"乾坤配"的典范之作。

至于明成祖朱棣与郑和之间的合作，也值得后人称道。郑和出身卑微，是个小太监，长期死心塌地跟随朱棣，在"靖难之变"中立下战功，从而得到朱棣的赏识。朱棣即位后，有块心病让他寝食难安，那就是一直没有找到建文帝朱允炆，朱棣要求"活要见人，死要见尸"，因为只要建文帝还活着，必定会对其皇位构成威胁。尽管朱棣已经登上帝位，但也不方便大张旗鼓地抓捕建文帝：一方面，那是自己的亲侄子，是一家人，传出去不好听；另一方面，他当初起兵时，只是说要"清君侧"，并不是要夺取侄子的位子，因此公开搜捕朱允炆会被天下人责骂。

朱棣在国内怎么也找不到线索，因此怀疑朱允炆有可能逃到国外去了。加上当时也确实有同外国进行通商和交流的需要，朱棣于是下令郑和出使西洋。明成祖将如此秘密和重大的任务交给郑和，可见他对郑和的信任和肯定。郑和后来也不负众望，建立了与南洋一大批国家的联系，极大地扩大了明朝的知名度。郑和并没有打听到朱允炆的有关消息，时间一长，明成祖也觉得此事无关紧要了。朱棣与郑和合作成功的旧事，其实印证了"用人不疑，疑人不用"的古训，两人之间充分信任的情谊与定不相负的践诺，至今依然让人动容。

"乾坤配"的历史经验值得后人借鉴。当今不少家族企业面临管理交接的问题，不少"富二代"似乎缺少父辈那种开疆拓土、叱咤风云的能力，也有一些资质优秀却又不想重复上一代的故事，"权力交接"就陷入了难产。依照"乾坤配"原则，可做如下处理：如果"富二代"适合当"一把手"或具备潜质，那就提前尽力培养，适时交棒；倘若真的不具备"乾"之特质，那么还是考虑由职业经理人来承担主要责任吧，年轻人当个副手其实也蛮好的，或者干脆让他去做自己想做的事情，别掺和父辈的事业。此外，我们还要重新认识一下"论资排辈"。"一把手"退休了，是不是"二把手"理所当然能顶上去？其实还得回到"乾坤配"的理论，如果"二把手"确有"飞龙在天"的内在素质，那就让他接班好了。如果"二把手"只有"坤"之特质，那就应该继续"厚德载物"，别让他勉为其难，被架上去炙烤的滋味可不是那么好受的。

第九章

例行做法

第一节　让专业人士做专业事情

在现代企业组织中存在着一条不成文的规定，就是谁的业务做得好，就提拔谁当管理干部，结果出现了大量"业务干部"。许多业务干部既精通业务，又擅长管理，他们是企业快速持续发展的骨干力量。与此同时，也有一些业务干部在管理岗位上出现水土不服的现象：他们干业务确是一把好手，但在带队伍、聚人心、促交流等方面存在着障碍，团队业绩也不尽如人意。究其原因，还是组织未能有效区分专业人士与管理干部的素质要求，在实践中将两者混为一谈了。

选拔业务专业人才，可以用"赛马不相马"的方法，简单明了。例如，公司评比营销能手，那就看在某一时间段内谁的产品卖得多。张三在单月之内卖了20辆汽车，李四只卖了15辆，那张三就比李四强，没什么好理论的。而在选拔管理人才当中，标准就不太一样了。《孔子家语·子路初见》记载了孔子的观点："相马以舆，相士以居。"依照孔子之说，我们可作如下理解：看马的好坏，就看它拉车的情况，跑得又快又稳的马就是好马，挑选业务人才类似于此；但是选拔管理人员不一样，不仅要看他平时表现（包括工作业绩），也要看他的人品如何，以及有没有管理方面的潜质等等。

　　依据上述分析，我们需要区分两种情况：一是既善理业务又懂管理的人才，他们在任何岗位都能如鱼得水，游刃有余；二是业务干得好，但实际上没有管理天分的人，一旦将他们提上管理岗位，后果往往比较糟糕。无论如何，我们无法否认许许多多的人深受"学而优则仕"文化的影响。一个人在某专业上表现出特别的才能，就想着往仕途上靠拢，就连李白、杜甫这样的大诗人也未能免俗。李白、杜甫的诗确实写得好，但他们对于官场的了解有些差劲，甚至可以归入弱智一类。好在他们也没有官运，否则可能会留下醒目的污点。比较而言，像东汉张仲景这类放弃做官而一心一意去研究专业的人才就严重偏少了。其实张仲景做官还是挺顺利的，由举孝廉出身，官至长沙太守，但他总是念念不忘悬壶济世，在任上的每个月都要专门抽时间为百姓看病。后来，他下定决心，放弃官位，集中心思研究医学，终于写成医学巨著《伤寒杂病论》，成为一代"医圣"。

　　从某种意义上来说，将那些没有管理天赋的专业人才硬推到管理岗位，不仅不是成全他，反而是害了他，甚至是毁了他。相应地，组织也会蒙受损失。倘若这个管理职位比较高，或者非常之高，譬如皇位，那么专业人才就有可能带来比较严重的后果。明熹宗朱由校是个比较典型的专业人才，他的动手能力很强，具有良好的木匠天赋，而且他发自内心地喜欢木匠活。他从小就与斧子、锯子、刨子打交道，当了皇帝之后仍不改初衷，成天沉迷于制作木器，盖小宫殿，成为不折不扣的"木匠皇帝"。明熹宗虽然一门心思干"专业"，没有履行好管理职能，但也没有过多地胡作非为，所以明朝并没有在他的手里玩完。还有些专业型皇帝就没那么幸运了，他们遇到的时势不太好，加上自己管理能力比较低，结果就玩出事情来了。著名诗人唐后主李煜全面继承了他老爹唐元宗的两大特点：一是喜好艺术，二是不善管理。李煜喜欢读书，擅长作文，工于书画，深谙音律，是位颇有造诣的艺术大师。南唐在他老爹那里已经相当混乱和衰败了，李煜只是更进一步而已。他怀着深深的忧愁，填下一首首婉转凄美的词。等到南唐灭亡之后，李煜在填词方面又上了一个新台阶，一首《虞美人》，让人读来潸然泪下！与李煜相类似的还有宋朝专业型皇帝宋徽宗赵佶。后人熟知宋徽宗多半是因为他的传世书法"瘦金体"，那可是宋徽宗自创的书法字体，独成一派，绝对是艺苑奇葩。另外，宋徽宗在画花画鸟等方面也自成一体，是古代少有的艺术天才与全才。可以说，除了不会当皇帝外，宋徽宗还真是难得的全面型艺术人才。可是他偏偏摊上了皇帝这份差事。那他该怎么办呢？自己不喜欢的事，本能地推给他人了，谁喜欢做让谁去做呗。于是那些经常过来讨要差事的奸臣，像蔡京、童贯等，就得到了足够信任和充分授权。宋徽宗当了亡国之君，其中重要原因是他不善于管理工作，常常沉湎于自己的艺术专业。

　　与上述专业皇帝相比，还有更离谱的。一些皇帝按照专业思路去治理国家，结果硬生生地弄得国破人亡，梁武帝萧衍与隋炀帝杨广就是其中两位比较突出的人物。萧衍是个迂腐固执的学究，杨广是位浪漫冲动的文学家，两人的共同之处在于专业素养相当之高，同时又依照专业思路去搞管理，最终将局面搞得一团糟，皇位没了，性命也弄丢了。

　　梁武帝萧衍不仅热爱学术、重视学术，而且还能做到知行合一、经世致用，但是比较要命的一点是，他好像并没有将书读通，他的理论应用更是离奇荒唐。萧衍非常博学，对儒道释等各个流派都有自己的见解，而且还勤奋著述，儒学和道家类有《孔子正言》《老子讲疏》等两百多卷，佛教类的著作又有好几百卷。放在现在的大学体制中，萧衍毫无疑问是教授级别，甚至是院士级别的"大咖"。他的心思可能基本上花在学术研究上了，以致对生活一点都不讲究。他平时穿布衣，一顶帽子一戴就是三年，卧室挂的帐子也只是木棉做成的普通黑色蚊帐，一条被子用上两年也舍不得换。他吃菜羹粗饭，不喝酒，也不听音乐。而对于学问，萧衍看得比命还重，如果有人在某方面超过了他，他还会利用其"综合影响"去逼迫他人。萧衍早年在学术圈就很有名气了，特别是在文学方面，他与当时著名文人沈约、任昉齐名。

　　文人嘛，在一起当然会玩文字游戏，一次萧衍与沈约一同讲故事，看谁知道关于栗的故事更多。沈约是文学大家，当然也是博闻多识，但面对萧衍这位皇帝"学霸"，心里还是直敲小鼓。他让萧衍先讲，然后自己再讲，讲到还差萧衍三条的时候，他就挠头抓耳讲不下去了，于是沈约干脆利落地输了。可文人到底是文人，喜欢我行我素，口无遮拦。沈约在宫内还能谨慎礼让，出了宫门，一张嘴就忍不住了，对人说：萧衍好面子，不让他一些就会羞死的。沈约的话一出口，没多久就传到萧衍耳朵里去了。他被戳到了痛处，像是被人狠狠地扇了一记耳光，心里那个火啊！于是，大文人沈约因为一时嘴快，最后竟然被逼死了。

　　萧衍可能对自己的学术水平太过自信，认为依靠自己的行为表率和理论说服就可以治理好国家，而法律制度则退居其次。他对佛教戒律了如指掌，遇到判处死罪，他总会流下眼泪，一整天都不高兴。对于士族犯法，他一律宽免，自己的亲属哪怕犯了谋反罪，他也是边哭边教诲一番，然后完事了。结果，王侯变得无法无天，甚至有人在光天化日之下在街上公开杀人。后来，萧衍对佛教的研究估摸是走火入魔了，将自己幻想成了佛的化身，他一而再，再而三地到寺庙舍身，朝臣就一趟趟跟着跑，花费巨资去赎回这个"皇帝菩萨"。最后，梁朝陷入动荡，萧老师被乱臣侯景关了起来活活饿死了。

隋炀帝杨广，虽然也是文学家，但与萧衍相比显然不是同一重量级的。杨广在文学上有点名气，但好像并不是很大，他发表过一些诗文，如《江都宫乐歌》等，总体上成就并不高。但杨广的性情实实在在是位诗人，而且还是位狂热冲动的诗人。杨诗人想干什么就马上付诸行动，他喜欢玩乐，好与他人决斗，只求痛快，完全不计后果。杨诗人刚刚坐上皇位，就想迁都洛阳，于是马上征发数十万、上百万丁男集中干活。他出游江都，随从就有一二十万人，拉船的壮丁数量也够吓人的，八万。后来他又瞄上了高丽，一次没打下来就打第二次，第二次不行就第三次。结果，三次战争下来，隋朝国力耗尽，农民起义爆发了。面对乱七八糟的时局，杨广撒腿就跑，到了江都，但他依然无法冷静下来面壁思过，而是继续每晚带领上千人的队伍，喝酒作乐，醉生梦死。某次他照了一下镜子，叹息着说：我这颗脑袋长得还是蛮漂亮的，不知道谁会斩了它！诗人就是诗人，死到临头还浮想联翩。不过，最后杨广之头并没有被斩，他是被绞死的。平心而论，隋文帝杨坚留给杨广的家底是相当殷实的，但没想到杨广在短短的十来年内，竟将之挥霍殆尽，可见诗人的想象力确实不同凡响。

为了避免误解，最后要重申一下，本文所强调的"让专业人士做专业事情"，特指那些专业能力突出但缺乏管理潜能的人才，让他们一心一意做好自己的专业，应当可以在某些领域做出贡献。而那些全能人才，譬如工匠出身的高管、诗词大家兼高管、书画高手兼高管、文学家兼高管等等，均在本文所指"专业人士"之外。倘若天纵英才，唯有天空才是他们的极限，哪里轮得到我等为之担忧呢。

第二节　不能只选任与己类似人才

物以类聚，人以群分，大约这是与生俱来的本性，确也无可厚非。而在组织中，倘若主事者依性而行，只选用与自己相似的人才，长此以往，那么组织中的人才生态就失调了。犹如只有单一品种的林场，一旦闹起虫害，就会影响到一大片。上述道理简单易懂，可在实践过程中，数量不菲的管理者还是一而再，再而三地犯下类似错误。其人其事，今天读来仍让人摇头叹息。

战国时期，秦国国君秦武王嬴荡以好勇闻名，也喜欢和任用大力士。秦武王过于痴迷于力大无穷之人士，闹出了十分严重的后果。秦武王本人就生得牛高马大，孔武有力。他自认为是天下第一，非常喜欢与那些大力士进行比试。秦武王作为一国之君，当然不遗余力地选拔那些力大之人。秦国的大力士于是遇上千载难逢、脱颖而出的好时机，乌获与任鄙就是其中的代表人物。他们两位都是将领之后，力量出众，因此得到秦武王的喜爱，获得了高官厚禄。秦武王好力士，名气很快传播开去，其他国家的人才也前来投奔。齐国就有个叫孟贲的人，力气大得吓人，而且还是个天不怕地不怕的角色。据说孟贲在陆上不怕老虎豺狼，在水中不怕深水蛟龙，想去哪里就去哪里。他倘若脾气上来了，怒吼一声，犹如雷鸣一般，震得大地都在颤抖。他曾经见到两头牛在打斗，牛角缠绕在一起。孟贲上去劝解，用手去推开那两头牛，虽然就那么一推，牛也感受到了力量的巨大。其中一头牛估计是脾气小一点，伏在地上，退出了比赛；另一头牛大概是没过够瘾，还在那里不依不饶。孟贲顿时火冒三丈，牛脾气被那头不听话的倔牛唤醒了，他伸出左手按住牛头，再用右手抓住一只牛角，将其硬生生地拔了出来。那头牛的火气马上没有了，然后一命呜呼了。孟贲听说秦武王之事后，心急火燎地离开齐国，兴冲冲地往秦国赶。在渡黄河之时，他才不管什么先来后到，抢先就要上船。其他人看不过去，纷纷指责他插队，其中一人还出面主持公道，用船桨敲了一下他的头。孟贲立马火了，狂吼一声，那声音震出了河水大浪，船身剧烈翻动，船上的人全都掉到黄河里去了。孟贲纵身上船，竹篙一撑，船儿就像离弦之箭，"嗖"的一下弹出数丈，一会儿就到了对岸。孟贲跳下船，直奔咸阳而去。后来，孟贲拜见了秦武王，得到赏识，当上了大官。

　　一群大力士能干些什么呢？当然是蛮干，比谁的拳头大。挑头大哥还是秦武王，他一直有个愿望未能满足，就是想去中原一带看看。秦武王长期生活在西陲，然而他很仰慕中原文化，希望能出去观光考察一下。从秦国到洛阳等地，中有韩国阻隔。秦武王恃勇好斗，他觉得韩国挡了他的道，就要将韩国给打下来。后来，秦武王真的打下了韩国，进入洛阳。周赧王听说秦武王带着人马过来了，赶忙派人到城外迎接。秦武王不喜欢繁文缛节这一套，没去觐见周赧王，却带着他的几位勇士，偷偷去了周朝的太庙。秦武王参观了太庙里的宝鼎，并细细看了鼎上所刻的九州名字和图腾。当他看到"雍"字宝鼎时，立刻热情高涨，说这是秦鼎，准备将它带回到咸阳去。太庙中的工作人员一听，吓了一大跳，连忙对秦武王解释说：这九个鼎每个都有千斤之重，从未有人能够移动。秦武王的好奇心一下子被激起来了，他问身边的任鄙和孟贲，要么你俩先来试试？任鄙先打了退堂鼓，他说我一般举百来斤，这家伙足有十倍重，估计够呛！孟贲心里也没底，但表示可以试试。孟贲使出全身力气，将鼎举了起来，离开了地面半来尺。可那鼎实在是太重了，孟贲发力太猛，眼球凸出，眼眶迸裂，鲜血一道接一道往下流。秦武王看过后，不以为意，准备亲自去试一下。任鄙一看这架势，估摸着要出事，赶忙去劝阻，说：大王您是一国之君，不能去冒险，出了事可不得了！秦武王很轻蔑地看了任鄙一眼，说：你自己举不起来就算了！还生怕别人能举起来！秦武王于是抓住了宝鼎，用力往上举，他还真行，也离地半尺了。可秦武王觉得还不够，想再走几步，那就很明显胜过孟贲了。不料一移步他就没力气了，宝鼎砸下来，压断了他的胫骨，秦武王便昏死过去。作为堂堂一国之君的秦武王，因为失血过多，当晚就直接死了！此事后果相当严重，必须得有人承担责任。昭襄王即位后，审查了这起举鼎事件，认定孟贲是引发者，将他磔死，就是裂身而死，真是惨！任鄙因为没有瞎附和，还主动进谏阻止，被认为没有过错，他后来做了汉中太守。

五代十国时期，也出了很多奇葩皇帝，与秦武王相类似，他们也喜欢选用与自己相近、有共同爱好的人才。后唐建立者李存勖，也就是唐庄宗。他本是位极其彪悍的猛将，一位不怕死的狠角色，却爱好看戏和演戏，后来竟然执意要提拔伶人当官，将整个朝局弄得一团糟。李存勖领兵打仗绝对算得上一把好手，后唐的江山就是在他的带领下打下来的。他领兵大败朱温50万大军，气死了朱温；他攻取幽州，活捉刘仁恭；他大败契丹，迫使耶律阿保机退回北方；他还同朱温的儿子梁末帝展开大战，并最终灭了后梁。按常理，李存勖应该像秦武王一样宠爱武将才对，可他偏偏反其道而行之，当上后唐皇帝之后醉心于演艺事业。李存勖可谓货真价实的"发烧友"，被时人称为"李天下"。该艺名绝不是浪得的虚名，而是有据可查。李存勖不仅仅是看看演出而已，他还经常正式登台，化妆一丝不苟，表演也是十分入戏。某次演出过程中，自称"李天下，李天下"，一个优伶听后，直接上去扇了他一个大嘴巴，然后责备道：理（李）天下的只有一个，你怎么叫了两个？李存勖就是大度，他听后乐得合不拢嘴，厚赏了这个优伶。在李存勖这把大保护伞下，优伶们身价倍增，他们出入朝廷，偶尔还会侮辱一下朝廷官员。大臣们虽然心里冒火，但敢怒不敢言。后来，李存勖越玩越大，准备封伶人当刺史。无论如何，官位还是相当稀缺的资源，于是有人出来劝谏，说新朝刚刚建立，许多跟您一起出生入死的将领都还没封赏，如果让伶人去当刺史，恐怕大伙儿会不服气。可李存勖主意已定，对反对意见不予理睬，真的让伶人当了官。那些将士见此情形，气得发疯。将领们只擅长于打仗，即使想改行进入"演艺圈"估计也是力不从心。于是他们想出了另一个解决办法，就是拥立新的皇帝。几年之后，将士们拥戴大将李嗣源（李存勖父亲李克用的养子），向李存勖反攻。李存勖还像从前那样无所畏惧，亲自上阵冲杀，可惜这次时运已不再站在他那一边，勇猛一世、糊涂一时的唐庄宗李存勖被乱箭射死。

　　南唐后主李煜是一个纯粹的艺术家，宠爱的也基本上是文人。南唐晚期，文学之风相当盛行，中主李璟就爱好填词，围绕其周围的是一批能文善谄之徒。后主李煜则更进一步，他除了能填词，书法、绘画、音乐也是无所不精。李煜，加上他父亲李璟，连同宰相冯延巳，号称"二李一冯"，是当时词坛的代表人物。李煜填词确为一绝，但其他方面就不敢恭维了。他由着文人的本性纵情声色，沉醉于饮宴歌舞，而对国家治理没啥兴趣，对北宋的威胁毫无办法，只能委曲求全，苟且偷生。北宋大军攻打南唐，用大船与竹筏等搭建浮桥，准备渡过长江。得到消息时，南唐君臣正在喝酒、看演出。李后主抽空问了一下身边大臣该怎么办，一位臣子把握十足地说：从古到今，就没听说过有搭浮桥过江的；不必理会，继续喝酒！李煜一听，非常高兴，乐呵呵地回应：我早听说过，这不过是小孩子在玩把戏罢了！南唐这个"文人朝廷"荒唐如此，当然很快就被北宋灭掉了。李后主作了北宋的俘虏，但国恨家仇让他的词作上升到了更高层次。坐了两年班房之后，李煜在他生日那天，让以前的宫伎演唱他的新词《虞美人》：

春花秋月何时了，往事知多少？

小楼昨夜又东风，故国不堪回首月明中。

雕栏玉砌应犹在，只是朱颜改。

问君能有几多愁，恰似一江春水向东流。

歌词饱含亡国之痛，词人的满腔悲愤犹如冲出峡谷的江水，滔滔不绝。如此悲凄的歌声当然格外扣人心弦，房外有人听到之后，告知了北宋皇帝。宋太宗赵光义听到消息，勃然大怒。心想李煜这小子真不是个东西，让你吃好喝好，你还在那里哭哭啼啼，长吁短叹。如此下去，岂不坏了我的名声！于是赵光义当机立断，派人把他给毒死了。一代天才词人李煜，为词而生，因词而亡。

陆贾曾向汉高祖刘邦陈述说："文武并用，长久之术也。"国家要有开疆守土的武将，也需要治邦安民的文士，两者缺一不可，不能互替。前述几起案例貌似荒诞，却是真实的历史存在。我们应该从中有所感悟，并对某些偏颇进行纠正。认识和接纳那些"异类"，给予他们必要的地位和应有的尊重。一文一武，阴阳平衡，组织才有可能经受各种考验，健康持久地发展下去。

第三节　功成身退：欲说还休的古代官场隐秘规则

跟随上级开创事业，筚路蓝缕，殚精竭虑，劳苦功高，那么在功成名就之后，一个人是不是就会得到相应的回报和待遇呢？在正常情况下，应该会获得相应的结果。例如唐太祖李世民，不仅重用当年秦王府的忠贞部下，还选择具有代表性的功臣，将其画像绘入凌烟阁，给予他们无上荣耀。类似事例，不胜枚举。当然，凡事皆有正反两面，光明的背后往往就是阴暗。在过往历史之中，确实出现过不少负面案例，因为种种特定的时代原因而导致事情成功之后君臣相互猜疑、分道扬镳，甚至痛下杀手，让人深感历史风云的变幻莫测。如果仅仅停留于道德层面的思考，简单地认为某个君主存在品质问题，那么就有可能将历史拷问过于表面化了。其实，随着切身利益的不断发展变化，人与人之间的道德信任很难靠得住。战国时期的张耳、陈余曾是莫逆之交，两人一起开创事业，但随着势力逐渐壮大，两人出现分歧乃至反目成仇，最后弄到都想置对方于死地而后快。对照前车之鉴，后世君主也在努力探索新的解决办法，希望更加仁慈地对待曾经的有功之臣。哪怕是不得不各走各道，也可以好聚好散。倘若日后再有重逢，说不定也会出现"渡尽劫波兄弟在，相逢一笑泯恩仇"的温情画面。

　　越王勾践与大臣范蠡、文种的旧事颇具示范意义。范蠡与文种一同陪同勾践经历了从谷底到巅峰的过程，功德圆满之后，两人由于不同的选择而得到完全不同的结局。

　　勾践自年轻时起就是个狠角色，为求成功不惜血本。他的父亲允常刚去世，吴王阖庐觉得这是个机会，就派兵攻打越国。勾践还在当孝子，听说世仇吴国的军队又打过来了，怒火中烧。他想出了一个闻所未闻的狠招，准备在气势上一举摧毁敌军。战争开始时，越军派出一支敢死队，一共三排，无所畏惧地集体向前。他们没有狂叫着冲向吴军，而是突然停止，拿出兵器，齐刷刷地将自己捅死了！吴国士兵看到这个场面，目瞪口呆，心里基本上已经崩溃了：越军可能并不想拼个你死我活，而完全是同归于尽的架势！就在吴军发蒙之际，越军以排山倒海之势猛冲过去，结果自然毫无悬念，吴国大败，吴王阖庐被射成重伤，最后死掉了。

还有一点可以体现越王"狠"的特点，就是遭遇失败时，勾践也想要玉石俱焚。吴王夫差当政之后，吴国日益强大，吴越之间不可避免地再次迎来了较量。本次失利的一方变成了越王，他被围困于会稽山上，一筹莫展。文种代表越国去求和，却未得许可。勾践打算将妻子儿女全部杀死，将所有珍宝焚毁，然而带着仅有的五千人与吴军火拼。好在文种想出了曲线救国的招数，就是通过贿赂吴国宠臣伯嚭去说服夫差。最后，外交工作成功了，勾践才停止了疯狂念头。当然，勾践最为世人所知的是他卧薪尝胆、发愤图强，最后一举灭掉吴国的励志故事。如果从勾践的系列事件来考察，就不难发现他的内在性格还是一以贯之的：从争强斗狠到隐忍待发，再到称霸之后的奢侈放荡，他只是在展现其内心的不同侧面而已。

范蠡虽然竭力帮助越王成功灭吴，但他对勾践"可与共患难，不可与共乐"的阴毒性格认识得十分到位，并在心里早早做好了功成身退的打算。勾践成就霸业之后，身为上将军的范蠡向他递交了辞职信。勾践极力相留，并表示将对范蠡进行土地奖励。范蠡对此心知肚明，悄悄地收拾金银财宝，带上手下渡海远走了。勾践则顺水推舟，给了他一个名誉奖励：将会稽山分封为范蠡的城邑。相比而言，文种的思想认识不及范蠡深刻，行动也迟缓，结局也就悲惨得多了。范蠡虽然独自远走，但仍然牵挂着昔日共同战斗的老伙计文种。范蠡给文种写了封信，指出越王的人格缺陷，劝其好自为之，因为鸟尽弓藏、兔死狗烹，越王有可能忘恩负义和恩将仇报。文种阅信之后，便以生病为由不再上朝。但此时已经迟了，有人向越王进谗言，诬陷文种将要作乱。越王二话不说，就赐给文种一把剑，让其自尽。而勾践向文种声明的理由也是让人惊掉下巴：你一共教我伐吴之计七条，我只用了三条就成功了；其余四条也该试试，你去先王那里去检验一下效果吧。文种最终以这种方式退场，确实显得太过悲惨。

历史不会重演，但某些过程还是惊人的相似。汉高祖刘邦与淮阴侯韩信之间的恩怨情仇，则进一步印证了范蠡的主张：该退出时就退出，不仅是"身退"，还要"心退"。

刘邦自然要比勾践大度得多，但迫于险恶多变的外部环境，他也不敢无条件地信任得力大臣，包括对萧何也时不时觉得有点不放心。至于韩信，本来就不是他的嫡系，从头到尾可能都没有完全信任过。韩信刚出道时，投奔的是项梁；项梁战死，他又归于项羽；多次向项羽献计不被采用之后，韩信才归附了刘邦。韩信起初担任治粟都尉，就是管理粮仓的小官，而且迟迟得不到升迁。虽然萧何很欣赏他，也多次向刘邦推荐，但还是没有得到提拔。由此可以看出，刘邦从一开始并不看好韩信，不觉得其有多少过人之处。待到"萧何月下追韩信"之后，刘邦觉得诧异，不理解萧何居然如此推崇韩信。在萧何的全力担保下，刘邦大约也是抱着试试看的心态，任命了韩信为大将军。当然，韩信的见解很独到，打仗也是常胜将军，终于得到了刘邦的赏识。

赏识归赏识，并不代表刘邦十分信任韩信，事实上恰恰相反，随着韩信手中的兵权越来越重，刘邦对其的猜忌也是与日俱增。事情的发展往往经由量变而达到质变，其中有几个节点还是较为明显的。

其一，韩信装傻抢占军功。为收服齐王，刘邦派出辩士郦食其前去齐国游说。郦食其也不负众望，成功说服齐王田广，双方把酒言欢，不再将对方视为外人。韩信明知事情真相，但禁不起谋士蒯通的劝说，假装并不知情，向着齐国长驱直入。最后，齐国被韩信占领了，而代表汉王的谋士郦食其则被齐王活活地烹死了。从该事的本质上看，韩信其实是在与刘邦争功，犯了当时政治游戏的大忌。

其二，韩信逼迫刘邦封其为齐王。韩信当上了齐国事实上的一把手，但没有名分，于是找了个借口向汉王讨要代理国王的名号。当时，刘邦正被楚军团团围困在荥阳，愁得吃不下、睡不着。刘邦看完韩信使者捎来的信件，勃然大怒。好在还有张良、陈平等谋士保持了头脑清醒，建议汉王不如顺水推舟，以争取韩信的军事支持。刘邦虽然拐过了弯来，并立韩信为齐王，但心里仍然是万分的不快。

其三，韩信庇护楚国逃将钟离眜。韩信被改封为楚王之后，去了自己的封地。钟离眜原先就与韩信要好，他在项王死后本就无处可去，于是投奔了韩信。但是刘邦非常怨恨钟离眜，要求楚王全力缉拿他。恰巧有人告发楚王意欲谋反，韩信处境就越发艰难了。为了向皇帝表明忠心，韩信取了钟离眜的首级，然后去拜见刘邦。刘邦为了显示自己的大度，在抓了韩信之后又放了他，但还是剥夺了他的实权，给其淮阴侯的封号，聊作安抚。

旁观者清，但当事者迷。韩信精通军事谋略，而政治智慧显得不足。韩信杀了大将龙且之后，威震天下，就连一向高傲自大的项王都感到恐慌，于是项王派出盱眙人武涉去游说韩信。武涉替韩信分析了他掌控的军事力量，以及他与项王、汉王的关系，指出他在楚汉争霸形势下的重要地位，认为他完全可以与项王、汉王一起三分天下，独自称王。韩信听后，指出以前项王待他不好，而汉王对他异常重视且关心照顾得无微不至，所以他不忍心背叛汉王。之后，韩信的重要谋士蒯通精心组织了一次谈话，希望说服韩信建立独立王国，成为三极鼎立中的重要一极。韩信犹豫了比较长的时间，还是断定汉王会认同自己的功劳，不会过河拆桥。其实，韩信坚定地跟随刘邦，本身并无不妥，因为汉高祖毕竟是一代人杰，有格局，也能容人。事实上，高祖在陈地将韩信捉拿之后，并没有将他怎么样，只是剥夺了他的楚王地位，赦免了他的罪过，改封为淮阴侯。高祖的用意其实已经很明显了：从此以后，请您回归普通人生活，安享荣华富贵。而韩信经此变故，心态明显失衡了，认为刘邦害怕并妒忌自己的才能，同时为自身地位低下而闷闷不乐，心生怨恨。

最后让韩信走向不归路的，是他那颗蠢蠢欲动之心，以及不合时宜的言行。韩信不满于平淡生活，希望联手另一位能人陈豨共同做一番事业。当陈豨将去赴任巨鹿郡守时，他特意来向韩信辞行，韩信借机向其表达了将来一块做点什么的想法。陈豨心领神会，欣然应允。而陈豨也是位说干就干的角色，在汉十一年时起兵反叛，韩信也积极行动，准备作为内应配合陈豨。然而，人算不如天算，韩信的行动秘密被人泄露出去。萧何与吕后合谋，假传陈豨兵败的消息，让韩信前去祝贺。韩信不明就里，去了宫里，即被吕后抓获，在长乐宫钟室被杀，牵连三族被诛。

韩信被杀后，还有一个小插曲，非常耐人寻味。高祖平定陈豨之后，回来得知韩信的死讯，心里既高兴又怜惜。他问了韩信的遗言，吕后如实转告：韩信说自己后悔当初没有采纳蒯通之计。于是，刘邦将蒯通抓来，准备将其烹杀。蒯通大喊冤枉，并作了自我辩解：秦朝瓦解，天下豪杰纷纷追逐帝位，陛下您也只是其中之一而已；本人当时只知韩信，并为其效忠；陛下您现在成功了，难道可以将其他各路人士赶尽杀绝吗？刘邦认为蒯通说得在理，于是赦免了他。相比之下，韩信就缺乏觉悟，在大局既定的情况下，还想着再次"逐鹿中原"，结果也只能是落得身死族灭的下场。

上述两例具有一定的典型性。勾践对范蠡的悄然隐退还是满意的，并从名誉上对其进行保全；刘邦、吕后则对韩信的牢骚满腹心生猜忌，最终对其痛下杀手。比较而言，宋太祖"杯酒释兵权"的做法还是有其过人之处的。赵匡胤在陈桥驿被属下黄袍加身，夺取后周政权，建立了宋朝。当上皇帝之后，赵匡胤在宰相赵普的劝说下，心里隐隐有些不安，担心属下这些武将们将来也会模仿自己的做法，于是他有计划、有步骤地裁减武将职位与权力。最后，赵匡胤将最为亲信的老朋友石守信等人找来，喝酒叙旧。借着酒劲，赵匡胤坦率地吐露了心声：做皇帝其实挺难哪，一年以来我就没睡过一夜安稳觉！石守信等人忙问是何原因。赵匡胤说：道理明摆在这里啦，谁不眼红皇帝的位子啊！石守信等人吓坏了，赶忙磕头，猛表忠心，并希望皇帝指明一条出路。赵匡胤于是说出了本次喝酒的意图：希望他们交出兵权，挂着闲职，安度晚年；朝廷也将厚待他们。石守信等人第二天就递上辞呈，赵匡胤也是言而有信，给他们每人都赏赐了丰厚的财物。从某种意义上讲，宋太祖虽是武将出身，却颇具悲天悯人的情怀，对扭转唐末五代以来的滥杀之风发挥了重要作用。

后世之人对以往历史应该是大致清楚的，但为何很难处理好患难与共且功德圆满的君臣关系呢？大约这就是复杂的人性，各不相同，各想各头：对于坐上最高权位的皇帝来说，他要劳苦功高的臣下交出权力，确实很难启齿，这很容易留下过河拆桥的骂名；而那些栉风沐雨、出生入死的有功之臣，他们想着两手空空返回家乡，确实也会心有不甘。皇帝与功臣之间的关系之所以如此纠缠不清，当中既有制度上的原因，也有当政者个人原因，当然也会有臣子功高震主却不知收敛的性格原因。在"家天下"的旧模式下，皇帝只有竭尽所能维系住与功臣之间某种微妙的平衡，臣子也在运用处世谋略力求明哲保身，双方才能尽可能避免出现两败俱伤的局面。而想从根本上解决好这一问题，大约只有在新的治理体系下才有实现的可能。

第四节　不哑不聋，不做大家翁

"家国一体"是中国传统文化的重要特色：家是最小国，国是千万家。因此，作为一国之君，同时也要扮演"家长"的角色。有句古语说得好，清官难判家务事。家庭内部纠纷，公说公有理，婆说婆有理，往往剪不断，理还乱。将"家国一体"的理念用到管理当中，就要学会"难得糊涂"。正如俗话所说：不哑不聋，不做大家翁。当然，当家作主不是真的要在听说能力上出什么问题，而是有些时候要学会放手，故意装聋作哑。《荀子·王霸》强调："治近不治远，治明不治幽，治一不治二。"一把手要讲究"难得糊涂"的艺术：先治理好身边的事情，远处的事情可以放一放；先要处理好明处的事情，暗处的事情暂且不去管它；先抓好根本性的大事，而不要拘泥于各种小事。万物在事理上都有相通之处，譬如给琵琶上弦，大弦不能太紧，否则小弦就会崩断。制订政策，重在指明方向，确定原则，不能过于具体，否则经办人就没有回旋余地，不好操作。

我们来看一则唐代宗与郭子仪的旧事。"安史之乱"给唐朝带来空前灾难，唐玄宗从京城狼狈西逃，一直到达成都。乱世尽显英雄本色，郭子仪横空出世，击溃安禄山，成功收复两京。唐玄宗最终还都，郭子仪功不可没，他也得以封王。

到了唐代宗时期，郭子仪受到皇家恩宠更是无以复加：代宗直接将公主许配给郭子仪之子，代宗与郭子仪结成了正儿八经的亲家。郭子仪之子与公主一起过日子，时间一长，也会发生一些争吵和不愉快。一次，两口子争执起来，还吵得很厉害。郭子仪之子对公主说：别看你是个公主，其实没什么了不起的，要不是我父亲替你们李家将天下打回来，你还能当得了公主吗？年轻人说的虽然是大实话，但也确实说得太过了。估摸是当时酒喝多了，借着酒劲，一时口无遮拦。公主一听，那火气是噌噌地往上冒：你小子真是吃了豹子胆，连我家也敢顶撞，一定要让你见识一下什么是皇家威严！公主可是真生气了，回到宫中，找到父亲，就一把眼泪一把鼻涕地哭诉起来。

　　那边郭子仪听到动静，赶紧过来了解情况，问明之后吓得脸都白了。事情闹出来了，后悔也没用，得马上想个办法补救。郭子仪到底是见过大世面的人，他一不做二不休，直接将儿子绑了，押送进宫去。唐代宗先听到公主的申诉，心里隐隐不快，正寻思该怎么处理，却见郭子仪将儿子五花大绑推了进来。唐代宗是个明白人，一看这架势，知道自己还没开口，嘴巴已被郭子仪给堵上了。他本来的那点气，也立即烟消云散了。唐代宗向郭子仪客气了一番：亲家公您这是干吗呢，怎么将我的宝贝女婿给弄成这副模样？郭子仪见代宗给了台阶，也就顺着往下走，再次训斥了儿子：年轻人真不懂事，乱说话！唐代宗进一步安慰郭子仪：小两口拌嘴是常有的事，我们老人家何必去掺和呢。一场争执就此平息。上述故事后来还被编写为京剧，以及其他地方戏，"醉打金枝"的故事就此流传下来，既生动风趣，又意味深长。

　　当一国之君也好，做一家之主也好，要想将内部管理好，将人员之间关系协调好，都不是简单的事。宋太宗在讨伐并州途中，路过潞州一个农民家庭，听说这家五世同堂，感到好奇，就召见这个大家庭的家长，问他用了什么办法让五代人在一起和睦相处。老人如实相告：哪有什么办法呢，只是能够相互忍让罢了。宋太宗听了，觉得老人说得非常在理。此外，《旧唐书》也记载了类似事件。一位叫张公艺的老人，他家居然是九世同堂。此事惊动了皇上，唐高宗亲自驾临其家慰问，并细问九世同堂的奥秘。张公艺没说话，而是用笔在纸上写一个字，一个奇大无比的"忍"字。高宗看毕，鼻子一酸，一行热泪就流了下来。唐高宗感觉这一趟跑得太值了，明白了治家治国的不易，感动之余又赏给了张公艺许多绸缎。世界上最难处理的就是人与人之间的关系。能够将人事工作梳理好，让各方面都能基本满意，那一定是识大体、顾大局之人，也是懂得全局治理之道的人。

至于一些才气偏执之士，未得重用常常牢骚满腹，而得到赏识提拔后往往又居功自傲。这也是人性，是与生俱来的东西，只不过在不同的人身上表现出来的程度不太一样而已。对于才能卓异之人，管理者应充分尊重其个性，了解其存在对组织生存发展的价值。对于他们的一些非常举动，只要不触碰底线，就睁只眼闭只眼好了。

古语说得好：水至清则无鱼，人至察则无徒。水太清澈了，鱼儿就无法生存；一个人如果事事明察，就没有跟随者了。其实，后面这句话还可以进一步演绎，就是领导者可以做到明察秋毫，但在一些无关紧要的事情上，应该要假装不知道，或者大度一些，不加过问。以家庭生活为例。一些人年幼之时，一旦没吃到好的，没穿上好的，或者与兄弟姐妹相比要差一些，心里就感到委屈，逮着机会就哭闹。等到自己当家作主之后，才知道柴米油盐酱醋茶可真不容易，也切实体会到"当家三年，连狗都嫌"的深刻含义。爹妈要孝顺，老婆也得罪不起。婆媳之间起了争执，那才叫个苦：左安抚，右劝说，和稀泥的功夫必须是超一流。你是一家之主，必须稳定局势啊，不管是哪方面都得罪不起。当然，如果"和稀泥"的功力修炼到家了，这边揉一下，那边捏一下，方方面面都气顺了，那么你就让家庭达成"和谐"了，别人就觉得你真有两把刷子。

　　当管理者也是这么个理。有时，双方在某件事情上僵持不下，管理者过去一看，发现问题很简单。可如果你马上宣判某一方对、另一方错，那就坏事了。因为你进一步探究，很可能发现双方其实并不是在争吵事件本身，而是互相之间还有一些其他纠葛，他们不过是借此事来宣泄罢了。像上文提及的郭子仪，他本人已做到了极致，差不多符合圣人所提出的标准了。但他儿子的修行功夫没到火候，将一些"潜台词"给说破了。那该怎么办呢？还得推给当家的去处理。郭子仪深明大义，唐代宗心照不宣，两位当家的一配合，将揭开的盖子又原封不动地盖了回去，一场闹剧就哈哈一笑收场了。因此，明白事理之后，就应该清楚官做得越大，就越难平衡各方面关系。所谓"高处不胜寒"，越往上就越没人能说上几句心里话：理还是那个理，但是不能说。皇帝自称"孤家寡人"，因为已到最高层，位于金字塔尖了，没有并排坐着的人了，真心话只有自说自听，当然孤独寂寞了。端坐皇位，九五之尊，却还有一大堆麻烦事要应对：上有老天的监督，中有忠直大臣的直谏，下有黎民百姓的满满期待。哪能一下子处理过来呢？肩负重任，道路遥远，急不得，只有慢慢来。如果碰到路边有几个不知趣的，说了几句不中听的话，也只好装作没听见，笑笑就过去了。

第五节　马先驯而后求良

　　据文献记载，吐蕃进贡给唐太宗一批宝马，除了一匹名叫"狮子骢"的烈马之外，其他全被驯服了。唐太宗问谁能制服这匹暴脾气的马，武则天说她可以。唐太宗很是奇怪，问她准备用什么方法。武则天说她准备用三样东西：铁鞭、铁锤和匕首。其实武则天所说的办法很简单：先用铁鞭抽马，若不服，就用铁锤砸它的脑袋，假若还不服，就直接用匕首捅了它。翻阅历史，持有与武则天类似想法之人不在少数。《淮南子·说林训》鲜明指出："马先驯而后求良。"主子选择马匹，先要看它是否驯服，然后再看它是否优良。用在管理当中，领导者对下属的第一要求是绝对忠诚和服从，在此基础上再来考察其能力的优劣。倘若下属不服管教甚至存有二心，管理者就会痛下杀手。

有点常识的都知道，烈马很难被驯服，骑手除了要有高超的骑术、顽强的意志之外，还要能够懂得马的性情。诸葛亮七擒孟获，使之心服口服，其实就类似于骑手驯服烈马。如果烈马实在驯服不了该怎么办？武则天之言其实揭开了历史温情脉脉的面纱，露出了鲜血淋淋的真相。

再来重温一下曹操与杨修的旧事。曹操大力倡导"唯才是举"，内心里对人才还是相当渴望的。但对少数恃才傲物者，他也会忍无可忍，甚至置之死地而后快。杨修聪明过人，却不知收敛，最后被曹操结果了性命，令人扼腕叹息。《三国演义》第七十二回生动形象地叙述了杨修之死的前因后果。当然，《三国演义》只是历史小说，不能当作历史故事来读，但小说在很大程度上尊重了人物原型，并由此进行了艺术化概括和提升，因此通过小说中的故事情节，我们还是大致能够了解历史人物的真实想法。

组织管理者希望下属能够尊重其主导地位，哪怕是自己有一些不到位的指示与意见，下属最好也能委婉地补充或是暗地里给台阶，千万不要与管理者唱对台戏。曹操去视察新建的花园，对之不置可否，只是取笔在园门上写了个"活"字。曹操出了个字谜，本想考验一下众人的智慧，杨修猜到了谜底，但没领悟曹操的用意，竟然直接将答案告诉了工匠："门"添"活"字即"阔"。曹操的猜字游戏被杨修弄成了小儿科，使他很没面子，心里当然不高兴。后续事例更像是杨修在搞恶作剧。塞北进贡酥饼给曹操，曹操信手在上面写下"一盒酥"三字。杨修进去看见，竟然与各位一人一口给吃了。曹操问其故，杨修说：您不是明明写着"一人一口酥"嘛，我们怎敢违抗您的命令呢？曹操面上假装笑嘻嘻的，心里则很不痛快。说到底，像这种无所谓的事情，如果换作是曹操的亲信干的，估计他不会心生不快。问题是杨修与曹操的关系不仅说不上亲密，甚至连基本的信任都没有建立起来，杨修在这里明显是玩过头了。

　　组织非常讲究等级观念，不同层级负责不同事务，核心问题，如战略、人事、财务等，只能是由最高管理者去决断。倘若下属不知深浅去插手干涉，就有可能犯下大忌。曹丕与曹植在明争暗斗接班人的位子，杨修则充当曹植的指导老师。杨修确实很聪明，在一些难题的应对上，他总能找到解决的办法。曹操出了一道试题，让曹丕和曹植通过邺城的城门，同时又让人吩咐守门士兵拒绝放行。曹丕碰了一鼻子灰，就打道回府了。杨修教曹植解题的方法，如果士兵阻拦，就以王命斩杀，结果曹植成功出了城门。诸如此类的事件很多，都体现了杨修"智多星"的风范。但杨修只是赢在"术"的层面，他并没有清醒地意识到，自己插手继承人之争，其实犯了大忌。后来，曹丕向朝歌长官吴质求助，杨修得到消息后竟然直接向曹操报告。吴质毕竟更为老到，马上改变计划，让杨修的"致命一击"成为诬告。当曹操查明杨修真的在干涉自己的接班人考察计划时，就已经下定了要诛杀杨修的念头。

组织强调纪律严明，一切行动听指挥。作为下属，哪怕心里认为上司的命令存在问题，也要先执行，然后再找机会提出合理化建议。曹操虽然起了恶念，但也得找个由头来付诸实施，他一直在等待这个机会。而杨修更像个心思单纯的书呆子，死到临头还一点都没有意识到。故事的高潮部分终于到来了，曹操借"鸡肋"事件收拾了杨修。在给出"鸡肋"的夜间口号时，曹操本人都没有深究其中含义，但聪慧过人的杨修立马从中参悟了曹操的潜意识，并预判主公不日将班师回朝。曾国藩在其家书中指出：聪明外露者德薄。杨修之所以坏事，就在于他喜欢耍小聪明，而且玩起来忘乎所以，不分场合，不分对象。杨修读懂"鸡肋"含义之后，竟然直接收拾行李了。自己偷偷收拾一下也就算了，他居然让夏侯惇也赶紧打包，免得到时候慌乱。如此一来，人人都跟着整理东西，一时混乱不堪。曹操查明原因后，面子上当然挂不住，军营之中居然有人擅作主张，扰乱军心，杀无赦！于是杨修年纪轻轻就玩完了。虽然事后证明杨修的解读是正确的，曹操大败，他也将杨修收尸厚葬了，但人死不能复活，杨修最终落得个"聪明反为聪明累"的悲惨结局。

回顾历史，可以看到不少统治者对"烈马"采取以暴制暴的态度和方法，一旦未将之降服，就有可能将之击杀。在以往的专制体制中，桀骜不驯之人也没有什么选择余地：学会文武世，货与帝王家；仅此一家，别无分店。因此，朝廷对于人才具有绝对的支配优势，不大会经常降低身份与人才进行平等交流和对话。

　　换个角度，从人才自身而言，如果有选择机会，则要做到"良禽择木而栖，贤臣择主而事"。在投奔之前，就要考察清楚情况，并作出理性判断，加入之后就要忠心耿耿，鞠躬尽瘁，死而后已。如果只能一条路走到底，那就没有多少商量的余地了：要么隐藏光芒、谨言慎行，要么寄情山水、逍遥一生。

第十章

文化纠偏

第一节　害生于恩：因宠而生的人间炼狱

依照常理，管理者在选人用人的实际操作中，往往会优先考虑自己熟悉和信任之人。如果出于公心并按规矩出牌，那么应先着眼于周边群体，其实这是选用人才的可行之道。但凡事都怕走极端，如果管理者只是关注和任用个人喜爱的一小撮人，那么就容易形成权力集中于某一群体的现象。在历史上，宦官与外戚专权出现得比较多，有时也会交替上演，由此引发出一些不良后果。那些不能融入特定圈子的人才往往很难找到出路，甚至会形成"万马齐喑"的悲惨景象。如再加上贫富悬殊，民心失衡，就有可能导致社会动荡乃至国破家亡的极端情况。《阴符经》深刻指出：害生于恩。言下之意，祸害是怎么生成的呢？是因为施与了过多的恩惠。官位与权力是社会稀有资源，如果过分聚集于某一人或某一群体，但这些人的品行与能力又不足以胜任，那么就很容易造成人位错配。时间一长，就会酿成大祸。对于这一历史现象进行细致梳理和剖析，可以大致了解它形成的原因与造成的后果，并时时提醒当今的人切勿重蹈覆辙。

从过往史实来看，宦官或近侍受到皇帝宠幸的现象不时出现。我们通常认为他们会阿谀逢迎，因而讨得皇帝的欢心。其实这只是问题的一个方面，因为一个巴掌拍不响，皇帝自身是非常重要的另一方面。我们可以来看一下明朝著名的"木匠皇帝"的例子。后世人了解明熹宗朱由校，多半基于两点：一是他喜欢干木匠活，二是他培养出了"客魏集团"。朱由校小时候相当可怜，童年时期差不多算得上"孤苦无依"。他父亲名朱常洛，是当时的太子，但很不讨他爷爷朱翊钧的喜欢。朱由校比他爸还要惨，因为他母亲在后宫斗争中失败了，受尽欺辱后死了。他几乎被全世界抛弃了，活得卑微而痛苦。好在他的奶妈客氏，本着村妇的纯朴本性，对他十分关爱。有了客氏照顾，朱由校的生活总算增添了一抹亮色。他像抓住一根救命稻草一样，紧紧依靠奶妈，吃饭和睡觉都一刻不离。平时有些闲暇时光，朱由校就玩一些木器，沉浸在自己的想象之中。没人关心他，他可以尽情钻研木匠技艺，以致手艺日渐精进。

在此期间，另外一个男人也走进了他的天地，那就是宦官魏忠贤。朱由校不喜欢读书，魏忠贤则是相当合格的玩伴，时间一长两人便难舍难分了。朱由校玩着玩着，突然得知他爷爷死了，在位四十八年的明神宗终于走了。他爸爸熬出了头，坐上了皇位。朱由校的命运开始发生转变，毕竟可以当太子了嘛。没想到一个更大的转折紧接着又来了，他父亲只当一个月的皇帝就驾崩了，于是他接过了皇位。朱由校虽然贵为天子，但他的心思仍停留在过去的岁月，后来终其一生也没能走出那个孤独和阴郁的世界。朱由校有了权力之后，自然而然地想着要报答以前对他有恩的人。他封客氏为"奉圣夫人"，任凭她在后宫折腾，俨然成了事实上的皇太后。此外，还有从前的玩伴魏忠贤，虽然目不识丁，也不妨碍他成为太监头头，即司礼监秉笔太监。

　　苍蝇不叮无缝的蛋。当权者自身潜在的心理需求，或许才是无名小辈最后实现飞黄腾达的主导原因。"木匠皇帝"的例子可能有些太过极端，差不多可以当作典型的精神病例去研究。再来看看乾隆皇帝宠幸和珅的案例，案情应该更为接近常人一些。在中国历史上，乾隆应该算得上有才气、有作为的皇帝，"康乾盛世"的盛名也是响当当的。但乾隆到了在位后期，确实干了不少糊涂荒唐之事，最为典型的就是宠爱和珅。经历早期的励精图治之后，乾隆觉得自己的文治武功也是非常显赫的，感到志得意满。如果各个方面都感到满足，个人反而会因此空虚起来。那种奇怪的感觉有点类似于登山，当你千辛万苦爬到了山顶，本想一览无限风光，但实际看到的却是空空荡荡、虚无缥缈的景象。乾隆皇帝估计也是这种心态，内心深处百无聊赖。于是，他在等待某个人，让他的生命再度生动和有趣起来。乾隆要出去一趟，当然得有仪仗啦，谁知标志性的用具黄盖居然找不到了。乾隆心里的气顿时不打一处来，大声斥责，官员们吓坏了，没人敢吭声。旁边一个小年轻却淡然地插了一句："管事的，不能推卸责任！"乾隆转身看了看说话的人，是个小校尉，长得眉清目秀的。乾隆的气消了一大半，关切地问他叫什么名字。青年回复说叫和珅。乾隆于是同他闲聊了一会儿，发现他回答问题十分流利，非常得体。皇帝一高兴，就宣布这年轻人为仪仗总管。后面之事就不赘述了，反正和珅办事件件让乾隆称心，说话句句让乾隆悦耳。将和珅比作皇帝肚里的一条蛔虫，可能并不为过。和珅得到的回报也是相当丰厚：不仅当上了户部尚书和议政大臣等高官，还与皇帝攀上了亲家，其子丰绅殷德娶了十公主。

　　说到底，还是当权者法外施恩，才让一些受宠之人占据了高位，从而形成"人位错配"的扭曲局面。无论是大权在握者多么一厢情愿，还是获宠者如何权势熏天不可一世，事情终归有个理在掌管着。种瓜得瓜，种豆得豆，屡试不爽。前述"客魏集团"掌握朝廷重权之后，上演了令人发指、惨绝人寰的杀戮丑剧，直接将大明王朝演变为人间炼狱。魏忠贤这位"小丑"一路上升，成为仅次于皇帝的"九千岁"。各路群丑纷纷投其怀抱，形成"五虎""五彪""十狗""十孩儿""四十孙"等不同的小群体。各地官员也纷纷仿效，阿谀奉承，唯恐落后。浙江巡抚潘汝桢上疏，请求立即为魏忠贤建立生祠。御史刘之待会稿延缓了一天，结果被革职了。但凡有点常识的人都知道，祠堂是为死人修建的，魏忠贤还活着呢，就有人急不可待地要建生祠，供奉活人。继浙江之后，各地纷纷效仿，于是魏忠贤的生祠遍布全国。魏忠贤掌管东厂等特务机构，对持不同政见者进行残酷打压，乃至迫害致死。对于主要政治对手东林党人，魏忠贤更是痛下杀手，导致东林党人基本上被清灭。魏忠贤又将尚书李宗延等五十余人开除，朝廷官署差不多被清空了。多行不义必自毙。"客魏集团"的结局只能是毁灭，而且是以一种极端的方式。"木匠皇帝"朱由校死后，崇祯皇帝朱由检继位。朱由检熟知魏忠贤的所作所为，很快采取了行动，将魏忠贤流放凤阳，随即下令逮捕法办。魏忠贤前去凤阳的路上听到风声，知道大限已到，就自行了断，上吊死了。魏忠贤死后被碎尸，头被砍下，并挂在河间示众。客氏也没好到哪里去，被人在浣衣局用鞭子打死。"客魏集团"以一种极不体面的方式毁灭了，但他们给大明王朝造成的伤害是全方位的，不仅是大量官员的贬损与死亡，而且还形成了官场朋党相争的恶劣风气，最终将明朝拖向了万劫不复的深渊。

比较而言，和珅为祸要小一些，也更为隐秘。和珅最为热衷的事情是贪污，但他可不只是接受贿赂，而是到了勒索强抢的地步。朝廷大臣和地方官员知情后就投其所好，一个劲地送他金银财宝和珍奇古玩。和珅还不满足，乃至直接向皇帝贡品伸手，先将那些精致罕见的珍品挑选和截留下来，剩下的再往上送。另外，和珅也善于自保和反击。陕西道监察御史曹锡宝不敢直接告发和珅，只是弹劾其家人刘全过度奢侈，和珅得知消息后立即进行了妥当布置，然后对曹锡宝反咬一口。乾隆对和珅高度信任，将曹锡宝革职留任，结果曹锡宝被活活气死了。

乾隆一死，嘉庆立马逮捕和珅，让其自杀，并抄没家产。抄家清单出来之后，还是让所有人惊讶不已：据估算，其家产价值 8 亿两白银，相当于清廷 10 年收入之和。和珅的所作所为虽然没有造成清朝元气大伤的严重后果，但他直接将官员的贪腐之风推向了高潮，从根本上腐蚀了清朝统治的基础。

更有甚者，受宠者胡作非为，直接将王朝老底玩完了。秦朝的赵高当属典型。赵高曾经当过胡亥的老师，教习文字和法律等内容。因为这种师生关系，胡亥对赵高也非常亲近。后来，胡亥进一步信任赵高，主要是因为赵高一手策划了废除公子扶苏、立胡亥为太子的阴谋。胡亥成功上位，摇身一变成为秦二世。赵高得势后，一手将秦二世带坏了。在赵高唆使下，皇帝杀伐功臣，诛戮宗室，自毁长城。等到自导自演"指鹿为马"的好戏之时，赵高的个人权势达到巅峰。之后，赵高进一步进入疯狂状态，竟然直接废掉和杀死二世，另立了秦二世哥哥的儿子子婴为秦王。子婴也非等闲之辈，他设计刺死了赵高，并诛其三族，在咸阳示众。至此，秦朝玉石俱焚。子婴投降项羽，也难免一死，宗族被屠。

宦官与近侍因得宠而飞升的史例显得既真实又夸张，他们在阴暗扭曲的心理支配下出现的言行也特别乖戾和龌龊，而由其直接与间接促成的毁灭性后果也让后人触目惊心和唏嘘感慨。如果我们觉得这些历史太过遥远，情节也过于荒诞，对今天的组织管理并无多少借鉴意义，那么我们就有可能再次进入历史误区。事情的表象可能会呈现较大差异，但其内在本质会存在相通之处。倘若心忧天下，情系组织，就应联系历史进行对比思考。将重要位子交给亲近信任之人，而其无力胜任，那到头来会还了他们，还会连累自己，乃至损毁组织，造成多米诺骨牌式的倒塌后果。皇帝与宦官近侍的特殊例子，也能起到"放大镜"或"哈哈镜"的效果，让我们得以管窥那些真实存在过的火烧油煎式的人间炼狱，并由此猛然警醒。

第二节　杀死"吕布"：正统文化拨乱反正的隐形力量

骑墙派能否左右逢源？化身变色龙，能够在黑暗丛林里逃出生天吗？讨论这一话题，还真有点让人不知从何谈起。现代诗人北岛有两句诗广为流传：卑鄙是卑鄙者的通行证，高尚是高尚者的墓志铭。很显然这是激愤之词，因为北岛明确表示了"我不相信"。当然，客观考察中国的历史，也不能否定曾经有为数不少之人依靠卑劣手段存活了下来。当时的人是如何看待和处置这些心术不正者的呢？对之进行一番梳理和探究，能够有益于后人摆正态度，少走人生弯路。

三国时期的吕布，其个人悲剧具有较高的典型性，我们也能从某种程度上看出社会文化对极端类型人才的容忍度。为了发展壮大自身实力，各路诸侯使出浑身解数来招揽人才。曹操"唯才是举"的主张颇具代表性，说得直白点，只要你有才，哪怕是品行差点，曹丞相也要了。吕布生逢其时，正是各方都想争取的那种专业非常突出的人物。单从武艺而言，吕布绝对算得上一员虎将，是那种真正厉害的狠角。吕布出道之后，一时成为诸侯们哄抢的"香饽饽"。然而好景不长，吕布由于自身的反复无常而逐渐被各方所厌弃。最后，他落到极度渴望贤才的曹操手里，竟然被直接斩杀了。事情为何发展到令人意想不到的地步，可能也只有从吕布的生命轨迹中去寻找答案了。

《后汉书·吕布列传》记载，吕布经常更换主子，"反叛"算得上是他身上最为明显的标志。我们简略地梳理一下，来看看吕布是多么喜欢干"反水"之事吧。

其一，侍奉丁原。吕布确是青年才俊，一开始就给并州刺史丁原担任主簿，很受赏识。那么，吕布是如何回报丁原的呢？很简单，直接杀掉了丁原。汉灵帝去世后，丁原率兵进军洛阳，支持何进去争夺控制权。不料何进失败，董卓占据了上风。而董卓及时向吕布抛出了橄榄枝，于是吕布对丁原下了黑手，然后投靠董卓。

其二，认父董卓。董卓得到吕布，喜欢得不得了，发誓与其情同父子。董卓当然视干儿子吕布为最为可靠的亲信，封官加爵不在话下。但后来，吕布又干下"弑父"之事。起因是董卓残暴异常，有一次吕布稍稍不合董卓心意，董卓竟然拔起手戟就向吕布投掷过去，好在吕布身手敏捷，才没被刺中。再者，吕布喜欢上了董卓的侍婢，两人一来二去就好上了。此事倘若被干爹知道了，后果肯定很严重啊。当司徒王允劝说他刺杀董卓时，吕布稍一犹豫就答应了。

其三，归附王允。王允对待吕布也很不错，任其为奋威将军，封为温侯。但时势急转直下，王允遭到了董卓同乡即"凉州帮"的反击，被打败了。吕布失去了依靠，只得逃亡。

其四，投奔袁术。吕布同"凉州帮"将领李傕交战失利，只得逃走。他带着董卓的头，跑到南阳，投向袁术的怀抱。袁术同样看重吕布，待他甚为优厚。但吕布不自重，放纵部下抢夺。袁术对之忧心忡忡，吕布见状就离去了。

其五，投靠张扬。吕布到达河内，张扬收留了他。因为吕布与"凉州帮"结下了梁子，李傕等悬赏捉拿他。张扬的手下准备动手，而张扬不同意杀吕布。无奈之下，吕布出逃。

其六，依附袁绍。比较而言，袁绍提供的平台更大一些，吕布也建立了一些功劳。可吕布想多带些兵将，袁绍没有答应。感觉到袁绍在猜疑自己，吕布待不下去了，希望返回洛阳。袁绍同意，派人欢送吕布，并准备在路上杀掉他。吕布很机敏，设计逃脱了。

其七，合伙张邈。吕布逃亡至陈留，太守张邈隆重接待了他。后来，张邈联手吕布，准备共同创业。吕布任兖州牧，不断扩展势力。曹操率军来攻，两军多次交战。最终，曹操在巨野打败吕布。

其八，逃奔刘备。被曹操击败之后，吕布跑到当时还是代理徐州牧的刘备那里暂时容身。刘备当时与袁术作战，双方相持不下。袁术了解到吕布的消息之后，便给他写信，引诱他背叛刘备，并承诺送上二十万斛米以及其他所需物资。吕布得信大喜，率兵立即进攻刘备，抓获了刘备的妻子儿子。可袁术却放了吕布的鸽子，并没有给他运送粮食过来。后来，袁术怕吕布报复，又向其示好，希望吕布能将女儿嫁给他的儿子。吕布本来已将女儿送出，可半路反悔，又将女儿追了回来。一来一往，吕布算是与袁术扯平了。

其九，再依袁术。尽管双方闹了许多的不愉快，吕布还是再次追随了袁术。战争还在继续，袁术联合吕布，对付曹操与刘备。打来打去，吕布最终还是成为输方，众叛亲离，被曹操擒获。

曹操当然了解吕布的骁勇能战，希望得到这样的虎狼猛将，但他更清楚吕布的为人，认为他这种狼子野心之人，难以久养。吕布见到曹操之后，大表忠心，并说如果自己率领骑兵，曹公带领步兵，两人合力，天下可定。曹操本来也有点心动，但这时刘备提醒了一句：您难道不知道吕布是怎样侍奉丁原、董卓的吗？曹操听后，于是下定了杀死吕布的决心。

吕布生处乱世，且拥有一身绝世功夫，本应如鱼得水，大干一番事业。但他一而再，再而三地背离道义，一次次突破为人的底线，就连不拘小节的枭雄豪杰都对他产生了担忧，那他最后真就难逃身首异处的悲惨命运了。

其实，"吕布现象"并非历史个例。南北朝时期的侯景也上演过一叛再叛的大戏，不过侯景玩得更加过火一些，与此同时，结局也更加骇人听闻。《梁书·列传第五十·侯景》记载，侯景少年时就是地方一霸，横行乡里，家乡人都害怕他。待他成年之后，体格健壮，骑马射箭更是强项，显然是当兵的好料子。侯景自然而然地走上了从军的路子，慢慢积累了战功。估计没有人能想到，从行伍出身的侯景居然一步步折腾，最后自己弄到了个皇帝做。不过称王称霸只是昙花一现，侯景又迅速跌入万劫不复的深渊。

第一步，入伙尔朱荣。侯景虽然起步乡里小混混，但其眼光与能力还是相当不错的。当时北魏发生兵乱，几股势力争斗不止，侯景耐着性子静观其变。到后来，形势逐步演变为葛荣与尔朱荣两派的较量。侯景将赌注押在了尔朱荣身上，于是带领队伍前去拜见。尔朱荣也十分看好侯景，便将军事交付于他。侯景随后在与葛荣的对阵中大败敌军，一时威名闻于天下。

第二步，投降高欢。北魏丞相高欢是个狠角，他进军洛阳，将尔朱荣干掉了。侯景眼看打不过对方，很知趣地投降了，他同样受到高欢的重用。北魏让侯景总揽兵权，可与高欢丞相抗衡。高欢病危，告知儿子高澄，说侯景难以降伏，不如设计灭掉他。侯景了解到高欢父子的心思，于是迅速行动，向南方的梁武帝萧衍示好。

第三步，归降萧衍。梁武帝没想到天上突然掉下来一块大饼，尽管百官认为梁朝很难将其吞下消化，但萧衍决定赌上一把，收留侯景。不仅如此，梁武帝还实实在在给予了侯景相当大的实权，犹如当年汉朝光武帝委任邓禹一样。侯景也替梁朝打了一些仗，尽到了一点责任。但后来情况急转直下，梁武帝再度与东魏和好，也就是说，萧衍同侯景的死对头高澄成为好朋友了，如此一来，侯景的处境就显得相当尴尬。在此之前，侯景也做足了功课。他向朝廷申请织锦一万匹，朝廷只是改发了青布，侯景用其给军士做了军装。他又请求朝廷派遣优秀的铁匠过来，朝廷又答应了，于是侯景造了大量兵器。军资、器械等准备妥当，接下来他就顺理成章地反叛了。

第四步，勾结萧正德。万事俱备，只欠东风。侯景已决定反梁，但还缺少一个内应。他打听到临贺王萧正德对朝廷心怀怨恨，于是悄悄与其合谋，得到萧正德的允诺。两人一里一外，密切配合，军事行动取得了比较大的推进。为了长期与朝廷对抗，侯景扶立萧正德做伪皇帝，自己做相国。萧正德也投桃报李，将女儿嫁给了侯景。待到侯景控制住了梁朝，萧正德成为摆设，侯景就下手杀了他。

第五步，扶正萧纲、萧栋。梁朝的军事战斗力确实不太强，在与侯景的一来二去中，不仅没有占到上风，反而连都城也沦陷了。侯景幽禁了梁武帝，采取了非常不人道的惩处措施，不断减少饭食供应。皇帝萧衍虽然满腹经纶，也顶不过又饿又病，最后荒唐地被饿死了。侯景又迎接皇太子萧纲，让他即位，是为简文帝。当然，萧纲只能充当傀儡。后来，侯景安排萧纲喝酒，待萧纲睡后，在其肚子上放了一大包土，将简文帝生生压死了。至于让豫章王萧栋即位，只是故伎重施，已无新意。

第六步，僭位称帝。侯景将皇室一点点地掏空了，梁朝只剩下一具空壳。侯景自然有了进一步的想法：自己何不弄个皇帝来当当呢？谋臣王伟了解侯景的意图之后，着手操办相关事务。而太尉郭元建听闻之后，急忙骑马赶回来，极力劝阻。他对侯景直言相告：各方军队没有蜂拥而来，是因为朝廷当中还有皇帝和太子；倘若您弑君自代，天下之人则会视您为仇敌，到那时后悔也来不及了。侯景不听，假借皇帝萧栋之名下了一份诏书，将帝位禅让给自己。

侯景只看到皇位的光鲜，却不知周围险恶重重，其个人结局注定是一场悲剧。

我们可以从两个方面进行粗线条分析，一是侯景的家族积累，二是其本身的品德修行。侯景称帝之后，大臣们照例要求建立七庙，也就是祭祀皇帝的七辈祖先。侯景不仅不知道"七庙"是什么意思，也想不起自己的先祖叫什么名字，只记得父亲叫作侯标。群臣听后，私下里都在传说这一笑话。没有祖祖辈辈的德行累积，某个人以石破天惊的方式横空出世，意欲建立不朽功勋，往往是难之又难，侯景也逃不出这一宿命。再者，侯景一路上打打杀杀，虽然暂时杀出了一条血路，但在此过程中他也是血债累累。侯景攻破石头城后，让士兵几千人手持长刀站在城门两旁，逼迫文武百官赤裸身子往外走，然后大兵们舞刀乱劈，砍死两千多人。再譬如，侯景清理战场时非常简单粗暴，将尸体堆积在一起烧掉，也不管其中是否有未断气的。尚书外兵郎鲍正因病卧床，也被拉出去活活烧死了。所谓"善有善报，恶有恶报"，侯景的报应很快就来了。听说侯景这种小丑式人物坐上了帝位，各地起兵反对，侯景最后败于王僧辩手。侯景死后，被曝尸于建康集市之上，肉被百姓割吃，尸骨被扬灰。那些遭受其祸害之人取其灰，混酒喝下。世祖萧绎还不解恨，下令将侯景的头挂在市上示众，之后又将其头煮熟，涂上油漆，收藏在武器库。

不论是在战乱不已的群雄逐鹿时代，还是在表面平静实则暗流涌动的太平盛世，都有可能出现像吕布、侯景等这种毫无节操的投机分子。因其凶残狡诈，不按常理出牌，再加上一时运气，以及他人的妥协退让，他们有可能会一时如鱼得水、得意忘形。但正义的文化力量一直就在那里，只是在隐忍和等待，一旦正义之师觉醒并付诸行动，他们的末日就会很快来到。历史告诉我们：正义有可能迟到，但永远不会缺席。

第三节　害人之心：搬起石头砸自己脚

在中国传统文化中，"成人之美"的观念可谓源远流长，尤其是在识人、选人、用人方面，留下了数不清的佳话。与此同时，历史上也有不少嫉贤妒能乃至狠下毒手的反面事例。《菜根谭》有云："害人之心不可有。"看似大白话，实则有着沉重的历史在佐证。一些人为了巩固自己位置，或是鬼迷心窍而心生歹念，对他人犯下不可饶恕的罪行。数不清的才能之士因此不幸罹难，灰飞烟灭。也有经历大难而侥幸逃生者，他们奋力反戈一击，让仇敌得到应有的报应。从中我们可以了解到：之所以不能有害人之心，是因为搬起的石头有可能最终砸在自己的脚上。

庞涓陷害孙膑是历史上非常有名的例子。仅仅是因为妒忌孙膑的才能，庞涓竟然诬告老同学，让孙膑受刑变成残疾人。庞涓想得简单了些，以为孙膑已经被他毁了，将埋没于世、默默无闻。谁知道，孙膑由此却开启了其传奇人生。

孙膑被困在魏国大梁，痛苦地等待机会。当他得知有齐国的使者到来后，就想方设法去拜访。经过一番交谈，齐国使者意识到孙膑是个人才，于是神不知鬼不觉地将他偷运到了齐国，引荐给将军田忌。田忌有识人慧眼，待孙膑非常客气。当然，此时孙膑的才识只是停留在理论层面，并未真正在实践中验证过。孙膑首次小试牛刀，就是"田忌赛马"。田忌经常与齐国诸公子下重金赌马，互有输赢，因为双方马的实力不相上下。经过一番考察之后，孙膑对田忌承诺：您尽管下大注，我保证您稳赢。田忌本来就不差钱，又见孙膑胸有成竹，就照着去做了，下了千金的赌注。临近比赛，孙膑告诉田忌：用下等马应对其上等马；用上等马应对其中等马；用中等马应对其下等马。结果很明显，田忌 2∶1 获胜。田忌狠赚了一笔，非常高兴，便将孙膑推荐给齐威王。

继"田忌赛马"崭露头角之后，孙膑又以"围魏救赵"让人大开眼界。公元前 354 年，赵国心急火燎地向齐国求救，因为魏国打上门来了，赵国抵挡不住。齐威王想起孙膑，想让他为将，孙膑婉拒了，说自己受过刑，不合适。后来，齐国决定由田忌当将军，孙膑任军师。田忌想用最简单、最直接的方式帮助赵国解围，即带兵奔赴赵国与魏军厮杀。田忌认为不可，说劝架之人不能挥舞拳头参与混战。他建议齐军直奔魏国大梁，攻击其最虚弱的心脏部分。不出所料，当魏军统领庞涓听说首都受到攻击后，万般无奈下只得撤离邯郸，回救大梁。魏军在归国途中经过桂陵，遭到齐军的伏击，大败而归。

桂陵之战结束后，过了三年，韩国来向齐国请援，过来挑事的依然是魏国。此时齐国是齐威王之子齐宣王当家，他学他父亲的做法，派出田忌、孙膑去援救韩国。孙膑故技重施，又来了个"围魏救韩"。庞涓心里直冒火，痛骂齐国只会用这种下三烂的手段，直想正面攻击齐军。当时，三晋（魏、赵、韩）军队作风彪悍，战斗力强，而齐兵相反，以怯懦闻名。孙膑决定设计，让魏军进入其圈套。齐军进入魏国后，先设灶十万，第二天减到五万，第三天再减到三万。庞涓察看之后，心情顿时舒畅，认为齐兵害怕逃跑，兵力只剩一小半了，于是只率轻兵加速追赶。孙膑选择在马陵这个地方伏击，此处道路狭窄，两旁险峻，而且等魏军到达此地时天已黑了。果然，魏军紧赶慢赶，天黑时到了马陵。庞涓看到路旁的树全被砍了，只剩一棵大树孤零零地伫立在那里，树皮被刮去一大块，上面仿佛还有字。于是，他让士兵拿火去照，只见上面写着"庞涓死于此树下"。说时迟，那时快，四周乱箭突然如同飞蝗般扑面而来，齐兵高喊着从道路两旁铺天盖地杀来。庞涓明白自己再次中了老同学之计，恨恨地说了句"总算叫这小子成了名"，然后拔刀自刎。

同学之间不能起坏心思，同事内部也是如此。《史记·范雎蔡泽列传第十九》记载，魏国大夫须贾、相国魏齐只因怀疑范雎背后可能有什么小动作，就将范雎一顿狠打，几乎将他打死了。后来，须贾与魏齐为这一时肆意付出了代价。

范雎是魏国人，像战国时期其他游说家一样，想凭三寸不烂之舌混出个名堂。可没人搭理他，范雎穷得无法生活，于是投靠本国大夫须贾，准备将来给魏王服务。须贾按照魏昭王指示出使齐国，带上了小跟班范雎。在齐国待了好几个月，什么也没谈成，须贾相当郁闷。此时，又来了一段插曲。齐襄王没给须贾多少面子，却给范雎赏赐了十斤金子和一些牛酒，因为他了解到范雎能言善辩，颇有才华。范雎见状，赶紧推辞。但此事还是让须贾知道了，心里相当不是滋味。他怀疑有可能是范雎偷偷出卖了魏国的秘密，不然这么个小人物怎么会收到礼物呢？他命令范雎将金子退还回去，牛酒嘛，收下就算了。回国之后，须贾没什么好汇报的，就添油加醋说了范雎这档子事。相国魏齐听后，不容范雎分辩，就让门人用竹板死命抽他。可怜的范雎，筋骨被打断了，牙齿被打落了，眼看就要被打死了。他灵机一动，假装昏死过去。门人用竹席将他一卷，扔到了厕所里。好戏看完了，宾客们觉得无聊，就喝酒去了。喝得跟跟跄跄之后，宾客一个接一个朝范雎身上撒尿。范雎强忍尿臊味，瞄准机会对看守人说：求您放我出去，将来一定重谢。看守人吓了一大跳，就向魏齐请求将席子连同"死尸"扔出去，于是帮助范雎逃出了生天。

在郑安平、王稽等人帮助下，范雎化名为张禄，偷渡到秦国。当时在位者是秦昭王，他并不相信和依赖辩士。此外，昭王的母亲宣太后享有很大的话语权，其舅穰侯是相国而且痛恨那些靠嘴皮子吃饭的人。因此，范雎在秦国的头一年多时间里依然很落魄。后来，范雎上书，得到与秦昭王面谈的机会。范雎提出"远交近攻"的扩展谋略与"独尊王权"的政治主张，秦王很是认可。于是昭王收回了太后的权力，将穰侯等人赶出关外，将相印转交给了范雎。由此，范雎位极人臣，名动天下。但在公开信息里，人们只知道秦相叫张禄。

很快，范雎的老冤家须贾面临新难题了。他要代表魏国出使秦国，因为听闻后者要来攻打。到了秦国，须贾到处打听消息，希望能够找到门道，联系上秦相张禄，让他帮忙给魏国说上几句好话。正在焦虑不安之际，须贾在住处遇上了昔日的属下范雎，只见范雎穿得破破烂烂，一副穷困潦倒的样子。须贾很惊讶，发现范雎居然还活着，而且活得如此窘迫。于是，须贾留下范雎吃饭，饭后还特意送了一件绨袍给他。须贾不经意地问了一句：老弟你既然待在秦国，应该知道相国张禄吧，知不知道有什么路子可以同他联系一下？范雎说：我虽然是个帮佣，但我的主人同张相很熟，我可以请求他帮忙引见。须贾仍然有些犯难，说：我的马车坏了，没有体面的驷马大车，怎么好出去呢？范雎回答道：这个不难，我可以向我的主人借一辆。接着，范雎驾着"借来的"马车，载上须贾，直奔秦相府。府中人见状，纷纷避开，须贾心感奇怪，但不明就里。范雎下了车，说去通报一声，让须贾在原地等候。须贾左等右等，不见范雎出来，便找来个人问：同我一块坐车的范叔，为啥还不出来呢？门人回答说：什么范叔，那就是我们的相国！须贾一听，如同五雷轰顶，心想这下死定了。事已至此，悔亦无益，只好死马当作活马医呗。须贾脱掉衣服，袒露身体，跪在地上，移膝前行，请求门人引见谢罪。范雎摆出大场面，迎见须贾。一见到范雎，须贾就死命磕头，连说自己该死，并表示任凭处置，绝无悔言。历数须贾的三大罪状之后，范雎倒是很大度，说看在你赠送袍子、不忘旧情的份上，姑且饶你一死。不过，范雎还是狠狠羞辱了须贾一番。当须贾前来辞行时，范雎大摆筵席，并邀请所有诸侯的使节过来作陪。范雎与其他来宾共坐堂上，饮美酒，享珍馐。须贾被安排在堂下，面前是碎草料，并派了两个脸上刺字的囚徒夹住他，像喂马一样往他嘴里塞草。最后，范雎还给须贾派了个任务：让他回国后告诉魏王，赶快呈上魏齐的人头，否则将血洗大梁。

　　魏齐听说范雎要他的头，吓得赶紧逃到赵国，躲在平原君赵胜家里。秦昭王听闻之后，给平原君写了一封信，请他来秦国喝酒。平原君不敢不去。到了秦国后，他还真的与秦王痛饮了几天。酒喝得差不多了，秦昭王就实话实说了：范雎之于我，就像姜太公之于周文王，管仲之于齐桓公；范雎要想报仇，您怎么能不交出魏齐呢？赵胜不愧是战国四君子之一，回答得既硬气又得体：魏齐是本人朋友，即使在我家，我也不会交出来，更何况他不在我家呢。秦王可不跟平原君玩外交辞令，他直接给赵王写信，要求拿魏齐的人头来，否则讨伐赵国，扣押赵胜。赵王可不会替一个魏国人承担如此巨大的风险，当即派兵去平原君家搜查。魏齐听到风声，跑到赵相虞卿那里求助。大家都是相国嘛，算是同行。虞卿左想右想，也想不出什么法子。碍于朋友面子，虞卿竟然解下相印，与魏齐一块出逃了。天下之大，但哪个地方能逃出秦国的势力范围呢？没有啊。魏齐与虞卿兜兜转转，结果还是逃回到魏国大梁，打算先去投靠信陵君魏无忌，通过他再逃到楚国去。信陵君虽有好客之名，但也害怕秦国，所以含含糊糊，老半天也不肯表态。后来，在宾客侯嬴的劝说下，才动身去郊外迎接二位。可是魏齐等不及了，听说魏无忌态度暧昧，心中升起一股无名怒火，拔出刀来就自杀了。如此一来，事情就了结了。赵王将魏齐之头送去秦国，秦王也不食言，打发平原君返回赵国。

同学不能害，同事不能害，父子更不能害。《史记·匈奴列传》记述了单于冒顿的故事，足以让后世父母警醒。头曼是匈奴单于，立了太子冒顿，一切都在正常进行。后来，头曼又娶了阏氏，且又添了个可爱的小儿子。头曼日益疼爱小老婆，爱屋及乌嘛，于是想废掉冒顿，另立小儿子为太子。但事情也不太好办，太子的位子多显要啊，不是想废就能废的。头曼与阏氏思来想去，终于制订出一个相当歹毒的计划。他们将冒顿送到月氏充当人质，然后出兵攻打月氏。从中可以很明显地看出，头曼与阏氏的计谋就是"借刀杀人"。月氏可不管那么多，管你是阴谋还是阳谋，准备杀了冒顿再说。冒顿不甘心坐以待毙，偷得月氏的良马，一溜烟又跑回匈奴这边来了。头曼见到太子毫发无损地回来了，颇为欣喜，对原先想法感到后悔。于是，单于不再执意废太子，转而又认真培养冒顿，给了一万骑兵让他率领。

而冒顿对父亲、后母，还有小弟弟等变得猜疑起来，认定他们是潜在隐患，必须尽快除掉。冒顿制作了响箭，并向骑兵们宣布：我的响箭射到哪里，你们就必须跟着射到哪里，否则处死。常规训练一段时间后，冒顿就开始"特殊训练"了。冒顿带人出去打猎，有人没跟着他射箭，就被杀掉了。冒顿将箭射向自己坐骑，有人不敢跟着射，也被杀掉了。接着冒顿又箭射自己爱妻，身边人害怕不敢发箭，又被杀掉了。过了些日子，冒顿在出猎时将箭射向单于的良马，大家都跟着一阵猛射。至此，冒顿知道训练已完成。后来，他跟随父亲外出狩猎，用响箭向头曼发射，身边之人都齐刷刷地狂射，于是单于被射杀了。接着，冒顿一不做，二不休，将后母、弟弟，以及与己不和的大臣全部杀掉，之后自立为单于。冒顿单于确实是个狠角色，匈奴在他的带领下达到极度强盛。

从上述历史事例中可以看出，权位之争很容易引发相互猜忌与倾轧，严重时就有可能导致血案。我们不宜冤冤相报，而要从源头上去认识和清理问题。说到底，权位争夺既有现实利益的因素，也与个人私欲紧密相连。如果出于公共需求，那么一定要挺身而出，寸步不让。倘若只为一己私利，那么务必清心净虑，不可起害人之心。俗话说，人心不足蛇吞象。哪怕最后吞进去了，蛇肚也很快会被撑破，自身也必死无疑。

第四节　别样"囚牢"：精神生命催生婆

显赫地位与优厚俸禄为绝大多数人所向往。名利双收，风光无二，自然会产生令人难以抗拒的吸引力。但高收益也意味着高风险，上司、同级甚至是素昧平生之人都有可能对当事人形成挤压：从位高权重到锒铛入狱，这样的事件在历史与现实之中反复上演。倘是罪有应得，也无须多说；但那些遭受冤屈而坐牢之人，则应另当别论。对中国历史稍加考察，不难发现一些特异之士在"囚牢"中实现了大彻大悟，并借此获得精神蜕变，走向了新生之路。因此，对于"囚牢"，我们需要进行深刻考察，并认识到它在历史进程中所扮演的特殊角色。

入狱之后，许多东西都随之远去，地位、权力、金钱、亲情和自由等，一切的一切都幻化成轻烟飘然而去。个人摆脱了肉体的重压，灵魂反而一点一点向内聚集：囚徒最不缺乏的就是时间，生前身后事都可来回自由穿梭，许多无暇顾及的思想碎片由此逐渐连接起来，最终形成足以震惊后人的文化成果。毫不夸张地说，中华文化原始内核的形成就是借助了"囚牢"这个催生婆。一个人应该怎样活着？人生的终极意义是什么？任何一种文化都要面对这些问题，并做出令人信服的解答。历史将回答的重任交给了姬昌（周文王），而他也不负重托，为中华文化源头的最终形成做出了至为关键的贡献。

时间回到商末。当时作为"三公之一"的姬昌（后来的周文王），为人正直、仁慈、宽厚，深得民心。他将属地治理得井井有条，只是想尽到忠臣的本分。然而他不幸生活在商纣王那个暴虐的时代，工作成绩出色也会获罪。随着姬昌的影响力越来越大，某些佞臣开始嫉妒并对其进行诋毁，崇侯虎向纣王告密：姬昌积德行善，诸侯都归心于他，长此以往将会对您的统治构成威胁。纣王开始担心，便罗织罪名，将姬昌关进大牢。就这样，姬昌在羑里（今河南汤阴）度过了七年牢狱生活。在牢中，他甚至被迫吃下用自己儿子伯邑考做成的肉羹。姬昌如此屈辱地苟且偷生，是因为他心中还有信念，希望在肉体烟消云散之前，能将自己毕生奉行仁政的经验化诸文字，流传后世。正如董仲舒在《春秋繁露·竹林》中记录的一句话："辱若可避，避之而已；及其不可避，君子视死如归。"避开苦难与耻辱是人的本能，如果你已尽力了，它们还是找上门来，那么就坦然接受好了，哪怕是付出生命的代价。姬昌给我们做出了榜样，值得后世敬仰。在幽禁之地，他日夜推演八卦，将之演变成为六十四卦，并给每卦赋上卦辞。姬昌静思凝虑、呕心沥血写出来的作品，可谓字字珠玑，其最大功用是为中华儿女树立了为人处世的信条，尤其是行正道、做善事、积口德、重时机、能变通等箴言，更是被后世奉为金科玉律。在此基础上，再经过周公（姬旦）、孔子等贤哲的努力，《周易》终于艰难诞生，并演化成为中华文明独特的文化标志。《周易》之所以光耀千古，其中重要原因是其主要作者之一周文王的人格魅力在长久地启示和吸引着后来之人。

　　当然，像周文王因幽禁而创作出《周易》的案例并不多见。而在经历牢狱之苦后，当事人达到崭新的人生境界，这在中国历史上则有不少。西汉苏武被困匈奴十九年而坚贞不屈，算得上比较典型的例子。汉武帝执政时期，匈奴势力已大为削弱，于是匈奴改变策略，与汉朝和解，遣返了一批被质押的汉使。汉武帝也顺水推舟，让苏武带领使团出使匈奴，同时也带回一些被扣留的对方使者。本来这是在和平背景下开展的一次正常外交，没想到因意外事件引发了轩然大波。苏武担任本次活动的中郎将，持节出使匈奴；张胜任副中郎将，常惠等人跟从。一行到达匈奴之后，活动照例进行。令人没有想到的是，张胜在异乡遇到了一位旧时好友虞常，丁零王卫律的一位下属。因家人尚在汉朝，虞常时刻想寻找机会回去。看到老熟人张胜来到匈奴，虞常立马前去拜访，并与张胜谈了一个大胆的想法：杀了卫律，劫持单于的母亲阏氏，返回中原。张胜赞同，并资助了虞常不少财物。谁知百密一疏，有人向匈奴人告了密，计划失败了。张胜见事情闹大，不得已向领头的苏武报告了实情。苏武一听，感到事情不妙。果然，虞常供出汉使也参与此事的内情。主审人卫律召见了苏武，而苏武进行了辩解：本人对变乱并不知情，且与当事人又不是亲属，所以自己没有过错。但辩护无效，苏武不想因此玷辱使命，拔刀自杀。卫律没想到苏武如此刚烈，赶紧制止，但为时已晚，苏武已重伤自身。医生赶过来，在地上挖了个土洞，在里面点上火，将苏武脸向下放在洞上，轻踩他的背部，让瘀血流出来，经过急救，总算活了过来。单于听闻此事，认为苏武有气节，想降服他为匈奴所用。起初，匈奴使用惯常手法，想要吓唬苏武。匈奴通知苏武参加审讯，杀了主谋人虞常。接着，要杀副中郎将张胜，张胜吓得赶紧投降。之后又恫吓苏武，但苏武不为所动。见硬的不行，卫律就改用软的。卫律劝慰苏武：我也是从汉朝投奔过来的，如今地位显赫，牛羊成群，您又何乐不为呢？苏武严厉驳斥了卫律挑拨离间的行为，并强调侮辱和杀害大汉使者是没有好下场的。单于见苏武软硬不吃，更想迫使他投降。匈奴人将苏武关在大地窖里，不给吃喝。下雪了，苏武躺卧在地上，用雪和着毡毛一起吞下，几天之后居然还活着。匈奴见状，认为其有神助，就把苏武流放到了北海。匈奴人给了苏武一些公羊，并说如果公羊下崽了，他就可以返回大汉。言下之意，就是让苏武死了这条心。

"苏武牧羊"的故事拉开了序幕，至于大幕何时落下，谁也说不准。在荒凉的北海，苏武面临的首要挑战是吃喝问题，因为匈奴并没有给他提供粮食。苏武没有办法，只有找到什么就吃什么，包括挖老鼠、采草籽等。更难熬的是孤寂的漫漫时光，茫茫草原，孤身一人，很容易让人崩溃和疯狂。苏武紧握汉朝旄节，不管是睡觉还是放羊，都一刻不离。时间一长，缠在节上的牦牛尾毛也脱落殆尽了，但苏武继续拄着那根光竹竿，艰难度日。其中，也偶遇过好运气。大约五六年后，苏武见到了来此打猎的於靬王，也就是单于的弟弟。苏武有一双巧手，善于织网与矫弓。於靬王赏识苏武，给他提供衣食。但好景不长，於靬王死了，又有坏人偷走了他的牛羊，苏武再次陷入困境。

苏武像一个被世界遗弃的原始人，在荒凉的北海也不知过了多少年，但在信念的支撑下，他顽强地与时间抗衡。突然有一天，草原来了一位不速之客，原来是老朋友李陵。两位汉臣在他国异乡相遇，千言万语，一时无从说起。原来，苏武出使匈奴的第二年，李陵因战败被俘，投降了匈奴。但是李陵心中有愧，不敢去见苏武。时间长了，单于希望李陵利用旧交去说服苏武，李陵只得前来会见老友。李陵说得情真意切：自己拼死作战，失利被俘；本不愿降，而汉廷杀其全家，断绝了他回归的念想；您老母已仙逝，妻子改嫁，仅剩两个妹妹、两女与一男，十余年过去已不知变成什么样了；人生如朝露，倏忽而逝，又何必囿于执念而苦苦不放呢？苏武表示，苏家受到朝廷厚恩，绝不背叛汉朝。两人共饮了几天，最后李陵强烈希望苏武听从自己的建议，投靠匈奴。苏武也摊牌了：宁死不从。李陵终于放弃，哭着离开了。后来，李陵又来了一趟，告知了老友发生在外面的大事：汉武帝已经死了，如今当政的是汉昭帝。苏武面向南方，放声大哭，直至吐血。此后早晚哭泣，达数月之久。

事情毫无征兆地出现了转机。汉昭帝即位之后，派人出使匈奴，寻访苏武等人的消息。当年随同苏武出使匈奴的常惠还在，他想方设法见到了汉使，告知了苏武的消息。使者面见单于，假称汉昭帝射下一只大雁，脚上有绸子，上面写着苏武仍在北海牧羊。单于大惊，以为苏武的忠义感动了飞雁，所以代其传信，答应马上放苏武回去。苏武出使匈奴时四十岁，历经十九年磨难后回到长安。此时他发须皆白，手里仍牢牢握住那根光溜溜的旄节。长安百姓出城迎接，对其气节赞叹不已。汉昭帝让苏武去拜谒武帝陵，告慰先帝。之后任命苏武为典属国，承担一些外交事务工作。苏武忠贞不贰的爱国精神、百折不挠的意志品质已成为中华民族浩然正气的象征，不断激励着后人。

因牢既有物质形式的，也有精神形式的。如果陷入了错误观念与行为当中，也相当于被打入了另一种牢房。对于当事人来讲，唯有克服心魔，才有可能迎来真正的新生。《世说新语·自新》记载了西晋周处洗心革面、重新做人的旧事，篇幅虽短，却耐人寻味：

周处年少时，凶强侠气，为乡里所患。又义兴水中有蛟，山中有邅迹虎，并皆暴犯百姓。义兴人谓为"三横"，而处尤剧。或说处杀虎斩蛟，实冀三横唯余其一。处即刺杀虎，又入水击蛟。蛟或浮或没，行数十里，处与之俱，经三日三夜，乡里皆谓已死，更相庆。竟杀蛟而出，闻里人相庆，始知为人情所患，有自改意。乃入吴寻二陆，平原不在，正见清河，具以情告，并云："欲自修改，而年已蹉跎，终无所成。"清河曰："古人贵朝闻夕死，况君前途尚可。且人患志之不立，亦何忧令名不彰邪？"处遂改励，终为忠臣孝子。

　　周处前半生劣迹斑斑，甚于猛虎恶龙。周处杀死蛟龙之后，当地人认为其已死，拍手相庆，也就是说，周处事实上已被打入"精神囚牢"。但正因这种极端情形，反而触发了周处内心痛改前非的决心。在改过从善的过程中，从来就没有"太晚"的说法。一丝善念的生发，就是崭新生命的孕育。正所谓"你的心在哪里，你的能量就在哪里"，而境界与格局的转换，就是从心的转变开始的。改变并不会如约而至，而是需要当事人坚持倾听内心的声音，感受灵魂的召唤。周处在陆云的点拨下幡然醒悟，终于"放下屠刀，立地成佛"，成为后世改过自新的典范。需要补充的一点是，周处重新做人之后，得到了西晋朝廷的接纳与任用，社会身份得到了根本性改变。

　　人生好像是海上的波浪，有起有落。在跌落谷底之时，当然也有可能遭遇牢狱之灾。从上述几例真实案例中，我们可以看出"囚牢"的确是人生旅程中的残酷考验。周文王在七年牢狱生活中悟出《周易》的真谛；苏武历经十九年流放之苦，将个人精神升华到令人仰望的高度；周处挣扎着走出个人囚房，迎来了凤凰涅槃般的新生。往者不可谏，来者犹可追：倘若遇上的是无妄之灾，有时它更像是命中注定的劫数，当事人必须沉着应对和不屈斗争；如果自己不慎步入误区，那就更要痛定思痛、痛改前非、洗心革面、重新做人。

第十一章

历史深处的蜿蜒河流

第一节　悟道·明势·知术：人才之三境界

人才是个笼统的称谓，可以用来指称各种各样的优异之人。如果在境界上加以区分，大致可以划分为"悟道""明势""知术"三个不同层次。悟道之人，不仅在个人修行上达到了相当的高度，而且在行事上也能够化困境于无形；明势之人，能把握时机，放手一搏，成为名动一时的英豪；知术之人，具有某方面过人天赋，运用技巧，解决一些难题。当然，悟道、明势、知术并非割裂的三个层面，相反，它们是一个整体。悟道者能够以道义为指导，深刻地观察和把握时势，同时运用各种技巧去应对瞬息万变的人事；明势者了解和顺应大势，能够发挥能力，解决实际问题；知术者可能只会固守既有技能，看不清形势，不明白道为何物。

在中国传统文化当中，道、势、术所包含的内容比较丰富。"道"并不神秘，它是传统文化中核心思想的指称。中华文化中的"道"，佛教中的"佛"，基督教中的"上帝"等，都是相通的，代表了某种文化的中心思想与价值取向。"道"的含义十分丰富，无法对之作出全面描述。我们只须清楚，"道"代表着中华文化精神，把控着总体规范与基本走向。万物皆有道，虽然它隐而不现，但一直在潜移默化地起着作用，不断地将跑偏的车轮拉回到正确的方向上来。打个浅显的比方，有的专家认为一个人一生中能消化的酒量是相对确定的，因为受到肝的整体功能限制，由此就形成一个"道"。在我们身边就有这种现象，年轻时经常猛喝的人后来就不怎么喝了，年轻时不怎么喝酒的人后来陆续喝上了。当然，也有不守"酒道"的人，杯不离口，昼夜昏醉，结果几无例外地喝死了。说到底，道不可违嘛。

"势"是指时势、时机。传统文化最为讲究行事、说话的时机，《管子·宙合》简单明了地指出："时则动，不时则静。"做事拖拖拉拉，就是"缓"，常常错过时机，耽误了事情。对于迟缓，我们深为痛恨，一致批判。反过来，过于积极好不好呢？时机不成熟就急着干，就是"躁"。心急火燎的人静不下来，不明事理，看不清真相。就像一池水，搅浑了，看不清底细。风风火火猛干，常常也会干脆利落地搞砸。因此，看准时机、适时出击最为关键。宋朝大儒朱熹的《活水亭观书有感二首·其二》写道："昨夜江边春水生，艨艟巨舰一毛轻。向来枉费推移力，此日中流自在行。"从中我们可以领悟到，时机是多么的重要。枯水季节，小船都无法在江面行驶；春水一涨，巨舰也可以像羽毛一样在水中自由飘荡。

"术"是指技术、技巧。传统文化倾向于一分为二地看待事物，认为寸有所长、尺有所短。除了圣人，普通人不管有哪种才能，都有其有利的一面，也有其不利的一面。譬如，仁慈之人可能有些贪婪，聪明之人可能有些诡谲，勇敢之人可能有些鲁莽。因此，对于"术"的掌握，要适宜、适中，应拿捏得恰到好处。用唐朝诗人朱庆馀的一首名诗《近试上张籍水部》来作进一步说明："洞房昨夜停红烛，待晓堂前拜舅姑。妆罢低声问夫婿，画眉深浅入时无。"画眉，古时就有，画眉究竟是浓些好还是淡些好？答案是不一定，须因时因地因人而异，既要符合外部环境要求，又要根据个人特点来区分。该浓就浓，该淡就淡，总之要浓淡相宜。很显然，"术"必然是在"道"的指导下，且满足当时"势"的外在要求。

正确认识和理解道、势、术，并能将三者融而会之，贯而通之，就能走正道，明形势，会巧术，成为真正"圆通"之人。只讲"道"却不懂"术"，肯定行不通；会玩"术"但背弃"道"，迟早会身败名裂。历史上就有不少腐儒，生硬照搬圣王先贤的教条，对那些务实、变通的实干之人进行攻击，甚至欲去之而后快。腐儒以"道"压"术"，实际上是不明道，而他们也想不出真正解决问题的方法来。当然，也存在另一个极端。一些心术不正之人，为了达到其不可告人之目的，特别注意行事时机与技巧，说话也仿佛滴水不漏。一些巨奸之人，表面看起来像极了大忠臣。但是他们的"术"从一开始就与"道"相背离，达到一定程度之后就支撑不下去了，究其原因还是"术"不压"道"。

越是在"道"隐晦不明的历史时期，就越能考验人们察"时"用"术"的智慧。生逢乱世，暴政肆虐，民不聊生，人心不古，就会出现因"道不同"而各走各路的情况。商纣王时期，政治黑暗，一片亡国景象。特别是比干被挖心之后，大家知道秉忠硬谏之路已经被堵死。纣王成为"独夫"，已不能承担国君的道义。箕子装疯，以求保全；微子沉默，以待时机。商朝灭亡之后，箕子前往朝鲜，微子被封于宋。当然，如果仅从价值判断来看，每个人都有自己的价值取向，无可厚非。比干选择尽忠，受到后世景仰；箕子、微子见"道"不行，明哲保身以图将来。从历史判断来讲，不给昏君殉葬是明智的，符合历史潮流。微子不肯替纣王死难，后来受封于宋，担任殷朝遗民的首领，确保了族系不被湮灭，后嗣得以绵延不绝，其贡献无疑更大。

类似事例还有很多。《古文辑要》记载：初唐名臣裴矩在隋朝为官，阿谀逢迎，竭尽所能满足隋炀帝的要求；入仕唐朝之后，他一反常态，敢于当面跟唐太宗争论，成了忠直敢谏的净臣。司马光为此十分感慨，认为裴矩能遵循大道，因时而为：碰到那些不喜欢被人指出过失的暗主，就溜须拍马，增其淫欲，以加速其灭亡；遇上愿闻己过的明君，则本着赤胆忠心屡屡直言，辅助君主共创太平盛世。

至于那些明"势"却跟随时代浮沉之人，因种种原因也会自觉不自觉地带上"原罪"的印记。翻阅历史，十恶不赦的纯粹小人并不多见，相反，绝大多数人是普通人，善念恶念并存。不少人起初并不是存心去干坏事，违背道义，但为形势所迫而做下阴毒之事，最后也会得到报应。作为西汉功臣之一的陈平，就是善用阴谋的高手。刘邦每每碰到难解之事，陈平常用计谋来化解，最为有名的当数其挑拨项羽与范增关系的"离间计"。

《史记·项羽本纪》记载，项王听从范增建议，派兵包围了荥阳。汉王被围困，忧心忡忡。陈平见状，献上计策去离间项王。项王的使者来了，汉王让人准备了特别丰盛的酒筵，端过来刚要进献，一见使者又装作惊愕的样子说道：我们以为是亚父的使者，没想到却是项王的使者，便把酒席重又撤回，拿来粗劣的饭食给项王使者吃。使者回去向项王报告，项王竟然真的怀疑范增和汉王有私交，渐渐剥夺了他的权力。范增非常气愤，说："天下事大局已定，君王您自己看着办吧。希望您把我这老骨头赐还给我，让我回乡为民吧。"项王答应了他的请求。范增启程走了，还没走到彭城，因背上毒疮发作而身亡。

陈平倒是有自知之明，认为一生使用阴招过多，自己虽得以善终，但后世必受阴祸牵累。高人毕竟是高人，陈平的预言后来应验了。当然，如果用朴素的因果关系来分析，事情就会简单明了许多：阴术使用得越多，受其损害的人就会越多，他们势必在将来以某种形式进行回应乃至报复，只是时间早晚而已。

此外，只知"术"，甚至为求目的不择手段之人，基本上都难以善终或者会将恶果延及后代。"多行不义必自毙"的历史事例俯拾皆是，此不赘述。

信奉道义精神之人，往往能够得到他人的尊重。"仗义每从屠狗辈"，哪怕是社会底层之人也自觉学习和践行道义。《三国演义》《精忠岳传》等历史小说传承了中国传统文化核心思想，如重然诺、讲忠义，加之它们在社会各个层面都受到欢迎，传统文化精神就潜移默化地扎根于广大民众心里，根深蒂固，枝繁叶茂。加之以往社会阶层众多，从金字塔尖的皇帝到塔底的百姓，中间要经过多个环节，上层行为的影响因逐层衰减到达末端时，变得非常弱小，即所谓天高皇帝远。那么，与百姓接触最为紧密的基层官吏，如刑名、钱谷等，他们往往就代表着现实中的道义精神。刑名、钱谷等基层官吏是具体事务的主要操办者，他们在

确保社会正常运转的同时，竭力维护着文化世界的基本稳定。遇
到政治高压时，基层官吏往往会拖一拖，缓一缓，或将一些难以
执行的条文束之高阁。苛捐杂税过多时，他们则会打个折扣，力
争让底层老百姓能够活下去。在此过程中，刑名、钱谷等也会受
到来自各方的压力，也是他们承担社会道义所必须付出的代价。

　　识时务者为俊杰，但不可随波逐流。时代潮流滚滚向前，尤
其在快速发展时期，每个人都会有被裹挟前行的感觉。一些事情
在短期内有利可图，如过度开采资源、污染环境，但从长远来看
不可持续，将来势必吞下苦果。那么我们一定要保持警觉，未雨
绸缪，越早越好。某些人对机会把握非常敏锐，在利益驱动下趋
之若鹜，但对如何把握分寸，控制欲念则不甚明了，这已经成为
社会突出问题。《劝诫全书》曾大声疾呼：欲不除，如蛾扑灯，焚
身乃止；贪无了，若猩嗜酒，鞭血方休。欲望是人们奋力争斗的
原始动力，但过度的欲望又有可能使人受伤甚至毁灭，因此我们
要对欲望进行一分为二的辨识。面对利益，应该去争取，而对于
利益背后的责任也不应逃避，就算做出牺牲也在所不惜。时代呼
唤一批明势之人，也必将有人挺身而出，并逐渐蔚为大观。

　　知"术"为生存之必需，但要把握好方向与分寸。勇于承接
道义精神，面对责任舍我其谁，都是强调要做一个好人，一个有
正义感、能担当之人。与此同时，好人常常会面临某种困境，如
被道德绑架，一些别有用心之人会以道德之名对他提出过分的要
求。其实，做好人也是有限度的，面对不能承受之重，我们完全
可以拒绝，且不必内疚。换句话说，做一个遵守道义的好人，
也要看清形势，懂得运用方法技巧。如果你没有相应的能力，只

是为了正义感、责任感之类去强出头，那只有得到"好人不长命"的悲惨结局了。

此外，我们还得提防"好心做坏事"的陷阱。我们经常可以看到不少好心之人，他们古道热肠，乐于助人，不少时候非常主动。但这些人往往会有个共同点，就是"豆腐心、刀子嘴"，说话直来直去，直指对方痛点。他们费时费心费力帮了人家的忙，但对方并不领情。原因在哪里呢？就是"术"的修炼不到位。东汉任奕在《任子·道论》中指出：直木无阴，直士无徒。任奕说得非常形象：长得太直的树木，就不会投下树阴；为人过于直率，也不会有朋友。热心肠挺好，但也要考虑对方的心理感受，在助人的同时要兼顾其自尊心，让别人很体面地接受帮助，方为"功德圆满"。

第二节　中国古代人才选用制度递嬗演进

当政者需要忧心的事情非常之多，而其中之最当数罗致人才。汉高祖回到沛县时，一方面为自己功成名就荣归故里而感慨万千，另一方面则为经营这么大的事业而又缺乏人才感到深深的忧虑。一首《大风歌》，将在位者的心理描述得形象而深刻："大风起兮云飞扬，威加海内兮归故乡，安得猛士兮守四方！"打江山要有人，守江山也要有人，而人才从哪儿来呢？各朝各代都有不同的做法，而且都与特定的历史时期与文化环境密切相关。

最为古老的人才选用是通过禅让来进行的，大家耳熟能详的是尧将首领的位子禅让给舜，舜再禅让给禹。后世也出现过若干次禅让事件，不过已经沦为闹剧，或是遮人耳目的演戏。

　　黄帝之后，出现了三位著名的部落联盟首领，先后被推选到领导位子，他们就是尧、舜、禹。尧是传说中的著名贤君，品德高尚，能力出众，差不多是完美型的领导。尧在担任首领时，住在简陋的茅屋里，吃的是粗糙的食物。他一心一意想着部落的公共事务，而对名利则十分淡泊。但尧也有做得不到位的地方，那就是家庭教育，可能是将全部心思都放在了部落公务之中，尧没有培育好下一代，儿子丹朱最后成为不肖之子。在当时担任领导职务其实是个苦差事，既辛苦又没有实际利益，算得上名副其实的"人民公仆"。很显然，丹朱无论从哪方面来看，都不是合适的接班人。尧于是创造性地想出了禅让这种传位的方法。通过众人推荐和个人考察，他最终决定将位子转交给舜。舜接任首领后，确实不负众望，既勤劳又俭朴，同群众打成一片，共劳动，同分享，深得民心。等到尧死之后，舜大约心里不安，又想将位子归还给尧的儿子丹朱，毕竟位子原来就是他爸的嘛。但是老百姓不干了，一致反对舜这么做，于是舜在万不得已的情况下，正式继承了部落联盟首领之位。

　　舜在位期间，做了一项比较重大的决定，就是杀掉鲧，改由其儿子禹去治理洪水。鲧在尧执政时负责清理水患，由于方法不当，九年无功，洪水反而越治越严重了。那时人心确实相当纯朴，对事不对人，杀掉父亲却让其儿子接着干，此类事情后来很少再出现。禹肯定是承受了很大的心理压力，拼了命去工作。一方面，他改进了方法，将以堵为主改为以疏为主；另一方面，他以身作则，苦干实干，传说他在治水的十三年当中，三过家门而不入。禹最后制服了水患，受到了大家爱戴。舜认为禹是个人才，非常信任他。禹一直保持了谦逊的品德，每次都将成功的原因归结为舜的领导有方、指挥正确、运筹得当，同时极力称赞舜慧眼识珠，善于用人，成绩的取得主要依赖其他几位同事。无论做事，还是说话，舜都觉得禹无可挑剔。后来舜加大了培养力度，直接让禹代为摄政，国家大事全部交由其处理，而且一干就是十六年。经过长期考察，舜认为禹可以接班了，于是宣布将王位禅让给禹。历史总会惊人地相似，舜与尧一样也没能教育好自己的儿子，其子商均长大之后没能成器。禹当然也知道舜以前的做法，于是一而再，再而三地推辞，坚决推荐由舜的儿子商均来接替重任。推来推去，事情就僵持住了。没多久，舜因病突然逝世，由谁继位成为一桩悬案。估计禹是想表明自己真的不想抢占商均的位子，就跑到一个叫阳城的小地方躲了起来，时间长达三年。诸侯子民们很实诚，怎么想就怎么做，他们不去朝见商均，却经常去朝见禹。禹了解到自己的威望和实力，待到时机成熟，就在舜死后的第三年，回到故都正式即位。禹在位时，重点培养了皋陶。可惜皋陶不久就死了，禹就继续任用皋陶的儿子益。禹当政的第十年，在东边巡视时驾崩于会稽，将位子移交给了益。同样地，益也学习前辈的做法，在禹的三年丧期结束后，让位给禹的儿子启，自己则跑到箕山之南避住。因为益执政时间不长，还未建立起威信，另外启也很贤俊，加上其父的威望尚在，所以天下人都希望由启来继承天子之位。启接过了权棒，于是禅让制演变成为世袭制。

　　禅让制后来还有一些余波，比较有名的是燕王哙的荒唐之举。作为战国七雄之一的燕国，到了燕王哙的时候，国力出现了大衰退。燕王哙在位时，任用子之做丞相。燕王哙应该是位有天真理想的国君，他听信一些人的建议，就把自己的位子让给了子之，实在是够大度的。然而，事与愿违，子之上台后将政事搞得一塌糊涂。齐国趁机进攻燕国，差一点就将燕国给灭掉了。后来，魏王曹丕想要汉献帝的皇位时，也让亲信大臣策划了一场隆重的"推位让国"禅让仪式。

　　虽然禅让制被世袭制所替代，君王之位的人选被圈定在家庭或家族少数人之中，但下属大臣等人才还是要通过各种途径来获取。夏、商以及周前期，人才需求的规模还不是很大，重点在于关键人才。商朝的建立者汤求贤若渴，其中求取伊尹的旧事一直被传为佳话。汤发现伊尹，应该说完全是个意外。伊尹出身低微，而且不是一般的低，他很小的时候就被卖到有莘国，成为一名地地道道的奴隶。汤的左相仲虺在去给夏桀敬送贡品的路上，经过有莘国，遇到了前来送饭菜的伊尹，随便同他聊了几句，结果发现这个人是个相当了不起的人才。仲虺回去之后便向汤推荐了伊尹，汤马上派使臣带着礼物去聘请伊尹。使臣到了有莘国，费了老大的劲，才在野外一间茅屋里找到了既黑又矮、蓬头垢面的伊尹。他左看右看，实在瞅不出其有什么过人之处。使臣非常傲慢地对他说：我们商王看上你啦，收拾收拾跟我走吧。伊尹当然很生气，大义凛然地回答：我穷是穷了点，但也有田种，有饭吃，生活得像尧舜一样，痛痛快快，凭什么要去见你们商王呢？使臣碰了一鼻子灰，垂头丧气地回去了。不料这样一来，伊尹出名了。有莘国担心伊尹以后对自己不利，找了个理由把他抓了起来。当仲虺再次来邀请时，伊尹已失去人身自由，仲虺想请也请不到了。汤得知情况后，感到很失望，但还是不甘心。仲虺最后想出妙招：让汤向有莘国君请求赐婚，并让伊尹作为陪嫁奴隶。有莘国君将女儿嫁给了汤，同时也消除了疑虑。自家女婿要个奴隶嘛，有什么舍不得的，于是将伊尹送给了汤。汤得到伊尹之后，经过一番考察，发现他确实是个奇才，于是任命其为右相，与仲虺一起处理国事。伊尹的提拔属于真正的"火箭速度"，从奴隶直接到宰相，可谓"一破到底"。

伊尹果然不负众望，帮助商扩大势力，灭掉了腐朽的夏王朝，建立商朝。伊尹先后辅佐了汤、太甲、沃丁等五位商王，树立了中国历史上第一名臣的形象。后来，商王武丁也有类似举措，他启用了傅说，直接将他从奴隶提任至宰相。在傅说的大力辅助下，商朝进入了"武丁中兴"的鼎盛时期。此外，周文王在渭水边遇到姜尚，发现他是旷世奇才，于是请他回宫，姜尚此后成为周文王的得力助手。文王死后，武王拜姜尚为师，君臣合力终结了商纣王的残暴统治。

社会不断发展，所需人才也逐渐增多。苏轼曾写过一篇《论养士》的文章，在文中，苏大文豪提纲挈领地描述过不同时期选人用人的做法。苏轼指出，三代以上主要是从学校中选拔，战国至秦朝是从宾客中选拔，汉以后是由郡县负责推荐，魏晋之后则依据"九品中正"铨授，隋唐创立科举制度并以此来选取人才，之后科举制一直被沿用并不断发展。

春秋末期到战国时代，诸侯卿相纷纷通过养士的方式来招揽人才。国君罗致了才能杰异之士，如秦国得到了商鞅、李斯等，齐国得到了管仲、鲍叔牙等，吴国得到了伍子胥、孙武等，越国得到了范蠡、文种等。至于那些卿相，也争相招募击剑、扛鼎、鸡鸣、狗盗之徒。齐国孟尝君田文、赵国平原君赵胜、魏国信陵君魏无忌、楚国春申君黄歇，号称"战国四公子"，他们都是养士的代表性人物。当时士人形成了一股相当强大的势力，士的数量相当之大。苏轼在《论养士》中罗列了一下，可以作为参照。越王勾践养有"君子军"六千人；魏无忌、田文、赵胜、黄歇、吕不韦等号称宾客三千人；田文后来还在薛地招来了侠客、犯罪之人多达六万家；魏文侯、燕昭王以及太子丹等也有宾客无数。秦汉更替之际，张耳、陈余手下也有很多才能之士，盛极一时。田横虽然最终失败，也有壮士五百人。

　　"养士"做法的流行，让数量不菲的才异之士得到了施展才华的舞台。"士"这一角色在春秋战国时期发挥出重要作用，影响了局部政治斗争的走势，并在整体格局中产生了影响。

　　"四公子"的代表人物孟尝君田文，养士名气最大，也得到了宾客的鼎力支持。孟尝君养士数量实在有点多，号称三千，也没个精确数字。其中有不少人是有真才实学的，当然也有一些滥竽充数的，混进"士"群吃口白饭。孟尝君为人大度，宾客提出的各种要求他都尽量满足。一位名叫冯谖的齐国人，穷得几乎活不下去了，他托人请求孟尝君，说愿意过来当门客。冯谖也没表现出什么过人之处，孟尝君居然就答应了。冯谖虽然进了门，但也没有得到多少待遇，成天吃着粗茶淡饭。冯谖显然不太高兴了，一天午饭后，他斜靠着大厅的圆柱，一边敲着长剑一边高唱："长剑回去吧，这里没有鱼吃！"冯谖的话很快就传到孟尝君的耳朵里去了。孟尝君一听，说："就这么点事啊，给他鱼吃好了！"没过几天，冯谖从街上回来，可能是走得脚乏了，靠在圆柱上又唱起来了："长剑归去吧，出门连个车都没有！"孟尝君听到报告后，又答应了："坐个车嘛，出门时给他备好。"没想到冯谖过了不久，再次唱起来了："长剑啊，咱们还是回去吧，这地方没办法奉养老人啊！"碰巧孟尝君路过，听到了歌声，他立马吩咐每天给冯谖的母亲送饭。打这之后，冯谖就不再击剑高歌了。

　　孟尝君看到冯谖不再要价，知道他已经安心，就派点事给他做，让他去薛邑收租债。冯谖临走时，特意问了一句：收完后要不要买点啥回来？孟尝君漫不经心地回了一句：你看着办吧，我这里缺什么你就买点什么。冯谖倒是干脆，到了薛地，当着欠债人的面将债券一把火给烧了，说孟尝君不差钱，都给你们免了。第二天冯谖就回来复命，孟尝君颇为惊讶，问他事情办得怎么样了。冯谖说都办好了，该买的东西，也就是"义"，也买回来了。孟尝君了解真相之后，很不高兴，心里直骂冯谖是个败家子。一年后，齐湣王将孟尝君革职，孟尝君被迫回到封地薛邑。老百姓得知后，倾城而出，在离城百里之地夹道欢迎，孟尝君于是体验到了"义"的价值所在。后来，冯谖又游说梁惠王，使其派人用大价钱来聘请孟尝君。齐湣王听后很惊讶，赶紧行动，聘请孟尝君担任宰相。孟尝君于是在薛邑、梁国、齐国三个地方都建立了牢固的根据地，即所谓"狡兔三窟"。孟尝君在齐国为相几十年，顺当无事，其宾客冯谖起到了关键作用。

　　冯谖的事迹是当时士人活动的缩影。苏轼在《论养士》中将士群划分为智、辨、勇、力四大类，如果再简单点，也可以区分为运用脑力、使用体力这两种。在没有考试制度的情况下，平民具有某一方面的本领，通过投靠权贵从而谋到出路。到了秦朝建立，秦始皇实施"焚书坑儒"，终结了养士传统。秦始皇原来就想驱逐外来的宾客，被李斯一篇《谏逐客书》给说服了，计划没有付诸实施。等到秦始皇一统天下，认为宾客已经没有什么作用，老百姓只要服从法律就可以了，于是毁坏名城，杀戮豪杰。那些具有特殊才能之人，被遣返回乡。他们的才能没了用武之地，志向抱负成为镜花水月，他们都感到愤愤不平，于是这些人就将能力用到其他方面，包括反抗强暴，从而迅速转化为社会当中一股不稳定力量。自秦之后，大规模的养士制度虽然结束了，但是权贵们对于人才始终是有需求的，所以养士的做法或隐或现地延续了下来。从唐至清都存在着"幕府"，其中的宾客被称为幕僚，如曾国藩等人就聘请了不少幕僚为其充当参谋、秘书。

　　进入汉朝之后，对人才选拔又有了新的做法。到了汉武帝时代，开始流行人才选举的办法，也就是察举征辟制，主要科目就是"举孝廉"，推举对象包括"孝子"和"廉吏"。古时的选举，并不是现在通过投票去确定结果，而是由地方官主持，参考社会舆论，将大家比较公认的人才选拔出来，大致区分为贤、良、方、正四大类。汉朝创立新式人才选举制，替代了战国时的养士制。西汉时期，国家对人才的征辟和任用还是相当重视的。为了凸显人才的荣耀，政府对各郡推荐的人才，专门派出"公车"将他们接到都城进行考察任用。东汉时期，察举征辟制得到了进一步发展和完善。光武帝专门颁布诏书，进行"四科取士"。具体包括哪四类人才呢？一是品德高尚，志节清白；二是知识渊博，能通经的儒士；三是熟悉法令，能熟练地依法办事；四是有魄力、有才干，能处理事务，可以独当一面。人才选拔出来之后，还有任用与考核，不合格者被淘汰，贪赃枉法者将受到严厉处罚。通过察举征辟，有汉一代出现了许多杰出人才。伟大的科学家、发明家、文学家、史学家兼画家张衡，被征召之后，先做郎中，后又担任太史令。"医圣"张仲景在汉灵帝时被举为孝廉，后又出任过长沙太守。察举征辟制总体上保证了人才供应，奠定了汉朝四百年的统治基础。

通过口口相传的方式获得名声，应该不是一件轻松的事情，说到底，群众眼睛是雪亮的。汉朝运用察举征辟的办法，得到了一批德才兼备的官员，在东汉初年表现得较为明显，董宣可以作为代表人物之一。董宣被征召后，担任了宣怀县令，后又任洛阳令。一次董宣遇上了命案，派人去抓凶手，结果发现行凶者乃光武帝的姐姐湖阳公主的家奴。家奴很狡猾，躲在公主府里不出来。董宣没法入府搜查，就天天派人在公主府门口死等。终于，那家奴某一天跟随湖阳公主的马车出门了。董宣听到消息，立即亲自带着衙役将那家奴逮住。湖阳公主极力阻挠，董宣不予理睬，直接将那家奴当场正法了。湖阳公主何曾如此受气，当即赶到宫里向光武帝哭诉。光武帝也非常恼火，将董宣叫了去，立马就让内侍责打他。谁知董宣十分淡定地说：先别着急动手，让我把话说完。光武帝瞪大眼珠子吼道：事到如今，你还有啥好说的？董宣回答道：陛下是中兴明君，应该知道法令的重要性；您现在允许公主放纵奴仆去杀人，将来怎么治理得好天下？不用你们动手，我自杀好了。说完，董宣举头就向柱子撞去。光武帝吓了一大跳：好家伙，脾气比我还大！赶忙叫人去拉住董宣，可是有点迟了，董宣已撞得血流满面。光武帝觉得董宣说得在理，可是也要给自己姐姐一点面子才行啊！于是放软了语气，对董宣说：你总得给公主赔个不是，磕个头，赔个礼吧！可是董宣不肯服软，死活不磕头。内侍强行把他的头往下摁，董宣两手撑地，硬挺着脖子，不让给摁下去。内侍见的场面多了，装模作样摁了一会儿之后，就大声对光武帝说：陛下，董宣的脖子实在太硬，摁不下去！湖阳公主当然不高兴了，责怪道：皇上身为平民之时也藏过逃犯和死刑犯，官吏都不敢上门；现在当了天子，难道反而对付不了一个小小的县令？光武帝苦笑道：当天子和当平民是两码事嘛！光武帝让人将董宣的头包扎好，赏赐他到太官府吃饭。董宣见头上吃饭的家伙还在，就放心去吃了。饭毕，他将碗反扣在桌上。光武帝觉得这人挺逗，就问他啥意思。董宣一本正经地回答：我吃饭不敢有余粒，就好像奉职尽忠不遗余力一样。光武帝一听，大为感动，心想这家伙真是个"强项令"（硬脖子县令），于是对董宣更加器重。董宣做了五年洛阳县令，严厉打击不法行为，时人称之为"卧虎"。与此同时，董宣为官廉洁，死后家中只有几斗大麦和一辆破车。

　　从另一角度来说，察举征辟当然也有其弊端，某些当官心切之人，会根据时行做法去模仿和表演，以期获得特别名声并应召入官。毕竟，对于大多数人而言，做官还是意味着名利双收。这种功利性的做法影响深远，后来还演化出一个成语"终南捷径"。《新唐书·卢藏用传》记载，卢藏用一心想入朝为官，最后心生一计，他选择距离长安很近的终南山，倡言隐居，名气逐渐大了起来。后来，卢藏用果然被朝廷征召，当了大官。

汉之后，出现了九品中正制，该制由曹魏创立。曹操是爱才惜才之人，为了罗致天下人才，他大力倡导"唯才是举"。曹丕在其基础上进一步细化完善，推出九品官人之法：选择一批有见识的官员担任地方的中正，负责评审当地读书人的德行才能，并区分为九个等级（即"九品"），由此作为吏部授官的依据与参考。东汉末年，社会动荡不安，已很难正常选用人才。曹魏创建出"九品中正制"来搜罗才能之士，符合当时实际需要。但发展到后来，就慢慢偏离了初衷。当官终归是好事，地方官越来越倾向于将自己的"关系户"给推荐上去，并从中获得不菲的回报。九品中正制逐渐固化，评审人员越到后面越是胡作非为，肆无忌惮。后来当官只限于利益既得者，主要是名门望族，而庶族地主以及寒门子弟想要从中分得一杯羹，则是难上加难。

当时的名门望族垄断了政治资源，就连司马睿能够建立东晋，主要也是依靠了王氏等士族地主的势力。在西晋皇族中，司马睿没有多少地位与名望，他负责镇守江南，可是江南的大士族地主都瞧不起他，没有人前来拜见。与司马睿同来的还有一批北方士族官员，最有名的是王导。司马睿视王导为知心朋友，于是找他来商量对策。王导请来其堂兄、扬州刺史王敦，两人一番商议，拿出了妙招。在三月初三，也就是禊节这一天，当地人都会去江边祈福消灾。二王自编、自导、自演了一出好戏，将主角司马睿一下子捧红了。当天，司马睿坐着华丽的轿子大摇大摆地向江边而去，前面由仪仗队鸣锣开道，后面则紧跟着一长溜高头大马，王导、王敦和从北方来的大官名士坐在马上依次亮相。排场之大，令人惊叹，整座建康城都轰动了。江南的士族地主听到消息，纷纷跑来观看，特别是看到王导、王敦这些声名显赫之人如此尊敬司马睿，大家都感到非常惊讶和敬畏。于是，顾荣等有名的士族地主一个接一个赶过来，排在路旁向司马睿参拜。通过这一场演出，司马睿迅速打响名气，稳固了在建康的地位。之后，司马睿采纳王导的建议，吸纳从北方来建康避难的知名士族地主，前前后后有一百多人，安排他们在王府做官。于是，司马睿在拉拢江南士族的同时，又招揽了北方人才，势力一步步发展壮大。公于317年，司马睿即皇帝位，是为晋元帝，东晋得以建立。

从司马睿建立东晋的旧事可以看出当时门阀士族势力之强大，皇帝都要依靠甚至受控于他们，更遑论普通百姓。由门阀士族把持的政治资源不向庶族地主、寒门子弟开放，于是，出身卑寒的有才之士断绝了出路，只能在忧愁苦闷和长吁短叹中郁郁度日。魏晋的左思在《咏史》一诗中生动形象、满怀愤激地描写过这种历史现象：

> 郁郁涧底松，离离山上苗。
> 以彼径寸茎，荫此百尺条。
> 世胄蹑高位，英俊沉下僚。
> 地势使之然，由来非一朝。
> 金张藉旧业，七叶珥汉貂。
> 冯公岂不伟，白首不见招。

左思用了两种树的形象来说明出身不同所造成的云泥之别：

茂盛的松树，哪怕是长得再伟岸，终其一生也只能待在低矮的山涧之底；而径寸之苗，在风中低垂摇摆，却因生长在山顶之上，就可以遮盖百尺之松。在诗中，作者虽然述说的是汉朝旧事，但以其来嘲讽当时弊端的用意是相当明显的。

九品中正制到后来流弊日显，极大地压制了人才的选用，时代迫切呼唤新的选才制度。九品中正制到了隋唐寿终正寝，而其中一些习惯做法却流传了下来，譬如读书人向权贵自荐，获得相应的名声，以期为后续应试打下良好的基础。唐朝大诗人白居易在年轻时还没有多少名气，急需得到名人举荐。白居易第一次进京应举，才刚刚十六岁，时任苏州太守韦应物将他引见给大诗人顾况，于是白居易利用此次机会将自己新作送上。

对于顾况来说，接到一位小年轻的诗作，那是再平常不过的事，因此也没怎么在意。他看到"白居易"三个字，就开起玩笑来了，调侃道：长安物价这么贵，要想在这儿住下来可没那么容易啊！之后，他读到《赋得古草原送别》中的精辟诗句：

离离原上草，一岁一枯荣。

野火烧不尽，春风吹又生。

远芳侵古道，晴翠接荒城。

又送王孙去，萋萋满别情。

顾况读毕，不由得拍案叫绝，赞叹道：年轻人能够写出如此精妙的诗句，住在长安又有什么难的呢？于是顾况大力推荐，白居易因此诗名大振。之后他参加科举考试也是相当顺利，十年之内，三登科第。

随着门阀世袭制的逐渐衰落，以及中央集权的日益加强，一种新型的、先进的人才选拔制度应运而生，那就是科举制。大致来说，科举制创立于隋朝，完备与兴盛于唐宋，衰落于明清，终结于清末，前后共存在了 1300 年。毫无疑问，科举制是中国古代最为重要的人才选用制度之一。

　　我们通常将公元 598 年视为科举元年。隋文帝于该年下诏，命令五品以上京官、地方官总管与刺史，按照"志行修谨""清平干济"两个科目推荐人才。简单来说，"志行修谨"主要是考察德行，而"清平干济"则偏重于才能。科举制由此拉开帷幕，它将读书、应试与做官紧密联系起来，使得出身一般乃至贫寒的子弟有了一个相对公平的竞争机会，朝廷也借此集中了人才选用权力，强化了中央集权。隋朝只是科举制的草创阶段，考试科目比较简单，主要有两种：一种是临时性特科，一种是常设科目。重点来看常设科目，比较固定的包括秀才、明经与进士。秀才科先考试策，再考杂文，难度很高，隋朝三十七年历史当中只录取了十余人；明经科主要是测试经典，检测对某一儒家经典的熟悉程度，考中人数较多；进士科只试策，主要看文才如何，该科由隋炀帝所创，录取标准也较为宽松。考生通过科举考试之后，获得明经进士出身，具备了做官资格。之后，还要通过吏部考试才能走马上任，担任的也是县尉与功曹之类的九品小官。发展至唐朝，科举制逐渐完备。唐朝科举制实行分科，其中最为重要的是进士科。据记载，唐太宗有一次在金殿端门往下一看，新科进士鱼贯而入，他的心情大为畅快，十分得意地说：天下英雄，入吾彀中矣！通过科举考试，统治者能够搜罗到大批人才，国家治理的基础也就更加牢固了。

到了明清时期，科举制越发复杂和烦琐。考试链条拉得很长，按照由低到高的顺序分为童生试、乡试、会试和殿试四级，各种规定也相应地日益严格与细密。通过童生试，称秀才；通过乡试，称举人；通过会试，称贡士；通过殿试，称进士。

童生试包括三场考试，即县试、府试和院试。县试，在县里举行；府试，在府里举行；院试，在省里举行。所以，通过童生试也就是要通过上述三场考试，成绩优异方可取得秀才功名。

乡试，每三年举行一次，通常在各省城举行。正副主考官，一般由朝廷选派翰林、内阁学士担任。乡试也要考三场，时间长达数日。为了防止考题泄露，以及考生之间互通信息，每一名考生都被分配在一个单独的房间，考试期间不允许迈出房门。乡试所考内容为"四书五经"，"四书"即《论语》《孟子》《大学》《中庸》，"五经"包括《诗经》《尚书》《礼记》《周易》《春秋》等。考试形式则为八股文，文章题目取自"四书五经"，写作内容包括字词、句子、声调等都有相关标准，考生必须按照规定进行写作，不得天马行空、自由发挥。

比较而言，乡试是整个科举考试体系中难度最大、竞争最为激烈的。与此同时，乡试的录取率也是低之又低。顺治、康熙年间，各省乡试每次录取名额，大体在几十名到百余名之间。考中举人之后，就有了为官资格，虽然级别和起点较低，但是如果能力很强，慢慢积累功名，也有可能升迁到比较高的职位。晚清的左宗棠出身于举人，后来当上了两江总督、大学士、军机大臣。当然这只是个例，在整个大清朝也是唯一的。

接下来就是会试。每三年举行一次会试，在京师进行。会试由礼部主持，主考官由朝廷选派的大学士、尚书等担任。会试同样分三场进行，所考内容与乡试大同小异。会试竞争激烈程度要小于乡试，毕竟参加的都是经过多轮考试的精英，人数也相对较少。通过会试，取得贡士功名。

最后是殿试，也是科举制中最高级别的考试，由皇帝亲自主持考试，意味着考中之后就是天子门生了。根据考试成绩高低，分三甲发布名单：一甲共三名，通称状元、榜眼、探花，赐进士及第；二甲的第一名通称传胪，得中者赐进士出身；三甲赐同进士出身。以晚清四大名臣为例，曾国藩是同进士出身；李鸿章成绩好一些，进士出身；张之洞成绩最好，探花；左宗棠成绩最差，三次会试落榜，连考进士的准考证都没拿到，晚年时由慈禧太后格外开恩赏赐了一个同进士出身，相当于"名誉进士"。

很显然，科举制发展到明清，已从一种比较先进的选人用人制度蜕变为封建统治用以束缚人才的工具。考试内容与现实需要脱节，读书人一旦未能通过考试和谋取官位，就有可能成为社会中的无用之人。与此同时，考试链条一再拉长，考生为此耗费大量甚至是毕生精力，真正能对社会做出的贡献就较少了。清朝末年，科举制废止。

总的来说，各种人才选用制度都是具体历史演进过程的产物，具有特定环境中的合理性，也必然带有历史局限性。应该指出的是，制度由不同的人来执行，产生的结果也会有所不同，甚至会有霄壤之别。以唐玄宗时期为例，隋唐以来实行科举制，以此来选拔人才。然而，同样的制度，在同一皇帝的前后期都会产生很大的差异，人才的整体水平也会出现剧变，其中关键就在于制度的执行者发生了改变。玄宗早年启用名相张九龄和韩休，而且对两人都相当敬畏，国家政事都得到了良好处理。唐玄宗畏怕宰相到了什么程度呢？有时他做了一点错事，心里就会很紧张，赶快问一下身边的人：韩休会不会也知道？他正在担心着，韩休的谏议就到了。旁边的人有时都看不下去了，对唐玄宗说：你用了韩休之后，人都瘦多了！唐玄宗还是很大度，笑着说：没关系，瘦了我，肥了天下，那也好！唐玄宗与张九龄、韩休同心同德，促成了"开元盛世"的出现。然而，随着名相的相继凋零，玄宗也一步步放松了对自己的要求，他宠爱杨贵妃，爱好打球和唱戏。玄宗在宗族中排行老三，诨名"李三郎"。后来北宋晁无咎作诗云："阊阖千门万户开，三郎沉醉打球回。九龄已老韩休死，无复明朝谏疏来。"以唐玄宗为首的当政者精神松懈，又没了张九龄和韩休这样敢于说话的人来提醒和纠偏，制度执行也就越来越散漫。唐玄宗后来启用李林甫为相，李林甫嫉贤妒能，竟然在天宝五载（公元746年）考试中，让全体考生落榜，其中就有像大诗人杜甫这样的优异之才。事后，李林甫还特意向皇帝上表道贺"野无遗贤"。唐玄宗遭遇"安史之乱"，逃难到四川边境，感叹朝中人才匮乏，说现在就连李林甫这样的人才都找不到了！旁边一位谏议大夫附和道：的确是人才难得。唐玄宗又补充道：可惜李林甫没有度量，容不了好人，也不能提拔人才。谏议大夫听了之后很惊讶，说：陛下您都知道啊！唐玄宗说：我当然知道啊，我早就知道啊！谏议大夫不解地问：既然您已经知道，那您为啥还要用他呢？唐玄宗叹口气说：我不用他，又能用谁呢？可能这就是人才选拔制度执行不到位的弊端：一方面，管理者极目朝堂之中，却发现无人可用，深感悲哀和无奈；另一方面，真正有才干的人才散落四野，苦于报国无门，在感慨和无助中等待，才华与时间一同消磨和流逝。

天生一世之才，自足一世之用。治理者一方面要因地制宜，创建合适的选人用人制度；另一方面，必须要有德才兼备之人去执行选用规章，才能得到足够多的优秀人才。历史已然逝去，时代自会开启新的华章。

后　记

　　选人用人是个世界级难题，过去是，现在是，将来可能依然是。个中缘由相当复杂，很难对之进行条分缕析。从组织、个人与时代等维度去探究，可管中窥豹，略知其中一二。

　　先看组织因素。通常来说，每个组织都希望得到贤俊，越是竞争激烈时期越是如此。春秋战国之际为什么能出那么多人才？因为诸侯国人才匮乏就很难生存和发展。倘若形成了"求贤若渴"的氛围，组织应当会或早或晚，或多或少得到人才，历史上许多案例都可以印证。而一旦正不压邪，组织就会慢慢流失人才，也难以补充到新鲜血液。组织当中选人用人文化具有风向标意义，决定了其未来的发展走向。

　　起支撑作用的则是选用机制。考察历史发展进程，我们不难看出，每种人才选拔机制的出现都有其时代必然性。在形成初期，它们通常起到积极作用，越往后越容易出现问题。其中最为重要的一点，就是人们保持初心的难度越来越大，从而日益颠覆了制度设计的本来用意。其败坏过程，有点类似今天所讲的"破窗效应"：一开始是个别人试着去"打擦边球"，经过一番折腾后成功了；后面就有更多人来模仿，并且次数逐渐增多；再往后，就见怪不怪了，甚至公然践踏了原有制度条文。于是，组织选人用人制度失去了最初意义，蜕变为人才脱颖而出的桎梏。

　　进一步来说，组织的执行层也很重要。再好的制度，没有得到良好执行，也会沦为一纸空文，甚至走向其反面。反过来，制度当中的不足与缺陷，也有可能在执行人员那里得到一定程度的纠偏。从历史情形来考察，上行下效非常普遍：当权者爱才惜才，下属也会大力发现和推荐人才；上层妒贤嫉能，下僚则变本加厉。当然，执行人员自身综合素质很重要，他们有自身的判断与喜好，并不等同于冰冷的工具。执行层的实际操作，也常常对人才的选用产生重大影响。古代基层的刑名、钱谷等，其作用绝对不容小觑。

　　再来看个人因素。历朝历代在选人用人上都有特定偏好，也有一些固定套路，因此非常考验人才的应对策略。其中，有两种较为极端的情形需要关注。一是不择手段追求功名利禄者。他们会深研选用制度与通行做法，再刻意调整自身去达到相关要求。譬如，他们会表现出惊人的孝敬、高度的自律与罕见的廉洁，声名鹊起，从而获得朝廷的征召。但事实上，这一切的一切都是他们装出来的，实质上只是为了获得官位而进行的表演。此等伪君子过多，朝廷自然难以得到真正人才。另一种是我行我素，拒绝配合当局。在中国古代，不少才能之士喜欢耍点小脾气：文人恃才傲物，武夫粗鲁少礼。如幸遇明君，可能会有一些试错机会；不幸碰到狭隘之主，那么一展平生抱负的愿望可能就落空了。还有一些才识之士为维护正统观念，表现出特立独行的一面，体现出不可否定的文化价值，而自身才华未能充分展现也是不争的事实。

　　时代因素也不可忽视。不同时代需要不同人才：战争年代亟需帅才将才与壮士勇夫，和平时期渴望守成之才与文化能人。就个人而言，如果生不逢时，也只能徒呼奈何。在特殊时期，也会形成特殊人才景观。元朝缺乏精通经济的管理能手，但此类人才就是难产，从事经济工作常常难以善终。究其原因，蒙古贵族基本上没有成形的经济发展思想体系，只想维持既得利益，对那些进行经济改革的官员普遍持否定态度。有宋一代，想要在军事上有所建树则是难上加难，包括岳飞、韩世忠等名将最后都是有心无力。原因并不复杂，宋朝统治者从骨子里对武将不放心，不大可能让他们放开手脚大干一场。此外，特定时代的舞台展示空间有限，某类人群上台之后往往排除异己。其中，外戚与宦官交替得势特别明显：外戚专政后就排斥宦官，宦官得宠后则打击外戚。在党争时期，站队比才华似乎更重要。双方斗来斗去，真正的人才反而被埋没在历史尘埃之中。

综上所述，要让人才蔚为大观至少应具备几个因素：组织充分重视和运作得当；个人思想纯正且积极进取；时代呼唤人才并推波助澜。三者同时具备，谈何容易。一旦条件缺失，人才选用问题自然而然就凸显出来了。

了解历史是为了更好的将来。单就选人用人而言，中国历史上不仅有优良传统，也有一套行之有效的做法，值得我们学习和借鉴。当前许多组织借鉴西方国家，依靠素质模型、文件筐处理等方法与工具进行快速决策，较好地解决了人才需求问题。与此同时，传统文化中的一些理念与技巧则未得到足够的重视与应用。传统观念与外来做法，两者不应偏废。进一步来说，既深谙中国古代人才选用历史，又了解世界通行之法，应该有助于我们更好地、创造性地做好新时期人才工作。

在四年写作过程中，我越发感觉到人才选用这个课题意义之重大。由于本人才疏学浅，论述得不够全面和透彻。疏漏、讹误之处也在所难免，敬请各位方家批评指正。

蒋青林

2022 年 3 月于杭州

上架建议：人力资源 / 管理 / 历史

ISBN 978-7-308-23045-2

9 787308 230452 >

定价：68.00元